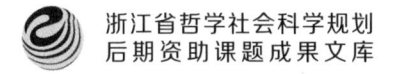

浙江省哲学社会科学规划
后期资助课题成果文库

社会组织参与基层社会治理研究

Research on the Involvement of
Social Organizations in Primary-level
Social Governance

戴海东 闫成松 著

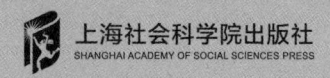

上海社会科学院出版社
SHANGHAI ACADEMY OF SOCIAL SCIENCES PRESS

序

段治文

社会组织是社会发展的必然产物,是建设社会主义现代化国家的重要力量,是推进国家治理体系和治理能力现代化的重要主体。2022年6月8日,民政部、国家乡村振兴局召开社会组织助力乡村振兴工作推进会,会议指出,社会组织不同于政府组织,不同于市场组织,在乡村振兴中发挥着独特作用。改革开放以来,我国逐步推行市场化改革和政府职能改革,使建设公共服务型政府这一行政体制改革的目标与建设社会主义市场经济体制这一经济体制改革的目标紧密结合在一起。随着社会主义市场经济的快速发展和"单位制"的逐步解体,民间结社的愿望愈加强烈,推动了整个社会社会组织的快速发展。

《中共中央关于坚持和完善中国特色社会主义制度 推进国家治理体系和治理能力现代化若干重大问题的决定》明确指出:"发挥群团组织、社会组织作用,发挥行业协会商会自律功能,实现政府治理和社会调节、居民自治良性互动,夯实基层社会治理基础。"《中共中央关于制定国民经济和社会发展第十四个五年规划和二〇三五年远景目标的建议》又提出:"发挥群团组织和社会组织在社会治理中的作用,畅通和规范市场主体、新社会阶层、社会工作者和志愿者等参与社会治理的途径。"截至2021年底,全国共有社会组织90.2万个,比上年增长0.9%,比2017年增长了18.37%;全国社会组织吸纳社会各类人员就业1 100万人,与2017年的864.7万人相比,增长了27.21%。在积极参与经济建设、提供公共服务以及参与创新社会治理、推进中国式现代化等方面,广大社会组织发挥了不可替代的作用。

马克思市民社会理论是在对黑格尔市民社会理论扬弃的基础上发展而成的科学理论,尤其是"分析性"市民社会概念的提出,为后世市民社会理论的研究指明了坐标。马克思深知他笔下的市民社会理论是建立在资本主义社会基础之上的,而资本主义固有的属性又必然激化市民社会的矛盾。为了实现全人类的解放,马克思又对资本主义社会进行扬弃并构建,对其市民社会理论进行了再批判,形成了其社会建设思想。

戴海东教授的新著《社会组织参与基层社会治理研究》以马克思市民社会理论为视角,尤其是在对马克思市民社会理论在中国的嬗变进行全面梳理的基础上,系统研究了我国社会组织的发展背景和历程、社会组织参与社会治理的必要性和功能、我国社会组织参与社会治理的实践和困境、国外 NGO 参与社会治理的作用和经验教训,最后从微观和宏观两个视角探讨了社会组织参与基层社会治理的逻辑路径。

《社会组织参与基层社会治理研究》一书不仅有重要的理论价值和实践意义,而且还体现出如下几个方面的特点。

其一,视角独特。一方面作者运用马克思市民社会理论,将马克思市民理论与社会组织参与社会治理结合进行研究,同时将社会组织建设问题置于当代社会治理大背景下加以研究,有利于在理论上拓展该领域的分析视野和研究深度,也有利于在实践上对社会组织建设与治理进行整体把握;另一方面基于中国特定国情,作者对马克思市民社会理论在中国的嬗变最新成果进行了全面梳理,同时注重宏观分析与微观分析的结合,超越"宏观—微观"的一元分析模式,有利于研究对象的具体化和对策建议的可操作性。

其二,方法科学。作者对马克思市民社会理论、马克思主义社会建设思想以及西方的治理理论等进行创新性运用,既看到"国家""政府"对社会治理的功能作用,也重视"社会"自身的功能作用,看到了不同治理主体的重要作用。另外,作者还以跨学科、多角度的视野,既注重理论的梳理和提炼,又注重实证的调查与分析;既注重历时态的纵向考察,又注重共时态的比较研究,从而使研究更有说服力,也更具现实针对性。

其三,观点深刻。作者从价值层面、运作层面和结构层面探讨社会组织对基层社会治理的促进机制,进而以马克思市民理论及其中国化理论成果为理论逻辑起点,以我国社会组织参与基层社会治理的特点与实际问题为现实逻辑起点,同时适当借鉴国际 NGO 参与社会治理的经验及教训,加以案例进行验证,最后全方位探索了我国社会组织发展以及参与基层社会治理的路径。阐述观点深刻,结论可靠。

其四,案例新颖。作者在研究和论述社会组织的过程中很好地实现了理论与实践相结合,从理论到实践,再从实践到理论,在实证研究过程中所进行的调研很有针对性，所采用的案例很有代表性，尤其是在《我国社会组织参与基层社会治理的实践与困境》一章中，针对不同的内容整理了相应的案例，对理论的阐释和解读具有非常重要的意义。

戴海东教授在浙江大学跟随万斌教授攻读博士学位期间就以社会组织参与基层社会治理作为博士论文研究课题，后来一直致力于这方面的研究，记得当时他经常虚心求教于浙江大学马克思主义学院的一众博导，并常与导师们展开讨论。在其新著付梓之时能为其作序，深感荣幸，撰写此序，更为祝贺，同时也相信戴海东教授一定会在今后的科研中取得更加丰硕的成果！

2022年10月28日

（作者系浙江大学"求是特聘学者"、马克思主义学院教授、博士生导师）

前　言

　　社会治理是社会建设的重大任务,是国家治理的重要内容。马克思市民社会理论分析了国家与社会的关系,明确提出了"市民社会决定国家"的论断,所论述的社会组织已非常接近现代意义上的社会组织。马克思理论著作中对社会组织的重要作用也有非常多的直接论述,对其在市民社会中的作用和角色进行了较多的思考,马克思市民社会理论及其在此基础上形成的社会建设思想对于我国转型期的社会治理创新具有重要的方法论意义。

　　社会组织是社会自然演进的产物,自20世纪70年代以来,在全球范围内快速发展,并成为一股具有强大吸引力的重要社会力量。在我国,随着社会主义市场经济的深入发展,社会组织在政府协同治理、缓解社会矛盾中的重要地位被逐步提上日程,如党的十八届三中全会提出"创新社会治理体制",鼓励和支持社会多方参与社会治理。这是社会治理理念的重大转变,也是党的执政能力提高的重要表现。但是由于我国社会组织发展起步较晚,组织发展的环境、组织自身的成长都呈现出"初级化"[1]特征,如体制有待完善、管理体制滞后、结构不健全等,社会组织本身也存在各种失灵现象,对中国社会组织自身的发展和社会治理造成不利影响。党的十八届四中全会中提出"推进社会治理体制创新法律制度建设,依法完善教育、就业、收入分配、社会保障、医疗卫生、食品安全、扶贫、慈善、社会救助和妇女儿童、老年人、残疾人合法权益保护等方面的法律法规。加强社会组织立法,规范和引导各类社会组织健康发展",明确提出将社会组织的健康发展予以法律的规范,将社会治理和法治结合,社会治理体制创新步伐加快。为贯彻落实党的十九大精神,党的十九届四中全会着重研究了坚持和完善中国特色社会主义制度、推进国家治理体系和治理能力现代化的若

---

[1] 崔月琴,袁泉,王嘉渊.社会组织治理结构的转型——基于草根组织卡理斯玛现象的反思[J].学习与探索,2014(7):24-31.

干重大问题,再次明确了要推进社会组织的发展以及其在社会治理中的作用。党的十九届五中全会审议通过的《中共中央关于制定国民经济和社会发展第十四个五年规划和二〇三五年远景目标的建议》指出,发挥群团组织和社会组织在社会治理中的作用,畅通和规范市场主体、新社会阶层、社会工作者和志愿者等参与社会治理的途径。

因此,如何以马克思市民理论和社会建设思想为指导,更好地发挥社会组织在社会治理体制中的功能并将社会治理工作的重心下移;政府如何大胆放权于社会组织,帮其提高治理基层社会事务的能力,激发其参与社会治理的积极性,从而形成社会组织与政府治理良性互动的共治机制等,对于新时代中国特色社会主义社会治理意义重大。

本书主要由导论、正文和结束语构成。第一章导论部分主要介绍了选题的背景和研究对象,对马克思市民社会理论、社会组织的内涵和类型、基层社会治理的理论和创新、基层社会治理机制予以阐述,提出研究目的和意义,并对研究方法、创新点、研究综述进行梳理。

正文包括八章,从第二章至第九章。第二章梳理了作为本文理论指导思想的马克思市民社会理论,阐述了马克思社会建设的思想,同时概述了其他相关理论,包括黑格尔的市民社会理论、葛兰西和哈贝马斯的有关理论。第三章梳理了马克思市民社会理论在中国的嬗变,包括毛泽东的社会建设思想、改革开放新时期的社会建设思想以及习近平新时代中国特色社会主义社会建设思想。第四章在分析中华人民共和国成立后市民社会建设和发展的背景后,概括了我国社会组织的发展进程、最新现状以及发展困境。第五章对社会组织参与基层社会治理的必要性进行阐述,提出社会组织参与基层社会治理是马克思主义理论的应有之义,是社会组织自我发展的需要,是基层社会治理"自治"回归的需要,是基层社会治理规律回归的需要,是增强党的执政能力的需要。第六章是根据马克思市民社会理论中有关社会组织的论述,分析了社会组织在参与基层社会治理中的功能,主要从工具性、结构性和表达性功能角度阐述,如工具性功能中的基层社会管理功能、社会服务功能,结构性功能中的基层社会协同功能和基层社会平衡功能,表达性功能中的基层社会话语权功能、基层社会舆论导向功能及基层社会舆情监控功能。第七章结合调研、走访所得的一手材料进行实证分析,阐述了我国社会组织参与基层治理的实践、特点和问题,其中实践方面主要围绕社会组织参与基层社会治理体制模式、参与基层社会治理的成效和制约因素展开,特点主要包括社会组织的形式多样、拥有的资源相对丰富、治理方式相对灵活、政府的积极支持,同时分析了我国社会组织在社会治理过程中存在的问题,如社会组织参与基层社会治理的理念落后、参与基层社会治理机制不健全、参与基层社会治理的能力和公信力有待提高、社会组织参与基层社会治理的保障监督体制缺位等。第八章从经济、政治、文化、社会、生态五个方面分析了国外NGO在社会治理中的积极作用和负面影响,同时从法律地位、运行机制、与政府的关系等方面分析了我国社会组织与国外NGO的异同点,进而探析了给我们的启示。最后,运用马克思市民社会理论和社会建设思想以及习近平新时代中国特色社会主义社会治理理论,提出社会组织在基层社会治理中的创新路径,主要从宏观和微观角度展开。在宏观角度上,要创新社会治理理念,创建良好的社会组织参与基层社会治理的生态环境。微观上要建立社会组织参与基层社会治理的运行统筹机制,理顺政府与社会组织的关系,完善社会组织内部治理管理机制,提高其参与基层社会治理的综合能力,建立社会组织参与基层社会治理的保障监督机制,增强其参与治理的公信力等。

在第十章结束语部分作者对我国社会组织在基层社会治理的创新做了相应展望。

全书坚持以马克思市民社会理论及其建设思想为视角,始终贯穿马克思主义唯物论和辩证法这一红线,同时借鉴西方有关治理理论,运用马克思主义中国化的最新成果,以马克思主义的立场、观点分析问题,解决问题。

目 录

序 .... 段治文 1

前言 1

第一章 导论 1
第一节 研究缘起与研究对象 1
第二节 研究目的与意义 11
第三节 研究方法与创新点 13
第四节 研究综述 14

第二章 马克思市民社会理论及其发展 33
第一节 马克思市民社会理论 33
第二节 马克思市民社会理论的发展 42

第三章 马克思市民社会理论在中国的嬗变 48
第一节 毛泽东的社会建设思想 48
第二节 改革开放新时期的社会建设思想 52
第三节 习近平新时代社会建设思想 57

第四章 我国社会组织的发展 65
第一节 我国社会组织发展的背景 65
第二节 我国社会组织发展的进程 67
第三节 我国社会组织的发展状况和存在的困境 73

第五章　社会组织参与基层社会治理的必要性 …… 76
第一节　社会组织"自我"管理回归的需要 …… 76
第二节　基层社会"自治"回归的需要 …… 82
第三节　基层社会治理规律回归的需要 …… 90
第四节　提高我们党执政能力的需要 …… 93

第六章　社会组织参与基层社会治理的功能分析 …… 98
第一节　工具性功能 …… 99
第二节　结构性功能 …… 103
第三节　表达性功能 …… 106

第七章　我国社会组织参与基层社会治理的实践与困境 …… 112
第一节　我国社会组织参与基层社会治理的实践 …… 112
第二节　我国社会组织参与基层社会治理的特点 …… 126
第三节　我国社会组织在社会治理中存在的问题 …… 133

第八章　国外 NGO 在社会治理中的作用及其启示 …… 147
第一节　国外 NGO 在社会治理中的作用 …… 147
第二节　国外 NGO 在参与社会治理的若干启示 …… 161
第三节　国外 NGO 在参与社会治理的几点教训 …… 166

第九章　社会组织参与基层社会治理的路径探索 …… 168
第一节　坚持马克思市民社会理论为指导，创新社会治理理念 …… 168
第二节　完善社会组织的准入机制，创建良好的社会治理生态环境 …… 172
第三节　完善社会组织内部治理机制，提高其参与基层社会治理的能力 …… 179
第四节　建立社会组织参与基层社会治理统筹机制，理顺与政府的关系 …… 184
第五节　建立社会组织参与基层社会治理的监督机制，增强其公信力 …… 191

第六节　加强社会组织参与基层社会治理技术保障，共同打造智慧社区 …………………………………………………………… 199

第十章　结束语 ……………………………………………… 206

附录
龙港市基层治理信息化改革报告 ……………………………… 211
新时代背景下政府推进社会组织发展的逻辑路径 …………… 219

参考文献 ……………………………………………………… 226

第一章 导 论

第一节 研究缘起与研究对象

一、研究背景

马克思认为:"市民社会包括各个个人在生产力发展的一定阶段上的物质交往。它包括该阶段上的整个商业生活和工业生活。"[①]随着生产力和商品经济的不断发展,社会分工的不断扩大和细化,社会成员作为独立的市场主体,必须通过自己提供的劳动产品以及作为交换中介的货币才能与他人取得联系,进而换取自身所需的劳动产品,满足自身的发展需要。因此,"在生产、交换和消费发展到一定阶段上,就会有一定的社会制度,一定的家庭、等级或阶级组织,一句话,就会有一定的市民社会"[②]。

自改革开放以来,我国经济建设取得了举世瞩目的成就,综合国力大大提升。当前整个世界局势处于百年未有之大变局,中国特色社会主义也进入了新时代。面临着错综复杂的国际环境和国内改革攻坚的各种矛盾,如随着社会所有制结构产业结构的调整而出现的社会分层分化,因为收入差距、权力分配等而导致的贫富差距拉大,由于传统社会治理机制的缺陷致使社会治理存在盲区或者管控失灵,等等。若不及时疏导和缓解这些问题,势必影响社会和谐,阻碍中华民族伟大复兴中国梦的实现。面对社会冲突与社会矛盾,客观上要求构建多主体利益表达机制,创新社会治理机制,构建多主体参与的社会治理模式。

[①] 马克思恩格斯全集:第6卷[M].北京:人民出版社,1964:409.
[②] 马克思恩格斯选集:第4卷[M].北京:人民出版社,2012:408.

社会组织作为独立于政府和企业之外的又一社会力量对于多主体社会治理、多元利益表达、社会的和谐发展具有不可替代的作用，不可忽视。

西方的社会治理实践中，社会组织（NGO）发挥了重要的作用。其一，NGO在经济领域中参与社会治理，可以提供新的就业岗位，平衡利益分配，创造社会财富，等等。其二，NGO在政治领域中参与社会治理，可以有效反映民众诉求，推进民主化进程；监督政府工作，提高政策执行力，等等。其三，NGO在文化领域中参与社会治理，可以直接参与教育、科研事业，弘扬主流价值观，从事一些文化保护以及文化产业经营的工作。其四，NGO在社会领域中参与社会治理，可以购买政府服务，提供志愿性工作，参与应急救援，等等。其五，NGO在社会领域中参与社会治理，可以宣传环保思想，从事环保监督，为环保事业提供一定的人力和物质支持，等等。我国社会组织同样有着不可或缺的作用。以此次新冠肺炎的防治为例，浙江省社会组织积极响应，发挥各自优势、专业特长，主动投身抗击疫情战役，充分彰显了其社会担当和大爱情怀。据不完全统计，全省约有3.4万家社会组织参与疫情应对，带动280余万名志愿者共同参与防控工作。温州一批公益慈善组织还通过市旅行社行业协会运回在西班牙、意大利、俄罗斯、印度尼西亚等地为疫区购买的170余万只口罩，2万余把红外测温仪和数十万套防护服等大批医用物资。

鉴于国内外的形势，党的十八届四中全会提出，面对新形势新任务，"我们党要更好统筹国内国际两个大局，更好维护和运用我国发展的重要战略机遇期，更好统筹社会力量、平衡社会利益、调节社会关系"。这表明党对社会力量在社会治理中的重要性的高度重视和国家治理能力现代化命题的正式提出。这是继党的十八届三中全会提出要激发社会组织活力，"创新社会治理体制"重大课题后的又一推进。党的十八届三中全会提出"加快形成科学有效的社会治理体制，确保社会既充满活力又和谐有序"。"社会管理"发展为"社会治理"，虽一字之差，却体现了理念的高度升华，因为治理不仅仅局限于政府，也包括多元角色的互动。社会组织参与基层社会治理，必须建立起一种上下互动、权力双向运行的治理机制，通过合作、协商、伙伴关系等方式实施对公共事务的有效治理，"实施政社分开，推进社会组织明确权责、依法自治、发挥作用"。在短短的几年间，国家对社会组织的社会治理机制的建立进行了规划，赋予社会治理的主体更加多元。在贯彻落实党的十九大精神的基础上，十九届四中全会通过的《中共中央关于坚持和完善中国特色社会主义制度　推进国家治理体系和治理能力现代化若干重大问题的决定》中更是明确提出："完善群众参与基层社会治理的制度化渠道。健全党组织领导的自治、法治、德治相结合的城乡基层治理体系,健全社区管理和服务机制,推行网格化管理和服务,发挥群团组织、社会组织作用,发挥行业协会商会自律功能,实现政府治理和社会调节、居民自治良性互动,夯实基层社会治理基础。"

基层社会是社会的主要构成部分之一,基层社会治理是社会治理的主要领域,对基层社会的有效治理可以为整个社会的稳定发展奠定基石。基层原有的管理体制是建立在计划经济体制之上的,社会转型等导致了一系列社会问题和社会矛盾的出现,如就业问题、流动人口问题等,都给基层社会治理带来了冲击。作为社会治理的重要主体,社会组织在政府工作中被日益重视。社会组织整体上致力于各种社会问题的解决,在地方自治、公共事务执行、社区建设等方面发挥着不可替代的重要作用。在我国,不同地区亦在尝试并不断完善创新社会治理模式。近年来,民政放权力度随着改革不断加大,中央已经做出明确要求正确处理政府和社会的关系,实施"政社分工",提出实行行业协会商会和行政机关的脱钩等。民政部副部长顾朝曦认为社会组织是政府购买服务重要对象,要对社会组织的服务功能给予更大空间,促进加快社会组织社会治理的创新与发展。1999年,民政部对北京西城区、杭州下城区等26个城区社区建设进行试点,随后又颁发相关文件推进基层社会建设,对基层社会治理进行创新。在短短十来年,试点地区形成了具有地方特色的基层治理模式,并得到了国家的高度认可,如"行政主导的上海模式,社区自治的沈阳模式,多方治理的江汉模式,议行分设的盐田模式"①。自2011年以来,党对社会多方参与、共同治理一再强调,要求"加强社会组织的服务管理"②。2014年8月,我国第一家社会组织学院在四川成都挂牌成立,开展社会组织及相关工作者的培训,为社会组织参与基层社会治理创造条件。2016年11月9日,由广州市民政局指导成立的广州社会组织学院正式揭牌,这是国内首家在民政部门正式登记注册、具有独立法人资格的社会组织学院。广州社会组织学院官方网站资料显示,自成立之日起该学院在教育培训、理论研究、社会服务等方面做了大量的工作,为广州乃至全国社会组织的发展做出了不小的贡献。虽然这些地区的基层社会治理

---

① 罗光华.城市基层社会管理模式创新研究[D].武汉:武汉大学,2011:1.
② 胡锦涛主持政治局会议研究加强和创新社会管理问题[N].人民日报,2011-5-30(1).

措施取得了一定的成效,其大胆创新的勇气对其他地区的社会治理起到了示范作用,但是在实践中也存在不同程度的问题,如责权利的划分、治理资源的整合、治理手段的现代化转变等方面的问题。如何发挥社会组织在基层社会治理中的作用,如何进行创新以推进社会治理的持续发展至关重要。

基于此,本书通过对马克思市民社会理论及其社会建设思想的借鉴、挖掘,对我国社会组织参与基层社会治理的功能、模式、成效和制约因素进行分析,在国内外社会组织参与基层社会治理实践进行比较研究的基础上,提出相应的创新路径。

二、研究对象

(一)马克思市民社会理论

市民社会是人类社会发展的产物,在马克思著作中文译本中,市民社会被多次提及。马克思的市民社会理论吸收了前人研究的成果,也对后世市民社会理论的相关研究产生了深远的影响。马克思认为"在过去一切历史阶段上受生产力所制约,同时也制约生产力的交往形式,这就是市民社会"[①]。

1. 马克思市民社会理论基础

马克思的市民社会理论建立在黑格尔的市民社会理论基础之上。黑格尔将市民社会与政治社会相分离,并分析了市民社会的矛盾,奠定了现代市民社会的理论根基。这为马克思对资本主义批判提供武器,也是马克思社会利益体系分化的思想动力,是马克思市民社会理论的重要来源。

2. 马克思市民社会理论内容

其一,关于市民社会的组成。从市民社会的结构来看,市民社会的单元是"人",这个"人"和政治国家的"人"具有高度一致性。但是其特征具有差异,在市民社会中,人是直接的存在、是自然人、是具有自我利益的现实的人,而这也正是政治社会的自然基础。在政治社会中,"人是抽象的人,人为的人,寓言的人,法人"[②]。

其二,关于市民社会的特征。首先,关于市民社会自身,在马克思看来市民社会具有阶级性、阶段性。马克思认为市民社会是"个人利益之发展到阶级利

[①] 蒋红.马克思市民社会理论研究[M].北京:人民出版社,2007:187.
[②] 马克思恩格斯全集:第1卷[M].北京:人民出版社,1956:443.

益"①的社会,并且会随着社会的发展而不复存在,在"为消灭国家(Aufhebung)和市民社会而斗争"②的思想里体现。市民社会照样受生产力制约,并代表着一定社会关系。其次,关于市民社会和政治社会关系,市民社会和政治社会分而不抗。马克思认为虽然市民社会和政治社会分离,但是不意味着两者之间有根本的对立。在马克思看来,"整个社会就是市民社会和政治社会两个领域"③。在资本主义时代,市民社会和政治社会实现现实的分离进而产生了代议民主制,④而在资本主义社会之前,市民社会和政治社会在现实中是重合的,"旧的市民社会直接具有政治性质,就是说,市民生活的要素,例如,财产、家庭、劳动方式,已经以领主权、等级和同业公会的形式上升为国家生活的要素"⑤。但是随着市民社会和政治社会的分离,权力也发生了转移,而市民社会和政治社会再次融合也终将成为必然,如"选举构成了真正市民社会的最重要的政治利益"⑥。

其三,关于市民社会的地位。马克思认为,市民社会是政治国家的基础,也是政治国家的全部活动和历史的起源。"正如古代国家的自然基础是奴隶制一样,现代国家的自然基础是市民社会以及市民社会中的人。"⑦

其四,关于社会组织的理论。马克思认为市民社会"标志着直接从生产和交往中发展起来的社会组织"⑧。"在生产力发展的一定阶段上,当整个的商业生活和工业生活得到充分发展之后,直接从生产和生活交往中发展起来的社会组织(如同业公会等)及其构成的自主生活领域。"⑨

(二)社会组织的内涵、分类

现代意义上的社会组织有比较多的称谓,通常情况下往往被称为非政府组织(Non-Governmental Organizations),英文缩写为"NGO"或"NGOs"。据有关资料记载,"非政府组织"词汇最早出现在 1945 年《联合国宪章》第 71 条,1995 年,在北京举办的第四届世界妇女大会和"世界妇女非政府组织论坛"为该词在中国的传播搭建了平台,并随之引起学者和社会的广泛关注⑩。目前,关于

---

① 马克思恩格斯全集:第 3 卷[M].北京:人民出版社,1960:395.
② 马克思恩格斯全集:第 42 卷[M].北京:人民出版社,1979:238.
③④ 俞可平.马克思的市民社会理论及其历史地位[J].中国社会科学,1993(4):59-73.
⑤ 马克思恩格斯全集:第 3 卷[M].北京:人民出版社,2002:186.
⑥ 罗燕明.马克思恩格斯思想研究:1833—1844[M].北京:人民出版社,2002:250.
⑦ 马克思恩格斯全集:第 2 卷[M].北京:人民出版社,1957:145.
⑧⑨ 庄福龄.简明马克思主义史[M].北京:人民出版社,2004:42.
⑩ 王名,刘求实.中国非政府组织发展的制度分析[J].中国非营利评论,2007(1):92-93.

NGO 的概念界定并没有统一的说法，不同国家的学者或研究机构等对 NGO 有不同的解释。顾名思义，非政府组织是政府以外的社会组织，但是不包含营利性企业、家庭和政党、教会和宗教性社会组织。国内对这些组织的称呼通常冠以"第三方的""非营利的""非政府的""自愿性的""公民社会的""独立的"组织或部门，或者"民办的部门""民间组织""草根组织""非政府公共部门"等，形式多样，尽管叫法不一，但基本特点相同，如具有组织性、非营利性、自治性、自愿性等。目前，在我国统称为社会组织。

联合国将 NGO 界定为"在地方、国家或国际级别上组织起来的非营利性的、志愿性的公民组织。非政府组织面向任务，由兴趣相同的人们推动，它们提供各种各样的服务和发挥人道主义的作用，向政府反映公民关心的问题，监督政策和鼓励在社区水平上的政治参与；它们提供分析和专门知识，充当早期预警机制，帮助监督和执行国际协议。"自 20 世纪 70 年代以来，非政府组织作为一种社会力量在世界范围内飞速发展，如在 20 世纪 90 年代美国的 NGO 数量已过 200 万，俄罗斯亦有 6 万之多。冷战结束后，"世界上有近 20 亿人参加 NGO 相关组织和活动"[1]。非政府组织的发展涵盖西欧、北美洲、南美洲、亚洲和中东等地区，在全球形成具有影响力的社会力量。受全球化的同质性和异质性作用及国际社会各种矛盾和全球问题的激化，NGO 逐渐实现国际社会转型。"二战"后，"跨国非政府组织数量从 1909 年的 176 个增加到 21 世纪之初的 45 000 个之多"[2]。这些国家和地区的非政府组织在管理体制、资源整合、结构发展上已相对完善，积累了一定的社会治理经验，对社会秩序起保障功能，为我国社会组织的发展带来一定的启发，当然这一定要结合我国的具体国情。关于非政府组织，国内有学者对其定义从广义和狭义角度进行界定，但主要还是从广义的角度进行界定，认为非政府组织是指"不以营利为目的且具有正式的组织形式，属于非政府体系的社会组织，它们具有一定的自治性、志愿性、公益性或互益性，但不一定要完全满足前面几项要求"[3]，并对此概念在中国的现实意义进行肯定，因为其符合中国的实际需要。

马克思的社会组织概念和思想立足于马克思市民社会理论。马克思市民

---

[1] Roger Charlton and Roy May, NGOs, Politics, and Probity: A Policy Implementation Perspective [J]. Third World Quarterly, 1995, 16(2).
[2] 唐玮凌.NGO 的发展与中国公民社会的成长[D].上海：上海交通大学,2007:4.
[3] 李卓.中国 NGO 的定义和分类[J].中国行政管理,2003(3):25-26.

社会理论坚持历史唯物主义视角,坚持经济基础决定上层建筑,强调经济、市民社会的基础性作用,因此马克思市民社会理论下的社会组织更偏重于"经济组织"的概念。同样,葛兰西和哈贝马斯的社会组织的概念和思想也对应着其市民社会理论,分别侧重于"文化领域"和"公共领域"。20世纪西方治理理论发展的过程中衍生了NGO、NPO等概念,这些概念不同程度地体现了马克思市民理论的思想,但是与马克思主义社会组织有着根本的区别,尤其是与我国当前所指的"社会组织"概念有很大不同。我国早期使用"民间组织"这一概念,鉴于"民间组织"在字面意义上与"官方组织"相对应,容易引起误解,党的十六届六中全会提出了"社会组织"的称谓。2007年,党的十七大报告中"社会组织"的称谓被正式使用以替代"民间组织","是指除市场和政府之外的非营利性组织、非政府组织、民间组织和第三部门的统称,但不包括企业等营利性组织、家庭等亲缘性组织和政党、教会等政治性、宗教性组织",并将其分为社会团体、基金会、民办非企业单位。所以下文在论及我国社会组织时仅仅特指社会团体、基金会、民办非企业单位。马克思主义社会组织的概念和思想经历了一个逐步变迁和发展的过程,目前我国所指的"社会组织"与马克思最早所指的"社会组织"的概念相去甚远,相关内容也有很大的不同,因为马克思市民理论是不断发展的,不同时期的市民理论对应着不同概念的社会组织。在列宁之后,中国共产党的几代领导人均对马克思的市民社会理论进行了中国化的发展,这不是对马克思主义的背叛,而是恰好体现了马克思主义和马克思市民社会理论的活力所在,因为其思想实质和理论精髓是一脉相承的。

本书研究的新社会组织(亦称"社会组织")是相对于政党、政府等传统组织形态之外的、在各级民政部门登记备案的各类民间性社会组织。从特征和作用的角度,可以细分为中介组织和民间组织两大类。中介组织是市场运作和市场活动过程的"中间体",是介于政府、企业、居民和其他社会组织之间的机构或组织,它在政府与企业之间、企业与企业之间、企业与居民之间及其他社会组织之间进行中介活动。民间组织是指民间自发形成的、不以营利为目的、主要开展公益性或互益性社会服务活动的独立社会组织,是在政府机关、全民事业单位和企业之外的社会化服务部门。国内将其统称为"社会组织",国外一般用"非政府组织"的概念。

民间组织主要包括:社会团体、民办非企业单位、基金会和社区活动团体,等等。社会团体是社会组织的重要组成部分,由中国公民自愿组成,为实现会员共同意愿,按照其章程开展活动的非营利性社会组织;民办非企业单位是指由企业事业单位、社会团体和其他社会力量以及公民个人利用非国有资产举办的,从事非营利性社会活动的社会组织;基金会是指利用自然人、法人或者其他组织捐赠的财产,以从事社会公益事业为目的,依法成立的非营利性法人,属于民间组织;社区活动团体是指以社区群众为主,因文化知识、兴趣爱好、强身健体等不同需求而自发组织起来的,没有经过社团登记管理部门登记,但在街道社区有关部门备案的群众性组织。

具体说来主要包括以下几个方面:

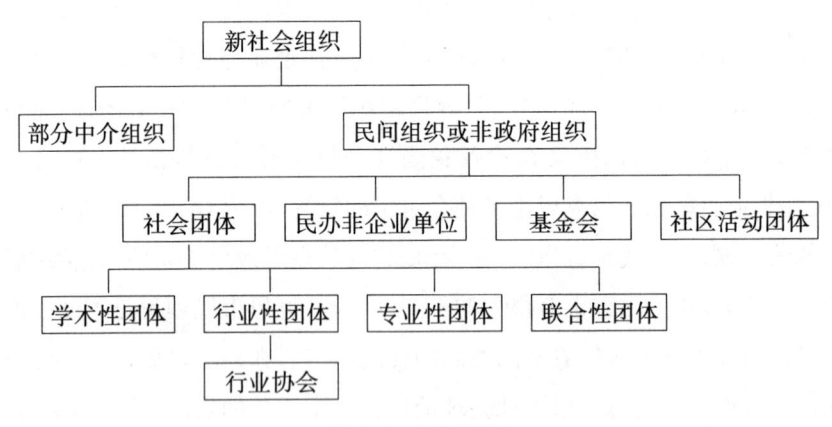

图 1.1 民间组织

(三)基层社会治理理论

1. 治理理论

一直以来,统治都是社会关系组织和管理的基本模式。统治是权威行动的公共管理活动,其运行有赖于政府的主导地位,是 20 世纪 80 年代以前的社会政治的突出特征。随着欧美发达国家的新公共管理运动的兴起,社会组织参与公共治理的呼声愈演愈烈,"治理"最初出现在 1992 年的世界银行报告《治理与发展》(Governance and Development)中,在西方学术界治理理论的代表人物有詹姆士·罗西瑙(James N. Rosenau)、罗茨(R.A.W. Rhodes)、格里·斯托克(Gerry Stoker)等。联合国的全球治理委员会(Commission on Global Governance)认为"治理是各种公共的或私人的个人和机构管理其共同事务的诸多方式的总和"。俞可平、毛寿龙、孙柏瑛则对治理概念的研究进一步拓展,将"治理"和"统治"做比较,强调社会组织参与治理的积极作用。①基层社会治理是公民治理的主要组成部分,在理论渊源上,基层社会治理和公民治理的理论基础一致。公民治理理论源于西方社会,"治理理论"是公民治理的理论基础之一,此外西方社会基层治理的理论还有"参与式民主理论、增权与能力建设理论、可持续发展理论"②,"以公民为中心的制度设计理念与我国基层的村(居)民自治都是基于人民主权理论。"③

美国学者博克斯(Richard C. Box)在20世纪90年代提出"公民中心"的社区治理模式,以公民为本位,将基层政府主导公共决策的局面予以打破,给公民治理开辟了新途径。"治理"的权力运行是上下互动的持续过程,是自下而上的全员参与,是通过协商、合作确立对公共事务的管理模式,其运作不仅有公共部门的参与,也有非政府组织等社会组织的参与。政府与公民社会是"合作和制衡,社会资本是治理的润滑剂和道德基础"④。公民治理理论模型中,按照博克斯的观点,公民是社区治理者而不是消费者,实现基层社会的"强势民主","地方控制而不是州或国家控制的公共治理;小而富有回应性而不是庞大臃肿的政府;公共服务职业者是公民的咨询者和帮助者,而不是公共组织的控制者"⑤,基层公共事务自主性治理的过程也是公民成为主人的过程。"在治理中,使相互冲突的或不同的利益得以调和并且采取联合行动的持续过程。"⑥去中心化并不意味着政府失灵反而强调政府的协调治理,是政府和社会组织共同对公共事务管理负责,市场资源配置的优先,强调市场在资源配置中的优先和政府活动的有限。

2. 参与式民主理论

"民主"二字源于希腊语"demos",指人民。民主意味着少数服从多数、意味着大家共同管理国家事务。"民主具有阶级性、目的性、差异性、有效性。"⑦马克

---

① 赵伯艳.社会组织在公共冲突治理中的作用研究[D].天津:南开大学,2012:29.
② 范小西.当代西方基层社会治理新理论及对我国社区建设的启示[J].晋阳学刊,2009(3):42-45.
③ 史云贵.公民治理与群众自治——中美两国基层治理理论与实践比较研究[J].人民论坛,2014(5):24-27.
④ 张宝锋.治理理论与社会基层的治道变革[J].理论探索,2006(5):120-123.
⑤ [美]理查德·C.博克斯.公民治理:引领21世纪的美国社区[M].孙柏瑛,等译.北京:中国人民大学出版社,2005.
⑥ [英]格里·斯托克.作为理论的治理:五个论点[J].华夏风,译.国际社会科学杂志(中文版),1999(1):19-30.
⑦ 姜辉,赵培杰.自觉划清中国特色社会主义民主同西方资本主义民主的界限[J].红旗文稿,2010(5):2-8.

思和恩格斯指出:"国家内部的一切斗争——民主政体、贵族政体和君主政体相互之间的斗争,争取选举权的斗争等,不过是一些虚幻的形式——普遍的东西一般说来是一种虚幻的共同体的形式,在这些形式下进行着各个不同阶级间的真正的斗争。"①民主是一种国家制度和政治表现,是意识形态,属于上层建筑。

"当代西方民主理论从民主主体范围分析可以分为少数人的民主,也被称为精英民主论,多数人民主的社会民主论,和个人独立享有的民主,被称为自治民主论。"②精英民主理论认为民主权力应该由少数人掌握,这些人是杰出的,是社会精英。古典精英民主理论认为统治的主体是政治精英,如韦伯认为政治精英进行统治具有优势,政治民主的关键在于天才的政治精英,这些领袖干练而品质高尚。新精英民主理论与古典精英民主论区别在于其精英的主体是技术精英。"社会民主论"主张在社会各领域都实行民主,"用民主的工作方式和民主联盟替代权力的行使,以前是、现在仍然是民主社会主义的核心"③。

民主不是绝对的,也不是一成不变的,具有历史性。自古以来,人类在追求民主自由的进程中,产生了多种民主称谓,如直接民主、代议民主、自由主义民主、共和民主、参与民主、自治民主等,而自由主义民主和共和主义民主是民主理论演化的主线。由于自由主义的代议制民主是一种选举民主、精英民主,对公民参与有一定的排斥倾向,导致代议制民主危机,导致参与式民主理论的复兴,参与民主和协商民主机制相同、相互促进。"参与式民主的产生弥补了自由主义的代议制的不足。"④参与式民主在卢梭、密尔、柯尔、阿伦特等的民主思想中都有所涉及,"参与式民主的核心是参与、是自治,该民主模式要求全体公民有权参与公共事务,自由选择并决定自己的行动,并且这种模式的民主是自下而上的民主,让基层、社区层次民主上升到国家民主,并强调公民品质的养成"⑤。公共事务处理的方式有人们互动的响应,超越精英治理的主体范畴,扩展了公民参与的领域,加大了基层参与的积极性。

社会组织的多元参与是民主的一种表现,社会组织的基层治理需要基层社

---

① 马克思恩格斯选集:第1卷[M].北京:人民出版社,2012:164.
② 辛向阳.当代西方民主理论的主要流派评析[J].江西社会科学,1993(4):56-61.
③ [德]维·勃兰特,[奥]布·克赖斯基,[瑞典]欧·帕尔梅.社会民主与未来[M].丁冬红,白伟,译.重庆:重庆出版社,1990:11.
④ 陈炳辉,韩斯疆.当代参与式民主理论的复兴[J].厦门大学学报(哲学社会科学版),2008(6):12-18.
⑤ 范小西.当代西方基层社会治理新理论及对我国社区建设的启示[J].晋阳学刊,2009(3):42-45.

会组织的精英参与,也需要草根式民主的互动,构建"小政府""大社会"的社会发展途径,要自我组织、自我管理,要法人治理、要善治,政府干预的方式和干预程度有一定的范畴,并且在社会治理中做到基层社会组织信息透明,分工明细,有制度安排,有组织方式的搭建。

(四)社会组织参与基层社会治理

当前我国基层社会的结构正随着社会主义市场经济的发展发生变化,利益格局在重构,影响基层社会和谐的矛盾和冲突正多发,形势严峻。首先,基层社会治理体制和机制改革还有待深化,基层社会治理的基础欠夯实。其次,"政社分开"和政府对社会组织的扶持还有很大空间。再者,社会组织本身发育还不完善,基层社会治理相当薄弱,基层建设的问题众多,问题倒逼成常态。党的十七大以来,党对社会协同管理、公众参与多次提及,对基层社会管理创新相当重视。党的十八届三中全会对创新社会治理做出目标确定,并提出推进国家治理体系和治理能力现代化。社会治理要体现出主体多元和利益协调,社会组织的社会治理是社会建设和发展的重要主体,社会团体、基金会等使公民进入"公共领域"的能力更加强大,对现代社会中合作治理意义重大,能够让更多的公民参与社会组织,对社会秩序的构建和和谐社会的建设起重要作用,社会治理将社会管理的主体范畴予以拓展。在时间起点上,国内社会治理概念的提出晚于社会管理,社会管理和创新是在党的十六大报告中被摆上重要议事日程,社会治理概念的首次使用是在党的十八届三中全会。社会治理将社会管理的政府主体管理和控制拓展到政府和多元主体对公共事务的共同治理,公平而高效。但是单就基层社会治理创新研究是不够的,因为其缺乏创新的机理的厘清,缺乏基层社会治理创新主体的系统性规划,无法发挥基层社会治理参与主体的主动性、积极性,所以对创新机制的可持续要求最终要从机制上进行整体架构,以便增强创新的可行性和持续性。

第二节 研究目的与意义

一、研究目的

鉴于当前创新社会治理的紧迫性,本书以马克思市民社会理论为视角,挖掘马克思有关社会建设思想及相关理论成果，从社会组织的功能角度研究出发，旨在通过研究更加明确基层社会治理的主体角色定位，更好地解决基层社会治理中存在的问题，促进社会和谐，加快社会建设。

首先，通过研究以期丰富我国社会组织和社会治理的理论。通过对我国社会组织的发展状况和社会组织对中国的社会治理和社会建设的作用进行分析，并将国外社会组织和国内社会组织的社会治理功能进行比较，使中国社会组织和社会治理的研究内容系统化，形成不同于西方发达国家的具有中国特色的社会治理理论。

其次，希望完善基层社会治理体制机制的研究内容。当前关于社会组织的研究较多，但是基于马克思市民社会理论以及社会组织和基层社会治理的创新结合视角的研究并不多见，基层社会治理机制创建研究有待细化和具体化，如涉及创新的主体维度将社会组织在基层社会治理中进行合理定位，治理生态环境维度进行组织和群众的点面的铺设研究联系机制、组织内部的治理管理机制的具体方法，并且从组织和组织间的协作机制、组织和政府间的统筹机制、第三方监管角度等方面对机制进行多维研究。总之，笔者试图创新社会组织对基层社会治理的各种机制，拓展社会治理的研究空间。

最后，本书尝试构建基层社会治理的实践体系。通过对马克思市民社会理论和马克思主义社会建设思想进行系统梳理，借鉴国内外基层社会治理的经验，立足我国当前基层社会社会组织治理的现实，从宏观和微观层面探讨社会治理实践中的问题，探索当前我国社会组织在基层社会治理中的创新措施与具体路径。

二、研究意义

第一，本课题的研究有利于贯彻党的十八大以来的历届全会精神，理论上有利于进一步拓展社会组织与社会治理有关基础理论问题的研究。通过对马克思市民理论及其中国化的社会建设思想进行较为系统的梳理、提炼和创新性运用，有助于树立国人的现代国家与社会的治理理念。

第二，有利于引导基层地方政府转变理念，促进基层社会治理体制的创新。使基层地方政府实现从重政府作用、轻多方参与向政府主导型的社会共同治理的转变，从而真正重视和引导社会组织的良性发展，摆脱无限政府的束缚，建设服务型有限政府。

第三，进行社会治理变革与社会组织的互动研究，其理论成果既可以服务于民生，又有利于促进社会主义民主政治的发展，最终可以促进社会的和谐与稳定。

第三节 研究方法与创新点

一、研究方法

其一，文献研究法。文献研究法主要是通过文献的收集、整理等形成科学认识。该方法主要用于本书国内外研究现状的梳理和评析等方面。以马克思市民社会理论和辩证唯物主义及历史唯物主义为指导，运用社会学、政治学、公共管理学等多学科知识对社会组织参与基层社会治理进行基础理论分析，同时对社会组织参与社会治理可供借鉴的理论进行梳理和总结。

其二，深度访谈法。针对社会组织参与基层社会治理的实证研究使用该方法。研究过程中，尤其是对具有代表性和发展比较完善的社会组织进行深度访谈，充分了解它们在实践中的成功举措和遇到的问题，获得第一手的资料。

其三，案例分析法。关于国内的相关探索和经验、参与基层社会治理中社会组织作用发挥路径研究使用案例分析法。分别从行业协会商会类、科技类、公益慈善类、城乡社区服务类等不同社会组织，收集我国不同地区社会组织参与基层社会治理中作用的代表性案例，分析其有效性方面的举措。

其四，调查问卷法。针对公民对社会组织的认识采用该方法。为了获得可靠性的资料，科学设定调查问卷，选择调查群体，并对所得数据进行科学化分析。

二、研究创新

其一，研究视角的创新。一方面运用马克思市民社会理论，将社会组织和社会组织参与社会治理结合起来研究，同时将社会组织建设问题置于当代社会治理大背景下加以研究，有利于在理论上拓展该领域的分析视野和研究深度，也有利于在实践上对社会组织建设与治理进行整体把握；另一方面基于中国特定国情，运用马克思市民社会理论的最新成果，注重宏观分析与微观分析的结合,超越"宏观—微观"的一元分析模式,有利于研究对象的具体化和对策建议的可操作性。

其二,研究方法的创新。对马克思的市民社会理论(国家与社会理论)、马克思主义社会建设思想以及西方的治理理论等进行创新性运用,既看到"国家"和"政府"对社会治理的功能作用,也重视"社会"自身的功能作用,从而克服了传统的"国家万能主义"的缺陷,同时以跨学科、多角度的视野,不仅注重理论的梳理和提炼,更注重实证的调查研究,不仅注重历时态的纵向考察,又注重共时态的比较研究,从而使研究更有说服力,也更具现实针对性。

其三,研究内容的创新。从价值层面、运作层面和结构层面探讨社会组织对基层社会治理的促进机制,进而以马克思市民社会理论及其中国化为理论逻辑起点,以我国社会组织参与基层社会治理的特点与实际问题为现实逻辑起点,同时适当借鉴国际NGO参与社会治理的经验,全方位探索我国社会组织发展以及参与基层社会治理的路径。

第四节　研究综述

一、国外研究现状

(一)马克思的市民社会理论研究综述

由于意识形态的差异,国外学者对马克思的市民社会理论的研究有其自己的出发点和视角,研究主要集中在马克思的市民社会理论基础、马克思的市民社会的意义、马克思的市民社会发展趋势等。

首先,关于马克思的市民社会理论的基础研究。其一,认为马克思的市民社会理论源于黑格尔,将市民社会与经济关系等同。如查尔斯·泰勒(Charles Taylor)指出"马克思援用了黑格尔的概念,并把它几乎完全地化约为经济领域;并且从某种角度讲,正是由于马克思这种化约观点的影响,'市民社会'才一直被人们从纯粹经济的层面加以界定"[1]。其二,关于马克思的市民社会相关概念

---

[1] 邓正来,[英]J.C.亚历山大编.国家与市民社会:一种社会理论的研究路径[M].北京:中央编译出版社,1999:19.

研究。有学者们认为马克思的市民社会与其资产阶级社会概念一致,因为市民社会就是资本主义社会,只是其社会形态发生了形式的异化。英国学者戈登·怀特(Gordon White)认为马克思的市民社会就是"资产阶级社会"①,认为"资本主义社会""资产阶级社会""市民社会"在马克思的《资本论》中没有区分开来。也有学者认为公民社会是"介于经济和国家之间的社会相互作用的一个领域,由私人领域(特别是家庭)、团体的领域(特别是志愿性社团)、社会运动及大众沟通形式组成"②,反对新自由主义者主张的国家与社会二分模式的市民社会理论。

其次,关于马克思市民社会的实践意义研究。有学者认为马克思的市民社会在"共同体—市民社会—社会主义社会"逻辑中是社会发展的一个阶段。如日本市民社会派马克思主义代表望月清司(Mochizuki Seiji)在《马克思历史理论的研究》一书中指出"'资本主义'是人类历史＝世界历史最终要攀登的一个阶梯。如果我们一旦自觉地选择了这种社会＝历史认识视角,那么包括从本源共同体到更高层次的新社会(＝未来共同体)在内,对整个人类历史的反省和展望理论就会随着对资本主义体制的认识而不断深化"③,"我们的工作就是要依据这一市民社会的历史理论开辟一个崭新的现代世界,这一工作应该将那一'从共同体到市民社会'的视角与对'从市民社会到社会主义'的展望结合起来"④,并且提及马克思认为市民社会只有在出色的中世纪日耳曼西欧才具备发育的土壤。

再次,关于马克思市民社会发展趋势研究。主要论断有,认为市民社会取代国家成为治理中心。如当代英美马克思主义著名学者诺曼·莱文(Norman Levine)认为在马克思看来,国家终结后,不是无政府状态,莱文提到"没有国家,而又不是无政府状态,这是一种怎样的情形呢? 马克思的设想是,市民社会的机体或组织将成为治理的中心。请注意,国家和治理是不同的。在两篇重要的文献即《论犹太人问题》和《德意志意识形态》中,马克思明确地表达了这一思想:市民社会将取代国家成为治理的中心。他说,人的自由开始于当市民社会取代国家之时。这里,市民社会是什么意思呢? 在当时的德国,家庭、教会、工

---

① 何增科.公民社会与社会组织[C].北京:社会科学文献出版社,2000:62.
② Jean L. Conhen, Andrew Arato. Civil Society and Political Theory[M]. Cambrige: MIT, 1993:9.
③ [日]望月清司.马克思历史理论的研究[M].韩立新,译.北京:北京师范大学出版社,1975:3.
④ [日]望月清司.马克思历史理论的研究[M].韩立新,译.北京:北京师范大学出版社,1975:613.

会、农民组织、大学生联合会等这样的组织已经存在,马克思可以期待它们成为构成和组织社会的中心部分"[1]。

此外还有马克思的市民社会组成研究等,如西方马克思主义者葛兰西对马克思的市民社会做进一步研究,提出市民社会和政治社会都是上层建筑的组成部分,并且市民社会是"社会组织的集合体",无论是市民社会还是政治社会"在统治集团通过社会执行'领导'职能时是一致的;另一方面,统治集团的'直接统治'或指挥的职能是通过国家和合法的政府来执行"[2]。

可见,国外马克思的市民社会理论研究有对社会本身的发展逻辑的考究,也有对社会类型的再审视,西方马克思主义者还对马克思的市民社会和社会组织的关系进行研究等。由于掌握资源的数量有限,加上国外马克思主义的流派众多,无法一一涉猎,但已经可以表明马克思市民社会及社会组织相关理论在国外被广泛关注,不同程度地表明其对马克思的市民社会理论及其对社会治理功能的认同。

(二)社会组织与社会建设的相关研究

就国外而言,由于发达国家非政府组织的发展比较成熟,社区自治等社会治理也比较规范和有效。如美国社会治理由于受其追求自由的传统影响而使基层治理有一定的土壤,以社区为例,政府主要对社区治理起法律制定、资金支持的作用,给社区建设配置资源。社区治理的参与主体有政府和非政府组织、公民等,治理模式是自底向上运作的。社会组织还参与企业社会责任的建设,如美国的劳工运动、19世纪晚期的消费者运动、环境保护运动。此外政府购买非营利组织的公共服务,并向社会组织提供补助,当前 NGO 组织的对联邦和州政府的卫生、教育福利执行的份额超半,并通过相关法案资助社会组织项目。英国在 1998 年发布协议《政府与志愿及社区组织合作框架协议》,对黑人与少数民族志愿组织、咨询和政策评估、政府采购、志愿活动、社区等方面与社会组织确立合作原则。日本的社会治理模式受其传统的自律精神影响而体现出社区治理的主动性,居民责任意识较强,政府对社区治理是指导加监督,活动有政府和居民共同参与。"新加坡虽是政府主导模式,但是政府提供完善的管理制度和发展环境,同时又为基层特别是社区培育部分管理人才和提供 50% 的日常

---

[1] [美]诺曼·莱文.马克思的国家与市民社会理论[J].中国政法大学学报,2009(4):149-154.
[2] 张卫海.马克思市民社会理论的新发展与中国构建"国家—社会"关系模式的现实选择[J].马克思主义理论研究,2011(6):28-31.

运作费用。"①在欧洲,工会联盟自20世纪70年代就已经具有来自36个国家的6 000万会员,促进了行业协会、企业的社会责任的担当,2000年欧洲理事会通过了"里斯本战略"(Lisbon-Strategy),制定经济改革目标,以实现更好的就业和社会团结,打造世界上最有竞争力的经济体。德国"工会也参加基本经营者主动性推进的企业社会责任,并由劳资双方共同加以具体落实"②。以上都为国外社会组织的社会治理研究提供了丰富内容。

国外政治学和社会学领域对社会组织的研究比较宽泛,涉及NGO的社会治理功能、第三方治理、非营利部门和政府的关系、NGO存在的必要性和社会服务领域(如环境保护、贸易壁垒国际合作问题)等方面。其中比较注重非政府组织在维持民主治理中的独特作用的研究,如促进经济发展和全球社会的诞生。学者研究NGO的相关理论有市民社会理论、第三方管理理论、市场失灵理论、政府失灵理论、合约失灵理论和"志愿失灵"等,研究成果较多,"市场失灵理论"将志愿部门的产生视为市场失灵和政府失灵的结果,而市场失灵和政府失灵理论者认为私人非营利组织的存在是为了提供一定范围的、被社区的一定人群而不是大多数人需要的"集体物品"。"合约失灵理论"倾向于非营利企业的慈善目标而决定其值得信赖角度等。可见这些理论研究体现出国外学者对社会组织的产生原因的关注。下文仅从非政府组织研究、公共领域结构转型研究、公民社会研究三个方面予以综述。

1. 非政府组织研究

国外非政府组织研究主要围绕NGO内涵、类型、功能等开展。专著中比较知名的有朱莉·费希尔(Julie Fisher)的《NGO与第三世界的政治发展》(2002),阐述了公民社会的构成、类型和所谓的第三"足"的全球影响,主要侧重政治体制的角度,道出非政府组织对人口增加、环境恶化、贫困问题解决的重要作用。莱斯特·M.萨拉蒙(Lester M. Salamon)在《公共服务中的伙伴——现代福利国家中政府与非营利组织的关系》一书中对非营利组织的理论基础、非营利组织概念、政府对非营利部门资助经验予以研究③。

---

① 崔永红.国外社区治理成功经验研究[J].湘潮,2013(3):62.
② [日]平泽克彦.欧盟的企业社会责任与工会——欧洲与德国的经验[J].陈瑞华,译.国外理论动态,2009(5):63.
③ [美]莱斯特·M.萨拉蒙.公共服务中的伙伴——现代福利国家中政府与非营利组织的关系[M].田凯,译.北京:商务印书馆,2008:38-47.

首先,关于非政府组织的内涵和分类研究。针对非营利组织,学者们主要从范畴上来对其进行界定,通过该组织包含的组成部门来界定非政府组织的内涵。如莱斯特·M.萨拉蒙在阐述"什么是非营利部门"时指出非政府组织包含的部分,第一类是"筹款机构(funding agencies)",主要是为了给提供服务的组织提供资源,如私人基金会、联合劝募协会(United Way)、蓝十字军(Blue Cross)和蓝盾(Blue Shield)、宗教资金筹募联合会;第二类是律师协会、工会、合作社、同业工会、互助保险公司等非营利组织,专门为直接会员而非社会和社区提供服务;第三类是包括教育机构、文化机构、社会福利机构、日托中心、疗养院、医院等公益组织,在美国起着至关重要的作用;第四类是宗教或其他执行神圣的、宗教功能的组织。

英国的学者戴维·露易斯(David Lewis)对非政府组织的概念和缘起进行研究,认为关于非政府组织的称谓问题已经存在大量争论,同样的组织在一个国家被称为"非政府组织",在另一个国家被称为"志愿组织"或"非营利组织"[1];并认为非政府组织是一个模糊的组织形态,具有双重特征。对该组织的起源从国际因素着手探讨,如政府反贫困表现不佳,全球经济一体化的推动等。

学者韦普纳(Wapner,1995)[2]和萨瑟等(Sasser et al.,2006)[3]认为政治学家特别是国际关系和比较政治学者常通过阐述什么不是非政府组织来界定NGO,并认识到NGO对公共政策、商业决策的影响。学者凯克(Keck,M.E.)[4]等强调NGO的非营利性质,认为该组织与追求具体营利目标的公司不同,其目标具有范式。

关于非政府组织的分类研究,莱斯特·M.萨拉蒙在《全球公民社会:非营利部门国际指数》对第三部门或公民社会部门实体常见的三类定义进行比较:第一类是经济定义中的"公民社会组织是指大部分收入来自私人捐献,而非来自市场交易或政府支持"的部门,像"志愿部门""慈善部门""非营利部门";第二类是从组织的法律地位界定,这类组织是具有一定特定法律形式如协会或基金

---

[1] [英]D.露易斯.非政府组织的缘起与概念[J].国外社会科学,2005(1):98.
[2] Wapner, P. Politics without borders: Environmental activism and world civic politics[J]. World Politics, 1995(47):311-340.
[3] Sasser, E., Prakash, A., Cashore, B., & Auld, G. Direct targeting as NGO political strategy: Examining private authority regimes in the forestry sector[J]. Business and Politics, 2006(8):1-32.
[4] Keck, M.E., Sikkink, K. Activists beyond borders: Advocacy networks in international politics[M].Ithaca, New York: Cornell University Press, 1998.

会,或在某国免于缴纳部分或全部税款的,如协会和免费组织;第三类是从组织目的上界定,认为公民社会是促进公共利益,鼓励赋权和参与或寻求解决贫困等问题,类似"公民社会""非政府组织""慈善"等。在此基础上提出三类定义的不足,并运用"结构—运作式"对社会部门界定,指出公民社会应该满足"组织性""私立性""非利润分配性""自治性""自愿性"特征。也有学者认为,非政府组织目标相同但是对这些组织如何进行分类却有不同见解[1]。

其次,关于非政府组织的作用研究。国外学者关注的角度比较多,研究不仅涉及 NGO 的社会作用,而且还对其产生作用的机理进行探索。首先,关于社会作用方面,政治学和社会学的很多 NGO 研究者已经通过大量案例证明此类组织对公众和企业政策的成功影响,但是这些研究没有用常规理论来研究 NGO,涉及的都是 NGO 的部分领域,不具有系统性、完整性。针对 NGO,认为"其对其他社会组织不是替代,相反,这些组织为社会治理提供更多异质服务选择,并且承认这些组织自身也有一定的局限性"[2]。利普舒茨(Lipschutz)认为"非政府组织之所以有影响力在于国家不能控制过程,尽管 NGO 具有和国家讨价还价强大能力,对国家也可能存在威胁,但是国家还是允许其参与政策的执行监督"[3]。关于 NGO 如何发挥功能的研究,有学者从社会组织策略角度进行研究,如"国内的社会组织调整自己的工作方式来配合国际 NGO 的工作"[4]。"社会运动组织有策略的运用政治机会结构来获取权力并利用政治系统来完成自己的目标。"[5]

此外,还有学者针对 NGO 在全球治理中的作用开展研究,比如"环境问题、银行管理问题、贫困问题等"[6]。也有学者针对 NGO 的效果评估方法进行研

---

[1] Lewis, D., Wallace, T.(Eds.) New roles and relevance: Development NGOs and the challenge of change[M]. Bloomfield, CT: Kumarian Press, 2000.

[2] Erica Johnson, Aseem Prakash. NGO research program: a collective action perspective[J]. Policy Sciences, 2007(40):221-240.

[3] Lipschutz, R. Reconstructing world politics: The emergence of global civil society[J]. Millenium: Journal of International Studies, 1992, 21(3):389-420.

[4] Keck, M.E., Sikkink, K. Activists beyond borders: Advocacy networks in international politics[M]. Ithaca, New York: Cornell University Press, 1998.

[5] McAdam, D. Conceptual origin, current problems, future directions. In D. McAdam, J.D. McCarthy, M.N. Zald (Eds.), Comparative perspectives on social movements[M]. New York: Cambridge University Press,1996.

[6] Udall, L. The World Bank and public accountability: Has anything changed? In J. Fox & L. D. Brown (Eds.), The struggle for accountability: The World Bank, NGOs, and grassroots movements[M]. Cambridge: MIT Press, 1998.

究,如认为"企业组织的效果评估相当方便,可以借助波特的方法来确保企业营利,但是 NGO 的效果评估较难,NGO 如何才算成功的研究较少"①。可见,国外学者对 NGO 的社会影响研究较多,学者注意到 NGO 的社会功能,也意识到促进 NGO 发展的条件和局限性,如"内部矛盾使 NGO 不能对自己的成员实现自己的目标"②。

2. 公共领域结构转型研究

关于公共领域结构研究,比较知名的有美籍政治哲学家汉娜·阿伦特(Hannah Arendt)和德国哲学家、社会学家哈贝马斯(Jürgen Habermas)。在"公共领域"概念的提出上,一般认为其最早由汉娜·阿伦特提出。汉娜·阿伦特的公共领域概念被称为"古典型的公共领域",她认为由于近代科技和工具理性的发展,古希腊时代人们的政治参与淡化,导致生产的私人领域凸显,并最终取代公共领域,产生政治现代性的困境。她将私人生活领域和公共生活领域区别对应于家族领域和政治领域的区别。公共领域有别于社会和社群,是人们显露自我的地方,公共领域不是固定不变的,应该是人们言行互动的场域,"作为一个共有的世界,公共领域可以说把我们聚在一起,又防止我们彼此竞争"③。她的公共领域理论激活了政治公共领域,使公民资格得以再现并走向自我管理。在"公共"和"私人"领域的概念上分析了古希腊城邦公民的家庭生活和城邦活动的结构的历史演变。

哈贝马斯的《公共领域及其结构转型》对资产阶级公共领域进行界定:"所谓公共领域,我们首先意指我们的社会生活的一个领域,在这个领域中,像公共意见这样的事物能够形成。"④在起源问题上认为公共领域最早起源于奴隶社会的广场集会,分析了资产阶级公共领域发展的过程。他以英国等发展为样本对公共领域的政治功能给予说明,对公共舆论范畴、黑格尔和马克思的公共性的辩证法、穆勒和托克维尔的公共性矛盾观念和公共领域与私人领域融合等方面进行公共领域转型剖析,提出公共领域政治功能转型如公共性原则的功能转换,如"公共领域本身在原则上反对一切统治,但是在公共原则的帮助下,却建立起一种政治

---

① Erica Johnson, Aseem Prakash. NGO research program: a collective action perspective[J]. Policy Sciences,2007(40):221-240.
② Christensen, R. A., Ebrahim, A. How does accountability affect mission? The case of a nonprofitserving immigrants and refugees[J]. Nonprofit Management and Leadership, 2006(17):195-209.
③ [美]汉娜·阿伦特.人的条件[M].竺乾威,等译.上海:上海人民出版社,1999:41.
④ [德]哈贝马斯.公共领域的结构转型[M].曹卫东,等译.上海:学林出版社,1999:32.

制度,其社会基础并没有消除统治"①。自由主义法治国家向社会福利国家转变过程中的公共领域,体现了资产阶级政治建立民主、平等、自由讨论社会的政治理想,但是哈贝马斯对公共性的评价和新的批判公共性的标准等问题并没有清晰阐释。由于哈贝马斯的公共领域概念更具理论性,所以常被学者直接引用。

3. 公民社会研究

首先,公民社会的研究最初是对市民社会的关注。古罗马政治家西塞罗第一次明确市民社会的含义,他认为:"市民社会不仅指单个国家,而且指业已发达到出现城市的文明政治共同体的生活状态。"②英国洛克(Locke)认为社会源自克服个人自然状态中各种不适的契约③。黑格尔提出"市民社会是处在家庭和国家之间的差别的阶段,虽然它的形成比国家晚。其实,作为差别的阶段,它必须以国家为前提,而为了巩固地存在,它也必须有一个国家作为独立的东西在它面前。……个人的生活和福利以及他的权利的存在,都同众人的生活、福利和权利交织在一起,它们只能建立在这种制度的基础上,同时也只有在这种联系中才是现实的和可靠的。这种制度首先可以看成外部的国家"④,市民社会是非自然状况的统治状态,并表现出理性思维。⑤

其次,关于国外公民社会机构研究。莱斯特·M.萨拉蒙的专著《全球公民社会——非营利部门视界》是一部重要成果,该书对全球有代表性的22个国家的非政府组织进行系统分析,22个国家的NGO是一个拥有1.1万亿美元的产业,雇用了近1900万个全职工作人员,就业比22国最大私营部门企业330万人就业总和还多。全部非营利就业的2/3集中在3个福利服务的传统领域,如教育占30%,卫生保健占20%,社会服务占18%,娱乐和文化领域占14%。"如果将这些国家的非营利部门比作一个国家,那么它将成为世界第八大国,比巴西、俄罗斯、加拿大和西班牙还要领先,总体认为,若包括志愿者,西欧是志愿性和非营利部门最发达的地区。"⑥

---

① [德]哈贝马斯.公共领域的结构转型[M].曹卫东,等译.上海:学林出版社,1999:33.
② 王彦章.公共领域的审美经验[D].济南:山东大学,2007:3.
③ [英]洛克.政府论(下篇)[M].瞿菊农,叶启芳,译.北京:商务印书馆,1982:55.
④ [德]黑格尔.法哲学原理[M].范扬,张企泰,译.北京:商务印书馆,1961:197-198.
⑤ 邓正来,[英]J.C.亚历山大编.国家与市民社会:一种社会理论的研究路径[M].北京:中央编译出版社,1999:34.
⑥ [美]莱斯特·M.萨拉蒙.全球公民社会——非营利部门视界[M].贾西津,魏玉,等译.北京:社会科学文献出版社,2002:8-9.

再者,关于公民社会治理方面,国外研究多从社会管理角度进行,对社会治理相关翻译有社会管理"social administration"、社会组织管理"social Organization Registration"。有学者对美国的第三方治理研究后,认为"第三方治理概念强调公共和私人机构之间大量的责任共享,以及公共部门和私人作用的大量混合"①的特点,并且认为这种行动模式使包含真正责任和控制问题变得复杂了(萨拉蒙,1981)。在中国知网上以"social administration"为主题进行检索,显示280余篇相关学术论文。在研究相关学术论文时发现,当代西方学者对社会治理的研究侧重于治理具体方法或技能的研究,如 Maria Roberts-De Gennaro、Thomas R. Packard 指出社会管理要开发相应课程来培训社会管理的领导者,这类领导者必须能够谙熟管理、具备协作能力,能够在社会管理组织和社区进行变革创新②;再如 Felice Davidson Perlmutter 发表的《社会管理和社会工作教育研究》(1984),Ronald L. Simons 的《社会管理的基本技能研究》(1988)等。有关于责任问题研究,如 Frederick G. Reamer 的《社会管理工作中的责任问题》(1994),Felice D. Perlmutter 的《社会管理政策研究》(1985)等。上述成果并非基于我国国情,但也具有一定的借鉴意义。

二、国内研究现状

以本课题名进行主题进行检索,有3篇相关文章,而进行全文检索,相关研究较多。检索的结果显示研究马克思的市民社会理论成果较少,虽然"市民社会"在马克思著作中并不少见,但长期以来,我国学者对市民社会的内容缺乏全面认识,如有学者认为用"市民社会"理论分析中国问题与国情不符,"无论是作为一个概念,还是作为一种客观存在的社会历史形态,'市民社会'都是西方特定历史文化背景的产物"③,认为"市民社会"是西方词汇用在中国不恰当等。直到20世纪90年代国内学者才开始重新对马克思的市民社会进行解读,研究成果逐渐丰富起来,特别是在有关社会组织及其在社会治理中的作用及经验的研究方面取得了较多成果。现对相关研究综述如下:

---

① [美]莱斯特·M.萨拉蒙.公共服务中的伙伴——现代福利国家中政府与非营利组织的关系[M].田凯,译.北京:商务印书馆,1995:45.
② James M.Ferris.The Role of the Nonprofit Sector in a Self-Governing Society: A View from the United States[J]. Voluntas:International Journal of Voluntary and Nonprofit Organizations, 1998 (2).
③ 方朝晖.市民社会的两个传统及其在现代的汇合[J].中国社会科学,1994(5):82-102.

（一）有关马克思市民社会理论研究

1. 关于马克思市民社会概念的梳理和内容研究

其一，关于概念产生研究。有学者对马克思的市民社会理论建构进行研究，指出马克思的市民社会理论的形成是对黑格尔市民社会理论的哲学批判与建构，进而确立了马克思的市民社会决定国家和法的哲学原则[1]。周德海在《黑格尔的市民社会：独立的单个人的联合》一文中认为黑格尔市民社会的基础和前提是自由、平等、正义和责任、福利、良心，实质是独立的单个人的联合，为马克思构造共产主义的自由人联合体提供了直接的思想资料[2]。徐步华在《20世纪"市民社会"概念的三次重要转变：葛兰西、柯亨和阿拉托、哈贝马斯》一文中明确指出："马克思认同黑格尔的国家与市民社会二分法，并赞扬他将二者的分离视为现代性的标志。但马克思转变了黑格尔的市民社会概念及其与国家的关系。"[3]还有学者指出弗格森对于马克思的影响早于《德意志意识形态》，马克思继承和赞扬他的关于分工的理论，马克思以人类解放批判的认同了弗格森将法律作为基础的市民社会[4]。

其二，关于概念内容研究。有学者指出马克思的市民社会理论认为市民社会是"物质生产关系的总和"，市民社会的构成要素是"社会组织"，社会终极目标是建构有共产主义觉悟的"自由人联合体"[5]。也有学者认为市民社会概念在马克思的思想发展中也不断完善，如认为马克思早期的市民社会与资产阶级社会等同，从《德意志意识形态》标志马克思市民社会理论成熟到市民社会等同于交往形式，接下来市民社会概念完全跳出了"资产阶级社会"这一特定含义，并由社会组织将市民社会替代[6]，体现出对马克思市民社会发展脉络的深入研究。最新的研究包括：原晨珈的《抽象与具体：重思"市民社会决定国家"命题的历史内涵》（《甘肃理论学刊》，2016），王志林、刘凯的《论马克思对黑格尔市民社会理论的批判与超越》[《中南民族大学学报（人文社会科学版）》，2016]，徐步华

---

[1][6] 马东景.马克思市民社会理论及其对我国创新社会治理的启示[J].郑州轻工业学院学报，2014(8)：18-22.

[2] 周德海.黑格尔的市民社会：独立的单个人的联合[J].中共济南市委党校学报，2009(3)：42-46.

[3] 徐步华.20世纪"市民社会"概念的三次重要转变：葛兰西、柯亨和阿拉托、哈贝马斯[J].世界哲学，2019(3)：24-34.

[4] 单维平.分工、民主与人的全面发展——论马克思对弗格森《市民社会史》的解读[J].现代哲学，2010(6)：10-16.

[5] 周巍，沈其新.马克思市民社会理论与当代中国社会治理创新[J].甘肃社会科学，2016(1)：151-155.

的《20世纪"市民社会"概念的三次重要转变:葛兰西、柯亨和阿拉托、哈贝马斯》(《世界哲学》,2019),贾来生的《早期马克思市民社会批判理论及其存在的问题辨析》(《马克思恩格斯思想研究》,2019)。

2. 关于对马克思社会建设思想的挖掘研究

马克思的社会建设思想是马克思社会思想的重要组成部分,也是其市民社会理论延伸和发展的必然结果。在国内对马克思的社会建设思想的研究主要体现在社会建设思想内容、社会建设的规律、社会管理等。

首先,关于马克思的社会建设内容研究。其一,从未来社会的发展角度对马克思的社会建设予以深入研究。如有学者认为马克思主义建设思想主要内容有四个方面:未来社会建设是建立在生产力高度发展的基础之上的;未来社会建设要体现人民群众当家做主,最终目标是实现人的自由全面发展;未来社会建设要遵循人与自然和谐相处的规律;治理社会主义社会是未来社会建设的重大课题[①]。还有学者认为马克思社会建设思想的建构逻辑包含三个方面:高度发达生产力引领的现实自由理论逻辑;高尚精神境界普遍化的现实自由理论逻辑;社会分工差别化消失的现实自由理论逻辑[②]。其二,从内容的统一性研究市民社会,多涉及社会结构的有机体、共同体等。如有学者认为马克思的社会有机体思想蕴含着社会建设的思想,是社会建设的思想基础[③];还有学者认为马克思社会建设的初步思想包括关于对和谐社会的构想,关于社会公平、公正的理念,以及社会保障的思想[④]。云南大学李达认为马克思社会建设思想是逻辑性、系统性与科学性相统一的内容体系,其实质就是现实自由的理论逻辑,它包含生产力的高度发展、人的全面而自由发展、人与自然和谐共生、社会公平正义等主体内容[⑤]。

其次,关于社会建设规律研究。其一,从社会发展的视角解读社会建设,如认为马克思社会发展理论科学地揭示了人类社会发展的客观规律,阐述了规律的普遍性与各民族、国家社会发展道路的多样性存在辩证关系。于幼军认为马

[①] 严书翰.马克思主义社会建设思想及其中国化成果[J].毛泽东邓小平理论研究,2015(8):43-48.
[②] 曹典顺.论马克思社会建设思想的建构逻辑[J].世界哲学,2019(4):5-14.
[③] 潘西华.社会有机体理论视野中的社会建设[J].东岳论丛,2008(3):119-122.
[④] 杨奎.马克思和恩格斯关于社会建设和社会管理的科学探索[J].马克思主义研究,2006(4):107-112.
[⑤] 李达,赵秋苑.马克思社会建设思想及其中国化成果[J].西安财经大学学报,2021(1):37-44.

克思一生对人类社会最重要的贡献之一,就是发现了人类历史的发展规律[1]。其二,从马克思的社会发展普遍规律和特殊规律视角研究社会发展,如"社会主义建设的规律,相对于人类社会发展的一般规律,是人类社会发展到社会主义阶段后的特殊规律",且"要研究社会主义建设的规律,需要以人类社会发展一般规律的认识为指导"[2]。其三,马克思和恩格斯关于人类社会发展历史的三种社会形态理论,可以从"国家—社会"的角度分析:第一种形态是只有社会没有国家的原始社会;第二种形态是国家和社会并存的私有制社会;第三种形态是国家消亡后的共产主义社会[3]。

再次,关于社会管理研究。有学者认为马克思的社会管理是一种广义的管理,社会管理是永恒存在的职能,在国家产生之前就有社会管理,主要是处理社会各项公共事务,解决各种矛盾冲突[4]。有学者认为,按照马克思设想,公共权利最终还原为社会自我治理权利,社会治理摆脱了资本属性的束缚,失去其政治性和阶级性,留下的仅是纯粹的公共治理和服务职能[5]。

3. 关于马克思市民社会理论的当代价值研究

关于马克思的市民社会理论的当代价值研究,国内学者主要从市民社会的社会组织功能和社会治理视角展开,多散见于学术论文中。

首先,关于市民社会和现代国家的关系研究。如认为市民社会思想是马克思主义思想的重要组成部分,是构成历史唯物主义大厦的基石[6]。唐士其认为市民社会只是西方资本主义生产方式萌发时期的短暂现象,是自由主义思想中理论上的抽象,现代国家发展的历程是自身的职能扩大并向"市民社会"渗透的过程[7]。徐艳如和郑召利认为,从帝国主义到"帝国",政治权力之"自主性"的假象逐渐丧失,其中的变化奠基于社会权力之积累的内在必然性,而社会权力则来源于人的活动本身的分裂与异化,这是现实的个人的自我生成,亦是人之为人对抽象统治的真实需要[8]。

---

[1] 于幼军.马克思的社会发展理论及其当代价值[J].中国社会科学,1998(4):4-14.
[2] 李君如.人类社会发展规律研究的新领域[J].毛泽东邓小平理论研究,2003(3):5-12.
[3][5] 朱国宏.马克思主义社会建设思想研究及其拓展空间[J].毛泽东邓小平理论研究,2019(11):8-18.
[4] 刘革琴.马克思社会管理思想探析——基于社会与国家关系的视角[D].广州:广州大学,2012.
[6] 伍俊斌.公民社会基础理论研究[M].北京:人民出版社,2010:10.
[7] 唐士其."市民社会"、现代国家以及中国的国家与社会的关系[J].北京大学学报(哲学社会科学版),1996(6):65-73.
[8] 徐艳如,郑召利.马克思"市民社会与国家"理论的当代性问题[J].宁夏社会科学,2019(5):36-41.

其次,关于社会组织和社会治理的关系研究。有学者认为马克思本人虽然没有全面论述或回答过如何治理社会主义社会这个问题,但是在论述未来社会建设时有所涉及,如"马克思在《法兰西内战》中有一段著名的论述,马克思指出,巴黎公社政权的建立,工人们已经清楚地、有意识地宣告他们的目的是解放劳动和改造社会! 但是他们的共和国的真正'社会'性质仅仅在于工人管理巴黎公社'这一点'体现出未来社会建设即治理社会主义社会的雏形"①。龚建华认为:"习近平总书记着眼于提升国家治理体系和治理能力现代化,从理念、基础、核心、保障、突破口五个方面对马克思经典思想的传承和发扬,系统地构建社会治理理论。"②

最后,关于从社会建设新的时代意义展开研究。如俞可平、李慎明、王伟光主编的《马克思主义视域中的和谐社会建设》阐述了马克思主义中国化与社会主义和谐社会建设的意义、挑战与经验。李本松认为马克思的社会有机体理论从哲学上提供了构建社会主义和谐社会的理论依据和方法论指导③。杨巧蓉就呼吁构建中国特色社会主义市民社会理论,指出"当代中国社会转型日益深入,一个中国特色的市民社会应运而生"④,因此她强调要"以一种唯物主义历史观的高度、一种辩证唯物主义的视野,解读市民社会相关理论"⑤。赵志勇指出构建中国特色社会主义市民社会理论是中国社会发展的需要,强调:"中国必须借鉴和超越西方市民社会构建的经验和教训,避免国家和市民社会关系出现大起大伏的波动,并根据中国国情,借助国家的力量推动中国市民社会的构建。"⑥其他的还包括:孙百亮的《公平正义与当代中国市民社会的构建》[《西北农林科技大学学报(社会科学版)》,2013]、杨巧蓉的《中国特色市民社会成长的良性环境与涵养探究》(《山东社会科学》,2013)、高青兰的《中国市民社会建构的路径选择与价值分析》(《科学社会主义》,2011)、胡为雄的《马克思主义的公民社会理论及其现实意义》(《扬州大学学报》,2020),等等。

(二)关于社会组织的基本理论研究

关于社会组织的基本理论研究主要是从原理角度分析社会组织的内涵、构

---

① 严书翰.马克思主义社会建设思想及其中国化成果[J].毛泽东邓小平理论研究,2015(8):43-48.
② 龚建华.马克思"市民社会"视域下党的社会治理理论研究[J].社会治理,2016(4):57-62.
③ 李本松.马克思的社会有机体理论与和谐社会的构建[J].广西社会科学,2008(8):14-17.
④⑤ 杨巧蓉.市民社会理论:透析当代中国社会转型的新视角[J].教学与研究,2012(3):43-49.
⑥ 赵志勇.中国市民社会的构建及价值[J].理论探讨,2012(3):155.

成、特征、分类、功能等。

对社会组织的内涵研究,社会组织内涵的研究散见于部分学者论文中,如"社会组织"是指由自然人、法人和其他社会组织为满足社会需要或部分社会成员需要而设立的非营利性组织[1];"社会组织"是指在以人的生活为中心的社会活动各个领域中,按照一定的宗旨和系统建立起来的集体[2];"社会组织"是指在国家民政部门注册登记的各类社会团体、基金会以及社会服务机构[3];等等。

社会组织的构成研究,多从各种组织的区别中界定构成范畴。如吴朝安认为社会组织是政府组织和市场组织之外的第三种力量,在西方国家多被称为非营利组织、非政府组织等。在中国它与非营利组织、非政府组织不能完全等同,而是民间社会组织和枢纽型社会组织的总和[4]。文军在其文中指出社会组织是由处于各种不同地位和期望的社会网络构成。[5]此外,关于"社会组织"相关叫法在部分文章中可见"社会团体""民办非企业单位""非营利组织""非政府组织""第三部门""民间组织"等字样。

关于社会组织的特征,俞可平认为其有非政府性、非营利性、相对独立性、自愿性。[6]还有学者指出社会组织的特征应该基于制度逻辑推演,中国社会组织应该是独立性和自主性的二维演绎。[7]周嘉豪指出:"社会组织具有包容性、社会性、参与性和民主性等特征。"[8]

关于社会组织的分类,主要从组办主体进行划分。如分为民办组织和官办组织,认为官办社会组织主要包括八大人民团体、14家免于登记的社会组织、民政部门登记注册的社团、公募基金会的相当一部分。民间发起的社会组织主要包括民间发起的社会团体、非公募基金会、所有的草根社会组织,民间组织也可称为新社会组织。[9]

关于社会组织的功能与作用,学术界也进行了较多的探讨。大部分学者认为社会组织具有积极承接政府转移的相关职能,维护市场竞争秩序,为经济社

---

[1] 周浩集.改革开放以来党与社会组织的关系研究[D].北京:中共中央党校,2010.
[2] 王泽华.社会组织建设与管理的几点思考[J].社团管理研究,2008(1):21-25.
[3] 王义.社会组织信用管理中的"三色"名单制度分析[J].行政与法,2020(1):60-68.
[4] 吴朝安.社会组织促进劳动力就业的机制研究[D].武汉:华中师范大学,2013.
[5] 文军.中国社会组织发展的角色困境及其出路[J].江苏行政学院学报,2012(1):57-62.
[6] 俞可平.中国公民社会:概念、分类与制度环境[J].中国社会科学,2006(1):109-124.
[7] 王诗宗,宋程成.独立抑或自主:中国社会组织特征问题重思[J].中国社会科学,2013(5):50-67.
[8] 周嘉豪.我国社会组织发展的障碍及转型之路[J].南方论刊,2020(3):14-18.
[9] 曹飞廉.论当代中国社会组织在社会建设中的主体地位[J].华东理工大学学报,2013(2):36-41.

会发展提供咨询服务,促进社会公益事业发展,推进和谐社区建设和社会稳定,是社会的"安全阀"等。如唐民擎提到社会组织可以缓和社会矛盾,弥补政府功能的不足,减少不和谐因素。①关于社会组织功能效力欠缺的原因分析研究,如史云贵等指出我国公民社会发展不成熟、公民文化发展滞后、公民自组织缺乏、公民能力低下等造成公民治理内容和精神缺乏,建议在我国基层社会实行合作治理模式。②张宇指出当今社会利益矛盾、民生诉求矛盾、人口问题矛盾、新型组织问题突出,给基层社会治理带来阻力,社会治理创新必须从社会治理体制和运行机制方面着手,在改革与完善体制机制上着力,让社会治理回到其内在要求上,让社会治理运行机制回归其本意。③周嘉豪认为,从理论来看,民间社会与国家政府在本性上存在对立,社会组织作为第三部门在调和这种对立关系与增进国家认同、制度认同、公共服务认同发挥着可正可负的作用。④

(三)关于社会组织对基层社会治理的作用研究

关于社会组织对基层社会治理的作用研究主要是从关系角度开展。面对我国正处于全面的转型过程中,国家转型、市场转型、社会转型使国家与社会之间既有分化的一面也有融合一面的复杂状态,大多学者主张政府与社会合作解决社会问题。如焦若水指出,社区社会组织是社会组织管理与社区建设的交汇点,是社会建设的微观主体与基本单元,在社会治理创新中占据着重要位置。⑤曹飞廉认为,社会组织是社会建设的主体之一,是在社会建设中发挥社会协同和公民参与作用的重要载体,并具体分析了官办社会组织和新社会组织在社会建设中的实际功能。⑥江治强认为我国基层社会治理良性机制的构建仍处于瓶颈状态,正在推进的"政社分开"与政府职能转变改革,使国家权力从基层事务中逐步收缩。只有社会组织成为群众诉求的"反映者"、公共事务的"决策者",担当起社区"当家人"角色,基层社会治理机制才能真正形成。⑦赵琼认为,社会组织是参与社会治理的基础力量,并且是推动基层社会自我发展的动

---

① 唐民擎.浅析社会组织与社会管理创新[J].社团管理研究,2011(9):8-10.
② 史云贵,屠火明.基层社会合作治理:完善中国特色公民治理的可行性路径探析[J].社会科学研究,2010(3):48-54.
③ 张宇.我国基层社会治理问题分析[J].黑河学刊,2014(1):190-192.
④ 周嘉豪.我国社会组织发展的障碍及转型之路[J].南方论刊,2020(3):14-18.
⑤ 焦若水,陈文江.社区社会组织:社会建设的微观主体[J].科学社会主义,2015(1):86-92.
⑥ 曹飞廉.论当代中国社会组织在社会建设中的主体地位[J].华东理工大学学报,2013(2):36-41.
⑦ 江治强.基层社会治理机制的构建设想和路径[J].中国民政,2013(9):13-15.

力。①社会组织的治理作用不少,但是发挥有制约,如曾永和认为社会组织发展迅速,社会管理功能也逐渐强大,但仍未摆脱观念变革、合法性和独立性缺失以及公信力不足等困境和问题。②

基层社会治理是地方治理之基,治理的主体是各种组织,如程又中和张勇认为基层治理就是对基层的治理,它是中国地方治理的基础。基层治理是以乡镇、村或城市的邻里社区为基本范围,直接面对社会和居民,依靠治理机制,发挥各种社会力量,共同解决社会公共问题的活动。基层治理主体是与社会和居民最为接近的组织,包括基层政府组织,如农村的乡镇政府、城市的街区政府;还包括村(居)民委员会、各种民间社会组织以及公民个人。③刘芳从法律的角度指出实现社会治理理念应从"索取"向"服务"改造;实现社会治理主体从"单方"向"多元"的转化;实现社会治理方式从"强制"到"协作"的转变,主要是扩大行政合同、行政指导、行政奖励、行政调解、行政资助、行政信息服务等不具有强制性的行政行为的使用范围。④倪永贵认为,社会组织与政府的信任型合作应该是当前我国政府与社会组织合作治理模式创新的方向。⑤于海利认为,社区社会组织融入基层社会治理体系的主要驱动因素在于基层党组织引领,政府行政吸纳,社区社会组织治理型参与的现实要求以及多元治理主体良性互动等。⑥

(四)对国外社会组织在创新社会治理过程中的经验研究

对国内外社会组织在社会治理中发挥作用可供借鉴的经验进行分析,如顾建键的《非政府组织的发展与管理——中国和加拿大比较研究》(上海交通大学出版社,2009);龙宁丽的《国外社会组织管理体制的做法和经验》(《社团管理研究》,2011)。中国现代国际关系研究院课题组对非政府组织的内涵给予界定,对非政府组织产生和发展的原因进行分析,如政府部分功能的缺失等,并对美国、英国、法国、德国、意大利等国家的非政府组织的现状和作用予以解剖和经验对比(《外国非政府组织概况》,2010)。罗光华对美国、日本、新加坡、中国香

---

① 赵琼.正确引导和规范社会组织参与社会治理[J].中国社会组织,2013(12):49-50.
② 曾永和.当下中国社会组织的发展困境与制度重建[J].求是学刊,2013(5):99-106.
③ 程又中,张勇.城乡基层治理:使之走出困境的政府责任[J].社会主义研究,2009(4):1-9.
④ 刘芳.城乡基层社会组织治理机制的创新分析与法律选择[J].社团管理研究,2009(8):17-19.
⑤ 倪永贵.政府与社会组织合作治理模式创新趋向研究——以温州为例[J].北京交通大学学报,2019(10):63-68.
⑥ 于海利.社区社会组织融入基层社会治理体系研究——以C社区业主委员会为例[J].郑州大学学报(哲学社会科学版),2021(1):14-18.

港地区的社会管理进行阐述,如美国的社会管理的两极和三级并存制:一级是州、印第安人保留地、领地,二级是县、市联合体,三级是城市、城镇和村庄。两级制是在州下不设县一级,实现多元化主体共同参与,地方政府、社区委员会、非营利组织和社区居民等利益攸关者共同参与的社区治理模式。新加坡社会管理服务组织由三大体系组成:一是政府系统组织,二是社区组织,三是执政党(人民行动党)系统组织,注重社会管理的服务职能。[1]中国香港地区注重发挥社会福利署的服务,重视对社会组织的培育。关于国内社会组织发展的经验研究,在《探索中国特色社会组织建设与管理的成功实践——社会组织改革创新发展六十年的经验与启示》(《社团管理研究》,2009)一文中指出中国社会组织发展的经验:不断加快社会组织立法进程,不断发挥社会组织功能作用,完善监管、完善布局,在经济、政治、文化、社会四位一体建设中社会组织均发挥了重要作用。在经济领域,以行业协会商会为主体的社会组织通过开展行业自律、规范竞争;在政治领域,为扩大群众有序参与、增强社会自治、参与公共事务提供了有效平台;在文化领域,各种文化团体积极开展群众乐于参与、便于参与的文化活动,为基层群众,为农村和偏远地区提供丰富多样、生动活泼、健康向上的文化产品和文化服务;在社会领域,广大基层社会组织在增加劳动就业,化解社会矛盾,调解利益冲突,减少不和谐因素。其发展与实践启示概括起来就是:立足国情,不断改革创新,科学发展,依法管理。尹君认为美国非政府组织在湄公河流域国家开展的社会治理对中国有三点启示:建立政府与社会组织的合作和监督机制,积累"中国经验";在国际化过程中,中国社会组织应重点为"一带一路"建设的沿线国家提供公共产品;在国际事务合作中,政府与社会组织应该不断改进和协调合作机制,以便更好地合作和提供更好的国际公共服务。[2]

(五)社会组织治理的应用性研究

马庆钰对非政府组织的登记管理、税赋管理和非政府组织的治理等都进行了较为详细的阐述。[3]周振华对上海市社会组织发展的现状、经验及其面临的挑战进行了分析。[4]张勤指出,在后危机时期,要充分认识社会组织在我国构建和

---

[1] 罗光华.城市基层社会管理模式创新研究——以广州市新一轮基层社会管理创新为例[D].武汉:武汉大学,2011.

[2] 尹君.美国非政府组织参与湄公河流域国家社会治理的机制研究[J].南洋问题研究,2019(3):41-50.

[3] 马庆钰.中国非政府组织发展与管理[M].北京:国家行政学院出版社,2007.

[4] 周振华.体制创新与政策选择——上海发展转型之瓶颈突破研究[M].上海:格致出版社,2009.

谐社会进程中的重要作用,研究制订我国社会组织发展规划,积极推进社会组织参与社会建设的能力,拓宽参与的广度,提升参与的深度,同时要在理念、机制、体系等方面进行了探讨。①李慧凤以宁波为例从社会管理的角度进行分析,分别从以需求为导向、以项目为载体的服务供给模式,多元合作治理,社会组织在公共服务的介入等三个方面进行实证研究,进而提出体制创新。②罗光华针对广州各个区的社会管理进行分析,对其创新的成效、存在的问题进行了分析,如指出其改革创新社区管理的主线:重心下移、资源整合、街道层级的行政管理体制和运行机制的改革,并进行优化建议,如推行购买服务,加快社会组织和社工人才发展,扩大居民参与,加强社区居委会自治功能,实行"议行分设",着力推动社区体制创新等。③尹维真指出城市社区的建设的根本问题是城市基层治理体系的转换,实现"小政府、大社会"的现代治理结构,做到改革政府管理体系和发育社会自治体系的双重革命。④韦克难和陈晶环总结了新中国社会组织发展的主要经验,包括依靠由上而下的行政推动、依靠对社会"放""管"结合的弹性机制、依靠政社协同互构共变的发展模式。⑤

三、国内外研究述评

总的看来,上述研究仍有许多亟待继续深化的地方,主要体现为以下四点:

第一,抽象理论研究较多,用型研究较少。如对马克思的市民社会的内涵、市民社会的历史意义等学理型研究较多,而对马克思的市民社会理论如何与当前中国发展的实际结合研究较少。主要是因为我国的社会组织发展虽然历史悠久,但是在社会管理或治理中社会组织还是作为"被管理者"对待的,社会组织的角色期望与角色实践之间存在着差距。

第二,有关马克思的市民社会理论自身研究较多,但与我国社会治理结合的实证研究较为缺乏。如对马克思的市民社会的理论渊源研究成果相对较多,

---

① 张勤.后危机时期加快推进社会组织参与社会建设的路径[J].中国井冈山干部学院学报,2015(5):72-78.
② 李慧凤.社区治理与社会管理体制创新——基于宁波市社区案例研究[J].公共管理学报,2010(1):67-73.
③ 罗光华.城市基层社会管理模式创新研究——以广州市新一轮基层社会管理创新为例[D].武汉:武汉大学,2011.
④ 尹维真.论社区建设中的城市基层管理体制创新——以武汉市江汉区社区建设实验为例[D].武汉:华中师范大学,2002.
⑤ 韦克难,陈晶环.新中国70年社会组织发展的历程、成就和经验[J].学术研究,2019(11):46-56.

为当前中国的社会治理奠定了一定的理论根基。而对中国社会的治理实证研究还有待深入，主要是我国社会组织虽然类型众多，但尚未成熟，其实践影响力和地方特色还有待强化。

第三，马克思的市民社会理论和非马克思的市民社会理论研究相比，前者有待丰富。相对西方的社会组织研究成果来说，马克思的市民社会理论研究甚是薄弱：主要是由于学者对马克思的市民社会思想的误解和关注相对滞后，再加上社会制度差异，国内外学者对马克思的市民社会理论和社会组织的认识存在不同，导致对马克思的市民社会理论相关研究有所忽视或淡化。

第四，以公共管理学和政治学两个学科的方法开展研究的较多，以马克思主义和社会学的视角进行综合研究的成果还未达到应有的程度。比如以"社会管理"视角研究的成果较多，而以"社会治理"视角研究的成果较少，尤其是结合党的十八届三中全会以来的精神，全面探讨参与基层社会治理中社会组织作用发挥问题的研究成果还相当少，以马克思市民社会理论为视角进行社会组织参与基层治理的研究更是寥寥。

总体而言，尽管当前马克思的社会治理理论对基层社会治理创新研究存在一些不足，但是伴随着中国社会组织的成长和力量的壮大、社会组织参与社会治理经验日益丰富以及国家对社会治理水平的提高，学者们将在以往研究成果基础上多视角、系统化地从马克思市民社会理论和中国特色社会主义道路的建设中汲取营养，不断丰富完善基层社会组织的社会治理研究成果。

第二章　马克思市民社会理论及其发展

任何主体功能的发挥都需要在正确的理论和思想的指导下进行,社会组织参与基层社会治理也不例外,社会组织和社会治理的指导思想是马克思市民社会理论。马克思市民社会理论及其相关理论涉及的领域比较广泛,既有哲学、社会学、政治学、法学,也有历史学等领域。根据研究需要,对指导思想做如下梳理。

第一节　马克思市民社会理论

社会组织与社会治理的研究离不开市民社会理论。源远流长的市民社会理论,从古希腊亚里士多德的政治共同体,到今天被普遍认可的多中心治理,不同的阶段都在熠熠生辉。从发展历程上来看,"市民社会理论在西方学术界的变迁可分为三个阶段:第一,市民社会同自然社会分离;第二,市民社会同政治国家分离;第三,市民社会同经济社会分离"[①]。马克思的市民社会理论虽然与黑格尔市民理论同属于历史发展的第二阶段,但是马克思对市民社会理论做了深入的研究,实现了对黑格尔市民社会理论的扬弃和发展,尤其是"分析性"市民社会概念的提出,为后世市民社会理论的研究指明了坐标。马克思市民社会理论构成了马克思主义学说的重要组成部分,也是本研究的指导思想。

一、马克思市民社会理论的渊源

从时间逻辑上看,黑格尔市民社会理论的产生早于马克思的市民社会理论,同时黑格尔的辩证法思想是马克思理论形成的直接思想来源之一。黑格尔

---

① 袁勇,王庆延.市民社会理论的变迁——黑格尔市民社会理论及其前后[J].海南大学学报(人文社会科学版),2005(3):247-251,257.

之前的市民社会理论都属于第一个阶段,从亚里士多德到洛克,再到康德等,他们的市民社会理论有一个共同的特点:市民社会是政治社会或政治国家。在马克思之前,黑格尔在《法哲学原理》中对市民社会理论做了深入的探讨,并开创了一个新的阶段,即第二阶段,市民社会同政治国家的分离。在这本巨著中,黑格尔系统地阐释了市民社会与政治国家的发展规律,同时提出了现代市民社会理论。对此,查尔斯·泰勒做出了积极的评价,"全球范围内的市民社会论者所援引的并不是那个使用了数个世纪的、与'政治社会'具有相同含义的古老概念,而是体现在黑格尔哲学之中的一个比较性概念。此意义上的市民社会与国家相对,并独立于国家。它包括了那些不能与国家相混淆或者不能为国家所淹没的社会生活领域"①。

(一)黑格尔市民社会理论的结构

第一,个人与市民社会的关系。随着社会的发展,个人从家庭中解放出来。黑格尔认为:"每个人都以自身为目的,其他一切在他看来都是虚无。但是,如果他不同别人发生关系,他就不能达到他的全部目的,因此,其他人便成为特殊的人达到目的的手段。"②"他们之间的相互需求成为彼此联系的唯一纽带。"③依据黑格尔的观点,这些单个的人是一个独立的个体,为了自身的目的进而组成联合体,这就是市民社会。在市民社会中,利益关系网相互交织,自己既是目的,也成了工具,即相互独立又相互依赖。

第二,国家与市民社会的关系。黑格尔指出:"国家是绝对自在自为的理性东西,因为它是实体性意志的现实,它在被提升到普遍性的特殊自我意识中具有这种现实性。这个实体性的统一是绝对的不受推动的自身目的,在这个自身目的中自由达到它的最高权利,正如这个最终目的对单个人具有最高权利一样,成为国家成员是单个人的最高义务。"④依据这一观点,黑格尔指出市民社会和国家是分开的,并相互作用且国家决定市民社会。所组成的联合体中存在着自私和不足,针对这些自私和不足("市民社会是个人私利的战场"),黑格尔认为只有国家才能予以解决,因为国家是"自在自为的理性东西"。

---

① 邓正来,[英]J.C.亚历山大编.国家与市民社会:一种社会理论的研究路径.北京:中央编译出版社,1999:3.
② [德]黑格尔.法哲学原理[M].范扬,张企泰,译.北京:商务印书馆,1961:157.
③ [德]黑格尔.法哲学原理[M].范扬,张企泰,译.北京:商务印书馆,1961:197.
④ [德]黑格尔.法哲学原理[M].范扬,张企泰,译.北京:商务印书馆,1961:258.

第三,个人(家庭)与国家的关系。契约论认为,国家是由个人随意根据契约而结成的。黑格尔不同意这种观点,他认为国家是个人为实现理性达到自由(不是自由主义意义上的自由)而现实化的。黑格尔指出,"自由之成为现实乃是理性的绝对目的"[1],"国家的根据就是作为意志而实现自己的理性的力量"[2]。即是说,黑格尔高度强调了国家的积极意义。同时他也认为国家高于个人,个人的自由和利益在国家中依然保持独立。他说:"国家是具体自由的现实;但具体自由在于个人的单一性及其特殊利益不但获得它们的完全发展,以及它们的权利获得明白承认(如在家庭和市民社会的领域中那样)。"[3]

(二)黑格尔市民社会理论的特征

特征一,由各个自由体组成的市民社会是自私的、不足的。黑格尔指出:"市民社会是个人私利的战场,是一切人反对一切人的战场,同样,市民社会也是私人利益跟特殊公共事务冲突的舞台,并且是它们二者共同跟国家的最高观点和制度冲突的舞台。"[4]可以看出,黑格尔在其市民社会理论中所描述的市民社会存在严重自私而且不足。

特征二,相对于市民社会,国家处于优先地位。与古代国家不同,黑格尔认为现代国家是绝对理性的国家,对于市民社会的不足,国家可以在伦理和精神上进行克服,并居于优先地位。他在论及国家的立法权和行政权的时候,都体现了这一特点。"立法权是规定和确立普遍物的权力",而"行政权是使各个特殊领域和个别事件从属于普遍物的权力"。即是说,国家可以通过立法权、行政权等权力纠正市民社会的不足,因此具有优先地位。

特征三,站在资本主义市场经济的角度审视市民社会中人与人之间的关系。随着资本主义市场经济的发展和《国富论》的问世,黑格尔并不满足市民理论还处于理论上的"逻辑"环节,即未分化阶段。他指出:"人通过流汗和劳动而获得满足需要的手段。"[5]这表明他开始站在市场经济的角度用劳动界定市民社会,运用古典经济学把握市民社会的本质以及人与人之间的关系。因此也有人认为"黑格尔的市民社会理论在本质上是一个经济理论"[6]。

---

[1] [德]黑格尔.法哲学原理[M].范扬,张企泰,译.北京:商务印书馆,1961:258.
[2] [德]黑格尔.法哲学原理[M].范扬,张企泰,译.北京:商务印书馆,1961:259.
[3] [德]黑格尔.法哲学原理[M].范扬,张企泰,译.北京:商务印书馆,1961:260.
[4] [德]黑格尔.法哲学原理[M].范扬,张企泰,译.北京:商务印书馆,1961:289.
[5] [德]黑格尔.法哲学原理[M].范扬,张企泰,译.北京:商务印书馆,1961:209.
[6] 韩立新.从国家到市民社会:马克思思想的重要转变[J].河北学刊,2009(1):15-24.

二、马克思的市民社会的概念

马克思从《黑格尔法哲批判》起,开始使用"市民社会"这一概念,其后历经了从《论犹太人问题》《〈黑格尔法哲学批判〉导言》《1844年经济学哲学手稿》,到《关于费尔巴哈的提纲》《德意志意识形态》以及《哲学的贫困》的整个思想发展过程。在《马克思恩格斯选集》中,关于"市民社会"的出现不下20处,以此对市民社会的基本概念和历史逻辑予以系统阐述。随着马克思对市民社会问题研究的不断深入,马克思的市民社会概念、范畴也逐渐明朗。

首先,关于市民社会的产生及其概念。在马克思看来,市民社会是人类社会发展到特定时期的产物,是社会分裂的产物,是"全部历史的真正发源地和舞台"①。马克思认为"在过去一切历史阶段上受生产力制约同时又制约生产力的交往形式,就是市民社会"②,市民社会是人类社会发展的产物,是历史的产物,各个世代的交替演绎历史轨迹。同时,市民社会被理解为整个历史的基础,市民社会可以作为国家活动的基础。

马克思在不同时期多次使用了市民社会的概念。总的来看,马克思的市民社会是指"一个以生产为基础,以所有尤其是私人所有为前提,通过分工结成广泛交往关系的社会组织和体系"③。但是结合马克思所处的时代及其学说来看,马克思的市民社会的概念又有双重含义:其一,描述性的"市民社会";其二,分析性的"市民社会"。

描述性的"市民社会"在马克思的学说中特指"资产阶级社会",也可以理解为马克思市民社会的狭义概念。马克思说:"'市民社会'这一用语是在18世纪产生的,当时财产关系已经摆脱了古典古代的和中世纪的共同体(Gemeinwesen)。真正的市民社会只是随同资产阶级发展起来的。"④

当前理论界对市民社会理论的研究主要立足它的分析性概念,即"市民社会"是"物质的生活关系的总和",如洪岩指出:"它不单纯指代市场经济条件下的私人生活领域,它是指任何一个历史时期内与政治国家相对应的私人生活领域。马克思所指的市民社会就是:在生产力发展到一定程度的时候,在商业生活和工业生活获得了充分发展的基础上,直接从生产和生活交往中发展起来的

---

①② 马克思恩格斯选集:第1卷[M].北京:人民出版社,2012:167.
③ 洪岩.马克思市民社会理论研究[M].长春:吉林大学出版社,2011:33.
④ 马克思恩格斯选集:第1卷[M].北京:人民出版社,2012:211.

社会组织及其构成的自生活领域。"①由此我们可以看出,分析性的"市民社会"概念是指"物质交换关系总和"的市民社会,"社会组织"是市民社会的重要构成要素。从那以后,市民社会理论的研究主要是在这一概念的基础上进行展开或是具体化,同时为今天的治理理论奠定了重要的理论基础。

其次,关于市民社会和政治社会的关系。"市民社会(有时简称'社会')和政治社会(又称'政治国家',或简称'国家')既是一对历史的范畴,又是一对分析的范畴。"②市民社会是对私人活动领域的抽象,是人类将人权作为目标追求的阶段。作为历史范畴,市民社会是历史的产物;作为分析范畴,市民社会是与政治社会对应的,政治社会是公共领域的抽象,市民社会是对私人活动领域的抽象。

最后,关于市民社会和国家的关系。恩格斯认为,"决不是国家制约和决定市民社会,而是市民社会制约和决定国家,因而应该从经济关系及其发展中来解释政治及其历史,而不是相反"③。"市民社会与政治国家在现实中的分离是资本主义市场经济的产物,市场经济需要物质生产、交换、消费活动脱离政府的家长式干预,并且也借助于政治革命,满足这种需求。"④市民社会是一种历史现象,这种历史现象是以阶级和阶级利益为前提的,最终马克思主义者会将国家和市民社会消灭作为奋斗目标。

三、马克思的市民社会的内容

马克思认为,现实生活中的"生产和再生产"是历史过程中的决定性因素,同时它们构成了市民社会的核心"交往形式"。由此,马克思推论出"市民社会"的内容(构成要素)包括:生产、所有、分工、交换。

马克思认为生产是一切的前提,是市民社会得以存在的基础,是决定性因素。他曾指出:"市民社会这一名称始终标志着直接从生产和交往中发展起来的社会组织。"⑤即是说,没有生产,后面的一切私有、交换和发展等都将不再存在。生产是最基本或是最首要的要素。值得指出的是,马克思在这里提出了"社会组织"的概念,同时他所说的生产包含着两个层次:生产和再生产。这也

---

① 洪岩.马克思市民社会理论研究[M].长春:吉林大学出版社,2011:36.
②④ 俞可平.马克思的市民社会理论及其历史地位[J].中国社会科学,1993(4):59-74.
③ 马克思恩格斯选集:第4卷[M].北京:人民出版社,2012:202.
⑤ 马克思恩格斯选集:第1卷[M].北京:人民出版社,2012:211.

是马克思唯物史观的核心观点。

马克思所说的"所有"主要是指"私人所有",这是市民社会交往的前提,是市民社会的一个基本因素。马克思的"所有"是指:"1.对自然生产条件的占有的关系行为;2.人们在生产活动中形成的相互关系行为,是个人向共同体的归属;3.自己和他人相区别的观念行为,即在观念中和法律中予以承认。"[1]同时,马克思的私人所有包括两种类型:其一是自己劳动所得;其二是占有别人劳动成果。这一观点为科学社会主义革命理论做了有力准备,对于今天的社会多元治理具有重要的指导意义。

马克思指出,同"所有"一样,"分工"也构成了市民社会存在的前提。"分工"是对劳动的分割,是生产和再生产的必然,没有"分工"也就没有"交换"。早期的马克思主要是从否定性的思路研究分工,认为"分工"是"社会活动的固定化",造成社会存在中的物役性,使劳动者变成了"抽象的存在物"。后来马克思又指出,"'分工'一方面表现为社会经济过程中的历史进步和必要发展要素,另一方面,它又是文明的、巧妙的剥削手段"[2]。马克思或同样没有摆脱历史局限性,受限于对共产主义的追求,赋予了"分工"更大的否定性含义。关于此,笔者认为劳动只是人自由全面发展的条件,并不赞同"劳动使劳动者成为失去对个人劳动自由支配的片面发展的人",在当今的社会多元治理中,我们更应该合理做好社会的"分工"。

马克思指出"所有"和"分工"使"社会活动的固定化"。固定化的社会活动根本不能实现市民社会的正常发展。要实现各个社会领域活动的统一,唯一的方式就是"交往"。"物质交往是动态过程中的生产关系总体,是指人们生产、流通、交换的分配过程的物质交换活动。"[3]"交往"把社会各个领域活动联系起来,实现互通有无的同时,达到社会配置的优化,进一步实现"再生产",实现市民社会更加良好的发展。因此,"交往"同样构成了市民社会的一个基本要素。

四、马克思市民社会理论的特征

特征一,市民社会是一个分析性的概念。马克思站在人类历史的角度,认为"市民社会"是"物质的生活关系的总和",是一个分析性的概念,不再是某个

---

[1] 马克思恩格斯全集:第30卷[M].北京:人民出版社,2006:484-489.
[2] 马克思恩格斯全集:第23卷[M].北京:人民出版社,2006:403.
[3] 洪岩.马克思市民社会理论研究[M].长春:吉林大学出版社,2011:36.

特定阶段的社会状态。正如他在《〈政治经济学批判〉序言》中所说:"市民社会不能从它本身来理解,而是根源于物质的生活关系,是物质的生活关系的总和。"

特征二,坚持"市民社会决定国家"。相对于黑格尔,马克思坚持"市民社会决定国家",坚持生产方式是一切的决定性因素。他指出:"正如古代国家的自然基础是奴隶制一样,现代国家的自然基础是市民社会以及市民社会中的人,即仅仅通过私人利益和无意识的自然的必要性这一纽带同别人发生关系的独立的人。"①

特征三,指明了市民社会的未来方向——共产主义。马克思通过对市民社会的批判,指出了市民社会的本质和不足,告诉我们解决这些问题的唯一方式就是进行无产阶级革命,实现人类的解放,实现人的自由全面发展,步入社会主义、共产主义社会。

五、马克思的社会建设思想

马克思通过对黑格尔市民社会理论进行科学的批判,并以资本主义社会(马克思理论中"市民社会")为逻辑起点,创立了新型的市民社会理论,即马克思市民社会理论。马克思并不满足于这一理论上的突破,深知他笔下的市民社会理论是建立在资本主义社会的基础之上,而资本主义存在的种种问题又必然激化市民社会的矛盾。为了人类社会的解放,必须对资本主义社会进行扬弃并再构建。因此,马克思恩格斯对市民社会理论进行了再批判,形成了马克思恩格斯社会建设思想。

马克思社会建设思想具有丰富的科学内涵。第一,马克思社会建设思想的中心主体是人。马克思曾有过经典的论述,"为了人并且通过人对人的本质和人的生命、对象性的人和人的产品的感性的占有,不应当仅仅被理解为直接的、片面的享受,不应当仅仅被理解为占有、拥有。人以一种全面的方式……作为一个完整的人,占有自己的全面本质"②。根据马克思的论述,社会建设的中心主体是人包含了两个方面的内容:一方面是"通过人",即社会建设的前提基础是人。马克思指出,"全部人类历史的第一个前提无疑是有生命的个人的存

---

① 马克思恩格斯全集:第 2 卷[M].北京:人民出版社,1972:145.
② 马克思恩格斯文集:第 1 卷[M].北京:人民出版社,2009:189.

在"①。即是说,同历史活动的主体一样,社会建设的主体也是人,只有人才能进行社会建设。这里所说的"人"又具有两个必备条件:其一,"是现实中的人",即"它的前提是人,但不是处在某种虚幻的离群索居和固定不变状态中的人,而是处在现实的、可以通过经验观察到的、在一定条件下进行的发展过程中的人"②;其二,是处于一定社会关系中的人,即"人的本质不是单个人所固有的抽象物,在其现实性上,它是一切社会关系的总和。……实际上是属于一定的社会形式的"③。另一方面是"为了人",即社会建设的终极目标是"人的自由全面发展"。马克思认为,以市民社会为逻辑起点进行的社会建设就是要"把社会组织成这样:使社会的每一个成员都能完全自由地发展和发挥他的全部才能和力量,并且不会因此而危及这个社会的基本条件"④,即那时候"代替那存在着阶级和阶级对立的资产阶级旧社会的,将是这样一个联合体,在那里,每个人的自由发展是一切人的自由发展的条件"⑤。

第二,马克思社会建设的主要途径是大力发展生产力并不断变革生产关系。马克思社会建设思想坚持历史唯物主义,认为生产力决定生产关系,是社会发展的根本力量。他指出,"无论哪一个社会形态,在它所能容纳的全部生产力发挥出来以前,是决不会灭亡的;而新的更高的生产关系,在它的物质存在条件在旧社会的胎胞里成熟以前,是决不会出现的"。可见,在社会建设这一实践过程中,一方面要坚持大力发展生产力。"为生产而生产无非就是发展人类的生产力"⑥,生产力的发展是人们各种活动的发展最深刻的基础,亦即人们的各种思想和观念最深刻的基础⑦。另一方面,要不断变革、完善生产关系。社会建设以人的解放为终极目标,"只有在现实的世界中并使用现实的手段才能实现真正的解放"⑧。这里所说的条件除了生产力的解放外,就是生产关系的变革和完善,即是说"必须推翻那些使人成为被侮辱、被奴役、被遗弃和被蔑视的东西的一切关系"⑨。"生产关系总和起来就构成所谓社会关系,构成所谓社会,并且

---

① 马克思恩格斯选集:第1卷[M].北京:人民出版社,2012:146.
② 马克思恩格斯选集:第1卷[M].北京:人民出版社,2012:153.
③ 马克思恩格斯选集:第1卷[M].北京:人民出版社,2012:139.
④ 马克思恩格斯全集:第42卷[M].北京:人民出版社,1979:373.
⑤ 马克思恩格斯文集:第2卷[M].北京:人民出版社,2009:53.
⑥ 马克思恩格斯全集:第26卷[M].北京:人民出版社,1975:124.
⑦ 马克思恩格斯全集:第3卷[M].北京:人民出版社,1975:49.
⑧ 马克思恩格斯选集:第1卷[M].北京:人民出版社,2012:154.
⑨ 马克思恩格斯选集:第1卷[M].北京:人民出版社,2012:10.

是构成一个处于一定历史发展阶段上的社会,具有独特的特征的社会。"①因此,社会建设必须要进行社会制度的建设,不断完善生产关系,进而促进生产力的快速发展,促进人的自由全面发展。

　　第三,马克思社会建设的必要载体是自由人的联合体。马克思认为自由人的联合体是社会建设的必要载体,也是共产主义的必要条件。恩格斯在一封信中写道:"我打算从马克思的著作中给您寻找一行您所要求的题词。……'代替那存在着阶级和阶级对立的资产阶级旧社会,将是这样一个联合体,在那里,每个人的自由发展是一切人的自由发展的条件。'"②自由人的联合体贯穿于马克思主义的始终,也是马克思主义理论的追求。马克思指出,在社会建设中"劳动阶级在发展进程中将创造一个消除阶级和阶级对立的联合体来代替旧的市民社会"③,"各个人在自己的联合中并通过这种联合获得自己的自由"④,"公共职能将失去其政治性质,而变为维护真正社会利益的简单的管理职能"⑤。马克思的自由人联合体经历了一个逐步成熟的过程,主要包含了两个方面。一方面,自由人的联合体必须以"自由人"为前提和基础。这里的"自由人"是有条件的自由人,是必须"建立在个人全面发展和他们共同的生产力成为他们社会财富这一基础的自由个性",核心是社会生产能力的发展。这也就要求社会建设要逐步废除私有制,消灭阶级,实现社会化大生产。另一方面,自由人的联合体要以"联合体"为发展形式和发展保障。马克思指出,"只有在集体中,人才能获得全面发展其才能的手段,也就是说,只有在集体中才可能有个人自由。……在真实的集体的条件下,各个个人在自己的联合中并通过这种联合获得自由"⑥。另外,"在这个集体中,个人是作为个人参加的。它是个人的这样一种联合,这种联合把个人的自由发展和运动的条件置于他们的控制之下。……而这些生存条件当然只是现存的生产力和交往形式"⑦。在自由人的联合体中,人们自由劳动并联合管理。自由劳动是人自由全面发展的体现,而联合管理则体现了高度的自治性,"旧政府权力的纯粹压迫机关应该铲除,而旧政府权力的合理职能

---

① 马克思恩格斯选集:第 1 卷[M].北京:人民出版社,2012:340.
② 马克思恩格斯全集:第 39 卷[M].北京:人民出版社,1975:89.
③ 马克思恩格斯文集:第 1 卷[M].北京:人民出版社,2009:655.
④ 马克思恩格斯文集:第 1 卷[M].北京:人民出版社,2009:571.
⑤ 马克思恩格斯选集:第 3 卷[M].北京:人民出版社,2012:277.
⑥ 马克思恩格斯全集:第 3 卷[M].北京:人民出版社,2002:84.
⑦ 马克思恩格斯全集:第 3 卷[M].北京:人民出版社,2002:85.

应该从妄图驾于社会之上的权力那里夺取过来,交给社会的负责的公仆"①。因此,社会建设必须结合当时的现状增加社会组织自治的权力,提高参与社会治理的能力,加强服务型政府建设,还权于社会。

第四,马克思社会建设的基本原则是整体性原则。马克思认为,社会是"许多力量融合为一个总的力量而产生的新力量"②,"在这里,整体并不是由它的各个部分组成。它是一种独立的有机体"③。在整体中,"……在生命的有机体中,各种元素作为元素本身的任何痕迹全都消失。在这里,差别已经不在于各种元素的彼此分离的存在,而在于受同一生命推动的不同职能的活生生的运动。所以,这些职能的差别本身不是现成地发生在该生命之前,而是相反,不断地从生命本身发生,同样不断地在生命中消失和失去作用"④。虽然"不同要素之间存在着相互作用"⑤,但是其作用的发挥是不同的。在社会这一整体中,"物质生活的生产方式制约着整个社会生活、政治生活和精神生活的过程。不是人们的意识决定人们的存在,相反,是人们的社会存在决定人们的意识"⑥。这告诉我们,在社会建设过程中既要社会的整体性,坚持社会的全方位发展,又要注重个体与整体的关系,坚持把握重点。这不仅是对公平正义的价值诉求,更是社会和谐发展的重要保障。

第二节　马克思市民社会理论的发展

马克思市民社会理论及其社会建设思想形成以后,马克思的后继者与时俱进,结合马克思的市民社会理论并联系其国家国情,在不同时期都对马克思的市民社会理论和社会建设思想进行发展,并形成了一些有代表性的理论和思想。

一、列宁的社会建设思想

如果说马克思主义是人类社会发展的罗盘,那么列宁是第一位扬帆远航的

---

① 马克思恩格斯选集:第3卷[M].北京:人民出版社,2012:100.
② 马克思恩格斯文集:第5卷[M].北京:人民出版社,2009:379.
③ 马克思恩格斯文集:第8卷[M].北京:人民出版社,2009:131.
④ 马克思恩格斯全集:第1卷[M].北京:人民出版社,1995:333.
⑤ 马克思恩格斯全集:第46卷[M].北京:人民出版社,1995:37.
⑥ 马克思恩格斯选集:第2卷[M].北京:人民出版社,2012:2.

伟大的无产阶级领袖。列宁在社会建设中的关于社会建设的领导、体制、方式等问题阐发了很多新思想,极大地丰富和发展了马克思社会建设的思想。

第一,坚持党的领导核心,坚持人民的主体地位。列宁指出,"只有工人阶级的政党,即共产党,才能团结、教育和组织无产阶级和全体劳动群众的先锋队,而只有这个先锋队才能抵制这些群众中不可避免的小资产阶级动摇性,抵制无产阶级中不可避免的种种行会狭隘性或行会偏见的传统和恶习的复发,并领导全体无产阶级的一切联合行动"①,旗帜鲜明地反对各种宗派对共产党领导核心地位的动摇。为了坚持党的领导核心地位,不断加强党的建设,他认为,"没有铁一般的在斗争中锻炼出来的党,没有为本阶级一切正直的人所信赖的党,没有善于考察群众情绪和影响群众情绪的党,要顺利地进行这种斗争是不可能的"②,"特别需要保持党的队伍的统一和团结,保证党员相互之间的完全信任,保证在工作中真正齐心协力,真正体现无产阶级先锋队的意志的统一"③。列宁继承了马克思社会建设中人民主体地位的思想,认为他们不仅是有力的社会建设者,也是社会建设的管理者。"只有比先前多十倍百倍的群众亲自参加国家建设、新经济生活建设的时候,社会主义才能建成"④,"有才能的人在工人阶级和农民中间是无穷无尽、源源不绝的"⑤,"我们的目的是要吸收全体贫民实际参加管理工作"⑥。

第二,坚持依法治国,大力发展民主。列宁认为依法治国不仅是社会主义社会建设的必然形式,更是社会建设的必要条件,依法治国是维护发展社会主义的重要保障。他指出:"假如我们拒绝用法令指明道路,那我们就会是社会主义的叛徒。"⑦为此,他领导制定了《苏维埃社会主义共和国联盟宪法》《和平法令》《土地法令》《关于成立工农政府的决定》等法律法规,并指出苏维埃宪法"是劳动者的宪法,这是号召大家去战胜国际资本的劳动者的政治制度"⑧。在坚持依法治国的同时,列宁认为社会主义社会建设必须大力发展民主。"要使整个

---

① 列宁选集:第4卷[M].北京:人民出版社,1995:9.
② 列宁全集:第39卷[M].北京:人民出版社,1986:24.
③ 列宁全集:第41卷[M].北京:人民出版社,1986:8.
④ 列宁全集:第28卷[M].北京:人民出版社,1986:381.
⑤ 列宁选集:第3卷[M].北京:人民出版社,1995:378.
⑥ 列宁选集:第3卷[M].北京:人民出版社,1995:504.
⑦ 列宁选集:第4卷[M].北京:人民出版社,1995:63.
⑧ 列宁选集:第4卷[M].北京:人民出版社,1995:76.

先锋队联系全体无产阶级群众,联系全体农民群众。如果有人忘记了这些小轮子,而醉心于行政手段,那就糟了"①,"胜利了的社会主义如果不实行充分的民主,不能保持它所取得的胜利,并且引导人类走向国家的消亡"②。为此,必须不断推进改革,使群众明白"苏维埃政权是他们所获得的比较民主,比较接近劳动群众的政权"③。

第三,学习利用资本主义,调动一切力量。列宁在领导苏俄社会主义建设的过程中,看到了资本主义的优势和重要性。他指出,"同社会主义比较,资本主义是祸害。但同中世纪制度、同小生产、同小生产者涣散性引起的官僚主义比较,资本主义则是幸福"④,"必须让资本主义经济和资本主义流转能够像通常那样运行,因为这是人民所需要的,少了它就不能生活"⑤。列宁主张学习并加以利用资本主义,他认为,"还有很多东西可以而且应当向资本家学习。……为了学习要不惜破费,只要能学到东西就行"⑥,"我们应该利用资本主义(特别是要把它纳入国家资本主义的轨道)作为小生产和社会主义之间的中间环节,作为提高生产力的手段、途径、方法和方式"⑦。当然,这句话也告诉了我们不管是学习还是利用资本主义都是有条件的,要把握一定的度。列宁认为社会主义建设必须调动一切可以调动的力量参与其中并有效激发他们的积极性,为此他强调,"必须把国民经济的一切大部门都建立在个人利益的关心上面"⑧。

第四,坚持理论灌输,开展思想政治教育。列宁认为工人阶级不会自发形成先进的理论以更好地指导革命和建设。他指出,"社会主义学说则是从有产阶级的有教养的人即知识分子创造的哲学理论、历史理论和经济理论中发展起来"⑨,"工人本来也不可能有社会民主主义的意识。这种意识只能从外面灌输进去,各国的历史都证明:工人阶级单靠自己本身的力量,只能形成工联主义的意识"⑩,"社会民主党的任务就是把认清无产阶级的地位及其任务的意识灌输

---

① 列宁选集:第 4 卷[M].北京:人民出版社,1995:649.
② 列宁全集:第 43 卷[M].北京:人民出版社,1987:168.
③ 列宁全集:第 28 卷[M].北京:人民出版社,1986:381.
④ 列宁选集:第 4 卷[M].北京:人民出版社,1995:513.
⑤ 列宁全集:第 43 卷[M].北京:人民出版社,1987:77.
⑥ 列宁全集:第 27 卷[M].北京:人民出版社,1995:268.
⑦ 列宁选集:第 4 卷[M].北京:人民出版社,1995:513.
⑧ 列宁全集:第 33 卷[M].北京:人民出版社,1986:51.
⑨ 列宁选集:第 1 卷[M].北京:人民出版社,1995:326.
⑩ 列宁选集:第 1 卷[M].北京:人民出版社,1995:317.

到无产阶级中去……"①。因此,不管是革命还是建设,党都要围绕一定时期内的中心工作开展有效的思想政治教育。在经济建设过程中,列宁认为,"采取新经济政策是一场'政治变革',必须使群众都深刻认识到这一点,不仅是认识,还要使他们把这种认识付诸实践。我认为政治教育总委员会的任务就是由此产生的"②。

二、葛兰西有关市民社会的理论

市民社会理论发展的第三个阶段是市民社会同经济社会相分离的阶段。这个阶段主要开始于意大利马克思主义理论家葛兰西,他的市民社会理论在强调市民社会同经济社会相分离的同时,侧重于社会文化领域。

葛兰西认为,当时的资本主义国家已经发展到了国家发展的第二个阶段,即"完整国家"的阶段。③这个时期的国家包括:其一是政治社会,其二是市民社会。"国家并不单指阶级统治的工具,还指社会组织构成的市民社会。在这个意义上可以说:国家=政治社会+市民社会。"④由此我们看出,葛兰西的市民社会不再是指经济领域,不再是经济基础的部分了,而是指上层建筑。"我们目前可以确定两个上层建筑'阶层':一个可以称作'市民社会',即通常称作'私人的'组织的总和,另一个是'政治社会'或'国家'。"⑤

从外部规定上来看,"市民社会是制定和传播意识形态尤其是统治阶级的各种私人的或民间的机构的总称"⑥。通过这一概念可以看出,葛兰西所指的市民社会像是国家政府的代言人。这些机构主要包括:媒介、学校、普通民主团体和知识分子的团体,等等。受"社会国家化"趋势的影响,葛兰西的市民社会像是回到了国家发展的第一阶段,即市民社会与国家重合。但他的进步之处在于在方法论上对市民社会和政治社会进行了区分,如:政治社会是"守夜人""宪兵"等;市民社会是"教育者""意识形态机器"等。曾有学者概括为"如果说政治

---

① 列宁选集:第1卷[M].北京:人民出版社,1995:318.
② 列宁全集:第42卷[M].北京:人民出版社,1986:194.
③ 根据葛兰西的分析,国家的发展分为三个阶段:初级阶段,即国家的政府阶段;第二阶段,"完整国家"阶段;第三阶段,"伦理国家"阶段,也是最后的阶段。
④ [意]安东尼奥·葛兰西.狱中札记[M].葆煦,译.北京:人民出版社,1983:271.
⑤ [意]安东尼奥·葛兰西.狱中札记[M].曹雷雨,姜丽,张跣,译.北京:中国社会科学出版社,2000:7.
⑥ 洪岩.马克思市民社会理论研究[M].长春:吉林大学出版社,2011:101.

社会的特征是暴利和强制,那么,市民社会的特征就是同意和认可"①。即二者相互配合、各司其职,共同承担起整个社会发展的责任,政治社会为主,市民社会为辅。正如葛兰西所言:"这个市民社会的活动既没有'制裁',也没有绝对的'义务',但在习惯、思想方式和行为方式、道德等方面产生集体影响,并且能达到客观的结果。"②

由于直接领导了意大利的无产阶级革命,葛兰西还借助于市民社会理论就如何取得无产阶级革命的胜利做了深入的探讨。在当时意大利"社会的国家化"和"国家的社会化"的背景下,他认为要想取得无产阶级革命的胜利,就必须取得文化的领导权。他说:"任何在争取统治地位的集团所具有的最重要的特征之一,就是它被同化和'在意识形态上'征服传统知识分子在作斗争,该集团越是同时成功地构造其有机的知识分子,这种同化和征服便越快捷、越有效。"③不可否认,这种"文化霸权"对今天社会治理中的宣传工作具有重要的指导意义,但是单就无产阶级革命的成功来说,相对于马克思主义理论无疑是一种倒退。

三、哈贝马斯有关市民社会的理论

德国现代著名思想家哈贝马斯是西方马克思主义重要流派法兰克福学派第二代的代表人物。哈贝马斯强调市民社会同经济社会相分离,与葛兰西的市民社会理论侧重不同,他的市民社会理论侧重于公共领域。

哈贝马斯对市民社会理论的发展做出了重大的贡献。他对市民社会理论的研究大致可以分为两个阶段。第一个阶段他把"私人自治领域"归为市民社会,包括两个方面:其一是商品市场及其控制机制,其二是社会的文化生活领域(市民社会的主体部分)。这一时期哈贝马斯的市民社会尚未与经济社会相分离。但是他对公共领域的探讨有了突破性的发展。他把公共领域界定为"一个由私人集合而成的公众的领域"④,"包括教会、文化团体和学会,还包括了独立的传媒、运动和娱乐协会、辩论俱乐部、市民论坛和市民协会,此外还包括职业

---

① 杨仁忠.马克思的理论遗产与葛兰西市民社会观的题域转换[J].思想战线,2009(1):117-121.
② [意]安东尼奥·葛兰西.狱中札记[M].葆煦,译.北京:人民出版社,1983:192.
③ [意]安东尼奥·葛兰西.狱中札记[M].曹雷雨,姜丽,张跣,译.北京:中国社会科学出版社,2000:6.
④ [德]哈贝马斯.公共领域的结构转型[M].曹卫东,等译.上海:学林出版社,1999:32.

团体、政治党派、工会和其他组织等"①,认为公共领域是市民社会的"代言人",能代表市民社会与国家进行博弈,进而维护市民社会的合法权益。

哈贝马斯市民理论研究的第二个阶段彻底实现了市民社会与经济领域的分离。他说:"今天称为'市民社会'的,不再像在马克思和马克思主义那里包括根据私法构成的、通过劳动市场、资本市场和商品市场之导控的经济。相反,构成其建制核心的,是一些非政府的、非经济的联系和自愿联合,它们使公共领域的交往结构扎根于生活世界的社会成分之中。组成市民社会的是那些或多或少自发地出现的社团、组织和运动,它们对私人生活领域中形成共鸣的那些问题加以感受、选择、浓缩,并经过放大以后引入公共领域。旨在讨论并解决公众普遍关切之问题的那些商谈,需要在有组织公共领域的框架中加以建制化,而实现这种建制化的那些联合体,就构成了市民社会的核心。"②因此,哈贝马斯把社会整体结构划分为三大结构:政治领域、经济领域和社会文化领域,同时他认为在政治领域和经济领域扩张的时代,应该着力"重建非商业化、非政治化的公共领域,让人们在自主的交往中重新发现人的意义与价值"③。这些思想对今天的多元治理具有重要的指导意义。

虽然与葛兰西的市民社会理论的侧重不同,但是哈贝马斯的市民社会理论与之也存在一些共同的特征。其一,坚持市民社会同经济领域的分离。市民社会同经济领域的分离是市民社会理论发展的第三阶段,葛兰西和哈贝马斯同属于这个阶段的奠基者。其二,都特别强调社会文化的重要性。受到各自时代和环境的影响,他们都特别强调社会文化在市民社会中的作用,期望通过一定的社会文化工作建设良好的市民社会。

---

① [德]哈贝马斯.公共领域的结构转型[M].曹卫东,等译.上海:学林出版社,1999:29.
② [德]哈贝马斯.在事实与规范之间:关于法律和民主法治国的商谈理论[M].童世骏,译.北京:生活·读书·新知三联书店,2003:453-454.
③ 袁勇,王庆延.市民社会理论的变迁——黑格尔市民社会及其前后[J].海南大学学报(人文社会科学版),2005(3):250.

第三章　马克思市民社会理论在中国的嬗变

由于不同时期我国国情和面临国内外形势的变化,马克思市民社会理论在中国的理论嬗变所形成的社会建设思想也呈现不同的特征,总体上处于不断的发展之中。下面将从毛泽东的社会建设思想、新时期的社会建设思想和社会建设思想中国化最新成果三个方面进行梳理。

第一节　毛泽东的社会建设思想

毛泽东领导全国人民建立中华人民共和国以后,紧接着进行了三大改造,标志我国建立起了社会主义基本制度,也确立了社会主义计划经济体制。这为我国社会的建设和人的发展奠定了坚实的基础,也提供了可靠的保障。在计划经济体制中,几乎全部的社会资源都控制在国家的手中,形成了"大政府、小社会"的模式。在这一模式下,政府包揽了一切公共服务职能,例如教育、医疗服务分别由公办学校、公办医院提供,原有的私立或教会学校、医院都由政府接收改为公办,这些公办服务机构通称为"事业单位"。正是在这样的宏观背景下,毛泽东以马克思市民社会理论为指导,同时借鉴列宁的社会建设思想,初步规划了我国社会主义建设的目标和蓝图。因此,毛泽东在社会主义改造的探索过程中结合中国实际形成了一系列社会建设的思想,尽管没有明确使用过"社会建设"的概念。

一、将民生作为社会建设的重点

第一,扩大就业以保障民生的根本。中华人民共和国成立初期,在长期战乱和经济萧条等多重因素的共同作用下,出现了大规模的失业状况。毛泽东一直坚持人民群众是历史的主体,他指出,"人民,只有人民,才是创造世界历史的动力"①。就业是民生的根本,也是社会稳定的先决条件。而严重的失业率不仅直接影响人民的生活,还会影响新政权的巩固和稳定。解决人民群众的生计问题是当时整个社会建设的重中之重。鉴于此,毛泽东十分重视就业问题,通过各种途径增加就业,保障就业。其一,增加新的工作岗位。如,他在《不要四面出击》中指出,"使工厂开工,解决就业问题"②。其二,通过救济的方式变相增加就业。对此,他曾指出,"三个人的饭五个人均吃,多余人员设法安插到需要人的岗位上去"③。其三,通过直接救济保障工人和农民的生计,设法解决旧社会给工农带来的困难。

第二,发展医疗事业和体育事业以保障人民的身体健康。早在湖南一师读书期间,毛泽东就看到了我国的国民身体素质存在较为严重的问题。中华人民共和国成立以后,他非常重视通过各种途径以提高人民的健康水平。一方面,努力发展医疗事业,为国民的身体健康提供良好的医疗卫生条件。1950年,他在第一届全国卫生工作会议上指出,"团结新老中西医各部分医药卫生工作人员,组成巩固的统一战线,为开展伟大的人民卫生工作而奋斗";④1951年,在《关于全国防疫工作给中共中央的报告》的重要批示中指出,"至少要将卫生工作和救灾防灾工作同等看待,而决不应该轻视卫生工作",对企业职工实行了医疗保障,在农村实行了合作医疗保障;等等。这些努力大大提高了我国当时的医疗卫生条件。另一方面,努力发展体育事业以提高人民群众的身体素质。毛泽东很早就认识到体育可以"变化民质",曾于1916年撰写了《体育之研究》。1952年6月,毛泽东为中华全国体育总会做了"发展体育运动,增强人民体质"的题词。在毛泽东的号召下,全国的体育事业快速发展,在各级体育比赛取得辉煌成就的同时,人民群众的体质也得到了很大改善。另外,毛泽东还提出要通过改善环境卫生以保障人民群众的身体健康。在毛泽东的号召下,20世纪50年代末全国开展了"除四害、讲卫生,消除主要疾病"的爱国卫生运动,使得全国的环境卫生有了很大改善。

第三,发展教育事业以提高人民的思想素质。发展教育事业既是促进人的全面发展的需要,也是社会主义建设的需要。为了保障、促进人的发展,他指

---

① 毛泽东选集:第3卷[M].北京:人民出版社,1991:1031.
② 毛泽东文集:第6卷[M].北京:人民出版社,1999:74.
③ 毛泽东文集:第5卷[M].北京:人民出版社,1999:335.
④ 建国以来毛泽东文稿:第1册[M].北京:中央文献出版社,1987:493.

出,"我们的教育方针,应该使受教育者在德育、智育、体育几个方面都得到发展,成为有社会主义觉悟的有文化的劳动者"。[1]对于教育和社会主义建设的关系,毛泽东非常赞成列宁的观点,"列宁说过:'在一个文盲充斥的国家内,是建成不了共产主义社会的。'我国现在文盲这样多,而社会主义建设又不能等到消灭了文盲以后才去进行。"[2]为此,毛泽东提出要做两点努力:其一,努力实现普及教育,争取在七年内扫除文盲;其二,为人民群众上学难情况提供助学金。这些努力,在推动新中国教育事业发展的同时,提高了人民群众的思想文化素质,为当时的社会建设做出了重要的贡献。

二、将管理作为社会建设的基础

第一,提倡新风尚,建立新的社会秩序。有序、良好的社会秩序是社会健康发展的重要条件。受到封建思想等因素的影响,中华人民共和国成立之初,我国依然存在着较多的不良风气和习俗。毛泽东指示,要从除旧布新两个方面进行社会的变革,建立新的社会秩序,重塑社会新风貌。一方面,坚决打击不良现象,如,在全社会关闭妓院、烟馆,禁止包办婚姻,等等;同时努力消除不良思想,如,毛泽东就曾提出,"什么红白喜事,讨媳妇,死了人,大办其酒席,实在可以不必"。[3]另一方面,积极倡导艰苦奋斗等新风尚,他就曾明确指出,"要提倡艰苦奋斗,艰苦奋斗是我们的政治本色"。经过几年的努力,新的社会秩序基本建立,整个社会风貌换了新颜。

第二,发展科学技术,促进社会的发展。经过帝国主义的长期掠夺和经年战乱,成立之初的中华人民共和国完全是一个积贫积弱的烂摊子。对于如何摆脱贫困,并顺利进行社会主义工业化建设,毛泽东深知科学技术的重要性。他也非常重视科技和生产力的发展,只有发展科学技术,社会生产力才能更快的提高,社会才能更快的发展。为此,中华人民共和国成立不到一个月,中国科学院就正式成立,毛泽东还亲自为首任院长郭沫若颁发印信。1956年1月,在毛泽东的提议下,党中央发出了"向科学进军"的号召。随后,在毛泽东的指导下制定了《1956—1967年科学技术发展远景规划》。1960年,毛泽东在中央工作

---

[1] 毛泽东文集:第7卷[M].北京:人民出版社,1999:226.
[2] 毛泽东文集:第6卷[M].北京:人民出版社,1999:475.
[3] 建国以来重要文献选编:第10册[M].北京:中央文献出版社,1994:531.

会议上提出,我们不但要发展科学技术,更要"搞尖端科技"。①1963年在听取中央科学小组汇报时,又指出,"科学技术这一仗,一定要打,而且必须打好,……不搞科学技术,生产力无法提高"②。

第三,重构社会组织,完善社会的管理。中华人民共和国成立后,如何将社会成员有效组织起来以适应新的政治制度和经济基础,是一项重要的工作,也是当时社会建设的重要课题。毛泽东借助国家的行政力量,在"城市通过单位制、在农村通过人民公社制"的方式完成了基层社会组织的重构。③毛泽东指出,"克服旧中国散漫无组织的状态"④,在城市里先是建立了居民自治委员会,经过人民公社的发展,最后发展成"单位制"的形式。单位制不仅有效地组织了城市居民,还增强了其福利,完善了政府的管理,更促进了社会的和谐。为了实现共产主义,毛泽东先是通过土地革命在农村实现"耕者有其田",进而通过人民公社的形式把广大农民有效地组织起来,全国也成了一个行动一致的联合体。

三、将公平作为社会建设的目标

建设一个人人平等的共产主义社会是毛泽东毕生的追求。为此,他做了三个方面的努力。

第一,实现劳动平等。劳动关系是生产关系的体现,也是公有制的表现形式,更是实现人人平等的根本保证。实现劳动平等也是实现共产主义的必然需求,他曾指出:"劳动生产中人与人的关系,是改变还是不改变对推进还是阻碍生产力的发展,都有直接影响。"⑤为此,他探索了与公有制经济相适应的企业管理制度、职工代表大会制度,甚至提倡干部下基层等,以此保证实现管理者和一线员工的劳动地位平等。

第二,坚持干群平等。毛泽东对旧社会官贵民贱的现象十分痛恨,在领导中国革命和新中国建设期间,一直坚持官民平等。他曾指出:"不要靠官,不要靠职位高,……不摆老爷架子,不摆官僚架子。"⑥他坚决打击仗势欺民的官僚行为,对欺压人民的腐败分子坚持依法严惩。为了保障官民平等,他重视人民群

---

① 建国以来毛泽东军事文稿:下卷[M].北京:军事科学出版社,2010:100.
② 毛泽东文集:第8卷[M].北京:人民出版社,1999:351.
③ 朱小玲.新中国成立后毛泽东社会建设思想述论[J].马克思主义研究,2012(12):110-118.
④ 毛泽东文集:第5卷[M].北京:人民出版社,1999:348.
⑤ 毛泽东文集:第8卷[M].北京:人民出版社,1999:135.
⑥ 毛泽东文集:第7卷[M].北京:人民出版社,1999:287.

众的监督,同时他还指出要增加工人的收入,缩小官民之间的收入差距。

第三,提倡男女平等。受封建思想的影响,旧社会重男轻女的现象十分严重。毛泽东对此坚决批评,提倡男女平等。他提倡妇女要在政治、经济、教育等方面享受和男性同样的权利,指出她们完全可以在社会主义建设中发挥重要的作用。对此,他鼓励中国妇女积极参政,甚至提高妇女人员比例,等等。

第二节　改革开放新时期的社会建设思想

改革开放以来,邓小平、江泽民和胡锦涛审时度势、与时俱进,对我国的社会建设进行新的探索和思考。以马克思市民社会理论为基础,以马克思主义社会建设思想为借鉴,形成了新的马克思主义社会建设思想。

一、邓小平的社会建设思想

尽管同样没有明确提出"社会建设"的概念,但是党的十一届三中全会以后,邓小平作为我国改革开放和现代化建设的总设计师,坚持"解放思想,实事求是",在全面阐述经济建设、政治建设、文化建设的过程中内含着丰富的社会建设的思想。在继承了马克思、列宁、毛泽东等的社会建设思想的基础上,邓小平的社会建设思想有了新的发展,更切实地促进了我国的社会建设和发展。

第一,邓小平的社会建设思想在宏观规划上的表现。首先,明确了中国特色社会义建设的基本原则。1949年后很长的一段时期内,我们的社会主义建设在曲折中前进。面对以前的曲折,邓小平首先提出"什么是社会主义,怎样建设社会主义"的重大命题。随后又提出了社会主义建设的基本原则,即四项基本原则——"坚持社会主义道路,坚持人民民主专政,坚持共产党的领导,坚持马列主义、毛泽东思想"。[1]随后,经过多年的探索与实践,在南方谈话中准确地概括出了社会主义的本质——"解放生产力,发展生产力,消灭剥削,消除两极分化,最终达到共同富裕"。[2]其次,指出中国特色社会主义建设的客观实际。毛泽

---

[1] 邓小平文选:第3卷[M].北京:人民出版社,1993:137.
[2] 邓小平文选:第3卷[M].北京:人民出版社,1993:373.

东曾指出:"认清中国的国情,乃是认清一切革命问题的基本的依据。"①事实上,认清一切社会主义建设问题的基本的依据也是认清中国的国情。我国是在一穷二白的基础上建立的社会主义制度。因此,中国特色社会主义建设必须立足于这一客观实际,他指出:"中国社会主义是处在一个什么阶段,就是处在初级阶段,是初级阶段的社会主义。……一切都要从这个实际出发,根据这个实际来制定规划。"②再次,坚持"三步走"的发展战略,最终实现共产主义。

　　第二,邓小平的社会建设思想在具体领域上的表现。首先,在经济建设上提出"经济先行"的方针。受平均主义的影响,大家的工作工作积极性受挫,经济发展比较缓慢。经济问题也严重制约了其他方面的发展。为了调动人民群众的积极性,有效地解决社会主义初级阶段的主要矛盾,他提出了"经济先行"的方针。他指出:"经济先行是当前最大的政治,经济问题压倒一切的政治问题。……今后长期的工作重点都要放在经济工作上面。"③为此,他还提出了"科学技术是第一生产力"④著名论断,为了促进生产力的发展,实行了家庭联产承包责任制。为了进一步解放生产力、发展生产力,突破市场经济的属性问题,提出并着手建立我国的社会主义市场经济体制。其次,在政治建设上提出"党政分开"、精简机构、权力下放等思想,还对政治体制改革进行了总体目标设计:"我们政治体制改革总的目标是三条:第一,巩固社会主义制度;第二,发展社会主义的生产力;第三,发扬社会主义民主,调动广大人民的积极性。"⑤在这些思想的指引下,国家对社会的控制开始放松,相对独立的社会力量开始发育并形成,国家也开始对新生的社会力量(社会组织)进行引导和管理。再次,在文化建设上坚持物质文明和精神文明"两手都要抓,两手都要硬",同时提出文化建设要坚持为人民服务,坚持党的领导等思想。

　　第三,邓小平的社会建设思想在民生建设中的表现。邓小平的社会建设思想非常重视人的发展,首先,坚持计划生育,控制人口数量,提高人口质量。1949年后我国人口数量快速增长,已经趋于弊大于利的地步。邓小平曾指出:"人多,一是好办事,二是不好办事,要吃、要穿、要用。解决吃、穿、用的问题还

---

① 毛泽东选集:第2卷[M].北京:人民出版社,1991:633.
② 中共中央文献研究室.邓小平年谱(1975—1997)(下)[M].北京:中央文献出版社,2004.
③ 邓小平文选:第2卷[M].北京:人民出版社,1989:195.
④ 邓小平文选:第3卷[M].北京:人民出版社,1993:274.
⑤ 邓小平文选:第3卷[M].北京:人民出版社,1993:178.

要费劲好多年。"①针对这种情况,邓小平果断地把"计划生育"定为我国的基本国策。这样有效地避免了我国的人口数量进一步扩大,也为人口质量提高创造了条件。其次,大力发展教育,为社会主义建设培养接班人。邓小平提出"科学技术是第一生产力",而科技的发展基础在教育,他指出,"现代经济和技术的迅猛发展,要求教育质量和教育效率的迅速提高"。②为此,在1977年恢复了高考制度,随后他又提出"教育要面向现代化,面向世界,面向未来"。再次,为了人民群众的身体素质,非常重视发展体育、医疗等事业,邓小平指出"体育是综合国力的体现,医疗行业也要加强科学研究"。

二、江泽民的社会建设思想

在世纪之交,江泽民根据社会主义市场经济发展的新情况,提出了"三个代表"重要思想,强调效率优先、兼顾公平,形成公平竞争的市场机制,对党的建设、改革开放、人的全面发展等方面有着与时俱进的论述。江泽民更多的是继承和发展了邓小平的社会建设思想,并在很多地方初步建立了发展机制。从社会管理的方式方法和民生建设的具体内容两个方面进行梳理。

一方面,江泽民的社会建设思想在社会管理方面的表现。随着改革开放的不断推进,世情、国情和党情都有了新的变化和发展。党的十三届四中全会以来,江泽民针对这些新情况进行了深入思考,对社会管理思想进行了新的发展。其一,坚持以处理好人民内部矛盾为基础。我国的主要矛盾是人民日益增长的物质文化需要同落后的社会生产之间的矛盾,人民内部矛盾关系到国家的稳定、改革和发展。因此,江泽民提出要坚决处理好人民内部矛盾,不断提高人民群众的生活水平,这是党和政府的基础性工作。其二,坚持依法治国和以德治国相结合。依法治国是现代化国家的主要条件和主要标志,江泽民在党的十五大上把依法治国确定为党领导人民治理国家的基本方略,这样成了江泽民社会建设思想的一个特色。随后他又认识到以德治国的重要性,尤其是在深受传统文化影响下的中国。因此提出要坚持依法治国和以德治国相结合,为此他曾指出:"法律和道德作为上层建筑的组成部分,都是维护社会秩序、规范人们思想和行为的重要手段,它们相互联系、相互补充。……道德规范与法律规范应该

---

① 邓小平文选:第1卷[M].北京:人民出版社,1989:334.
② 邓小平文选:第2卷[M].北京:人民出版社,1989:110.

相互结合,统一发挥作用。"①其三,坚持加强党的建设是关键。面对新情况,江泽民科学地回答了"建设什么样的党,怎样建设党"的重大课题,形成了"三个代表"重要思想。他指出,党的建设关系到国家的长治久安,是建设中国特色社会主义的关键之所在。其四,转变政府职能,鼓励社会各界参与社会事业的发展。为了适应社会主义市场经济的发展,以江泽民为代表的中国共产党人非常注重政府职能的转变。他在党的十四大报告中指出,"转变政府职能,改革政府机构,是建立社会主义市场经济体制的迫切要求"②,强调"要按照政企分开,精简、统一、效能的原则,继续并尽早完成政府机构改革"③。1993年起,我国进行了第三次行政管理体制和政府机构改革。1995年党的十四届五中全会就明确提出了社会发展的总体要求,即"保持社会稳定,推动社会进步,积极促进社会公正、安全、文明、健康发展"④,并指出,"根据社会事业的不同类型,建立与社会主义市场经济相适应的、各具特色的运行机制,实行地方政府为主的管理体制,鼓励和吸引社会各界广泛参与社会事业发展"⑤。

另一方面,在民生建设上的具体表现。其一,在教育方面,提出了科教兴国战略,为新时期我国教育事业的发展指明了方向,要进行教育体制改革为推进科教兴国战略提供有力保障,提出开展素质教育并制定《中国教育改革和发展纲要》,等等。其二,在就业方面,提出要提高就业者的素质以适应工作岗位的需要,另外还提出要建立"劳动者自主择业为主导、以政府法律制度为基础的市场就业机制"⑥。其三,在收入分配方面,提出要坚持多种分配方式并存制度,随后在党的十六大上提出将"按贡献参与分配"的原则作为分配方式的原则之一,另外指出要提高中等收入者的收入。其四,在社会保障方面,江泽民提出要建立以"社会救济和社会保险"为重点的保障模式,他指出,"加快建立多层次的社会保障体系……这对于深化企业改革,保持社会稳定,顺利建立社会主义市场经济体制,具有重大意义"⑦,还颁布了《中华人民共和国保险法》等社会保障方面的法律法规。其五,在医疗卫生方面提出要完善医疗体系,加强医疗行业的

---

① 江泽民论有中国特色社会主义(专题摘编)[M].北京:中央文献出版社,2002:336.
②③ 十一届三中全会以来历次党代会、中央全会报告、公报、决议、决定(下)[M].北京:中国方正出版社,2008:525.
④⑤ 十一届三中全会以来历次党代会、中央全会报告、公报、决议、决定(下)[M].北京:中国方正出版社,2008:568.
⑥ 十五大以来重要文献选编(上)[M].北京:中央人民出版社,2000:23-24.
⑦ 十四大以来重要文献选编(中)[M].北京:人民出版社,1997:1375.

科技研发,等等。

三、胡锦涛的社会建设思想

党的十六大以后,胡锦涛同志根据世情、国情和党情的变化创造性地提出了社会主义和谐社会的思想,为我国的社会建设指明了方向。马克思、列宁、毛泽东、邓小平和江泽民的社会建设思想是立足于大社会,即宏观的社会的。胡锦涛在总结国内外社会建设经验的基础之上,从狭义的角度创造性地提出了社会主义社会建设的思想,即与经济建设、政治建设、文化建设相对性的社会建设。这一概念的提出,更符合了马克思的市民社会的本质内容。

第一,提出了狭义的"社会建设"的概念,明确了社会建设在中国特色社会主义事业总布局中的地位。随着我国经济建设、政治建设和文化建设的不断推进和成就,胡锦涛看到了我国社会建设的滞后性。他创造性提出了社会主义社会建设的狭义概念。概念提出以后,社会建设与经济建设、政治建设和文化建设是一个什么样的关系,依然是一个重大问题。为此,他首先指出,"关于社会主义社会建设的理论,是马克思主义理论的重要组成部分"[1],"我们党在社会主义社会建设理论和实践上取得的新进展……是对马克思主义关于社会主义社会建设理论的丰富和发展"[2]。随后又提出社会主义和谐社会的概念,并于2005年2月19日在省部级研讨班上指出,"我们已经从'三位一体'发展为包括经济、政治、文化和社会建设的'四位一体'"。

第二,对社会主义社会建设做了基本的规定。其一,制定了社会建设的近期和远期目标。社会建设的远期目标是社会主义和谐社会,即"民主法治、公平正义、诚信友爱、充满活力、安定有序、人与自然和谐相处的社会";近期目标就是建立健全在社会治理、社会保障、卫生医疗、教育就业、收入分配等方面的体系。其二,社会建设的重点是改善民生,积极维护社会公平。民生建设是解决人民内部矛盾的关键,是提高人民群众福祉的重要工作,胡锦涛多次强调民生工作是社会建设的重点。胡锦涛进一步发展了"效率优先、兼顾公平"的思想,提出,"必须把提高效率同促进社会公平结合起来,实现在经济发展的基础上由

---

[1] 十六大以来重要文献选编(中)[M].北京:中央文献出版社,2006:701.
[2] 胡锦涛.扎实做好正确处理人民内部矛盾工作 为经济社会发展创造良好社会环境[N].人民日报,2010-09-30.

广大人民共享改革发展成果,推动社会主义和谐社会建设"①,他在党的十六届四中全会上明确指出"注重社会公平"。其三,要坚持科学发展为社会建设的方针。针对以往发展观中存在的不足,胡锦涛不失时机地提出以以人为本为核心的科学发展观,指出我们的发展要坚持协调、可持续的发展。

第三,对社会建设的措施进行了探索。胡锦涛认为社会主义社会建设必须坚持党的领导,只有坚持党的领导,才能更好地激发人民群众的智慧和力量,共同推进社会主义和谐社会建设。在具体措施方面:其一,明确提出创新社会治理体制,激发社会组织活力。创新社会治理体制,就要努力构建"党委领导、政府负责、社会协同、群众参与"②的社会管理格局,同时努力"提高社会管理科学化水平,建设中国特色社会主义社会管理体系"③;创新社会治理体制,还要以激发社会组织活力为前提,在这一思想的指引下,各地都出台了相应的政策以促进社会组织的发展。如,2005年上海出台了《关于鼓励本市公益性社会组织参与社区民生服务的指导意见》等政策措施;浙江嘉兴开展了社会组织规范化建设评估试点,发挥政府、社区及其他非政府组织在社会管理中职能互补、功能耦合,增强社会管理的有效性、科学性,等等。其二,要加强社会主义社会建设理论的研究,推进社会建设有序进行。理论源于实践,理论也可以更好地指导实践。为了推进社会建设的有序进行,胡锦涛指出:"我们对社会主义社会建设的理论研究和实践探索还有大量工作要做。因而尤其需要在实践的基础上加强理论研究。"④

第三节 习近平新时代社会建设思想

党的十八大以来,习近平总书记带领全党全国继续开拓进取,为实现中华民族的伟大复兴和伟大中国梦而奋斗。他以实现中华民族伟大复兴和中国梦为引领,继续发展马克思主义社会建设思想。为了全面推进我国的社会主义社

---

① 十七大以来重要文献选编(中)[M].北京:中央文献出版社,2009:803.
② 十六大以来重要文献选编(下)[M].北京:中央文献出版社,2008:668.
③ 胡锦涛.扎扎实实提高社会管理科学化水平 建设中国特色社会主义社会管理体系[N].人民日报,2011-02-21.
④ 胡锦涛.加强调查和研究 着力提高工作本领 把和谐社会建设各项工作落到实处[N].人民日报,2005-02-23.

会建设,"党的十八大以来,党中央、国务院对我国教育、医疗、卫生、社会保障和食品药品安全以及精准扶贫等社会事业和社会管理改革发展,做出了一系列具体部署"①。党的十九大报告指出,中国特色社会主义进入新时代,同时确立了习近平新时代中国特色社会主义思想为党的指导思想,为实现社会主义现代化和中华民族伟大复兴提供了理论指引和根本遵循。习近平新时代中国特色社会主义思想包含着丰富的社会建设思想,可以说习近平的社会建设思想是马克思主义社会建设思想的最新成果。习近平总书记继续坚持以改善民生为重点,从微观社会和宏观社会两个方面继续探索新时代中国特色社会主义社会建设的新方法、新路径。最新成果主要包括如下内容:

一、从微观和宏观两个方面探索社会建设的路径

胡锦涛同志首次明确提出狭义的社会建设的概念,并初步形成了理论体系。习近平总书记不仅继续重视社会建设,而且把社会建设放在大社会中进行整体的思考。习近平曾在中共中央政治局常务委员会会议的讲话中指出:"面对新形势,要坚持用两点论看问题,既要充分肯定取得的成绩,又要清醒看到存在的问题,未雨绸缪,加强研判,宏观政策要稳住,微观政策要放活,社会政策要托底。"另外,针对以往的社会管理基本上是政府管理的问题,习近平提出,推进国家治理体系和治理能力现代化,从整体的角度考虑经济、政治、文化、社会、生态文明和党的建设等,要加强政府、市场、人民(社会)的合作治理。这是在借鉴社会治理的基础之上,进一步发展了马克思主义国家治理理论。针对我国当前的治理状况,习近平强调要加强城乡基层社区治理,他指出:"社会治理的重心必须落到城乡社区,社区服务和管理能力越强,社会治理的基础就越实。要尽可能把资源、服务、管理放到基层,使基层有职有权有物,更好为群众提供精准有效的服务和管理。"②

二、明确了社会建设具体领域的具体要求

为了满足人民日益增长的美好生活需要,习近平坚持"让老百姓过上好日子"的民生观,为保证把"社会政策托底"落到实处,切实改善民生问题,他在

---

① 严书翰.马克思主义社会建设思想及其中国化成果[J].毛泽东邓小平理论研究,2015(8):43-47.
② 习近平总书记系列重要讲话读本[M].北京:人民出版社,2014:118.

2012年的中央经济工作会议上提出了十六字的民生建设思路,即"守住底线、突出重点、完善制度、引导舆论"。其一,"守住底线"是指要保障低收入者的基本生活。习近平曾指出,"我们对各类困难群众,我们要格外关注、格外关爱、格外关心"。为此,他还提出了要实施精准扶贫,"绝不能让困难地区和困难群众在全面小康进程中掉队"。①2014年5月1日,国务院颁布施行了《社会救助暂行办法》,第一次以行政法规形式明确了托底性保障制度。党的十九大报告明确提出,"确保2020年我国现行标准下农村贫困人口实现脱贫,贫困县全部摘帽,解决区域性整体贫困,做到脱真贫、真脱贫"。其二,"突出重点"是指扩大就业,鼓励创业,尤其是高校毕业生为重点的青年就业。就业是民生建设的关键,扩大就业的根本在于经济的稳定增长。习近平多次强调,我国的就业问题要通过经济的发展来解决。同时,要通过各种途径和措施鼓励创业,以创业带就业。为此,以习近平为核心的党中央强调,"完善扶持创业的优惠政策,形成政府激励创业、社会支持创业、劳动者勇于创业新机制"②,同时还有针对性地提出"实行激励高校毕业生自主创业政策,整合发展国家和省级高校毕业生就业创业基金"③。其三,"完善制度"是指要建设覆盖城乡社会保障体系,而且要继续完善养老保险转移接续办法并提高统筹层次。在长期的二元结构环境下,我国的城乡差异日益扩大,城乡的社会保障体系也呈现了"双轨制"。这不仅不利于社会的和谐稳定,更不能保障人民群众共享改革开放的发展成果。习近平多次强调,城乡的社会保障问题关系到人民群众的切身利益,要让城乡居民都能享受到改革开放的发展成果。2014年2月,国务院印发的《关于建立统一的城乡居民基本养老保险制度的意见》,就要求在2020年前要全面建成公平、统一、规范的城乡居民养老保险制度。其四,"引导舆论"是指在党和政府积极努力的同时要引导广大群众树立勤劳致富、改善生活的理念。当前,我国依然处于社会主义初级阶段,以现有的经济发展水平和财政能力,党和政府只能做好基本的社会保障,我们也不能自食西方国家"福利病"的恶果。广大群众要想致富,还需要通过自己的积极努力,通过自己的辛勤劳动去改善自己的生活水平。

---

① 习近平.坚决打好扶贫开发攻坚战　加快民族地区经济社会发展[N].人民日报,2015-01-22.
② 十八大以来重要文献选编(上)[M].北京:中央文献出版社,2014:536.
③ 十八大以来重要文献选编(上)[M].北京:中央文献出版社,2014:537.

三、进一步发展了社会公平正义的思想

实现社会公平正义是社会主义的内在要求,然而早年为了实现更快速的发展,我们提出了"效率优先、兼顾公平",近年来发现我国的社会公平正义问题已经成了一个重大课题。当前,我国的特色社会主义建设已经取得了举世瞩目的成就,因此在社会建设中必须高度重视社会的公平正义问题,保证人民群众共享发展的成果。习近平指出:"公平正义是中国特色社会主义的内在要求,所以必须在全体人民共同奋斗、经济社会发展的基础上,加紧建设对保障社会公平正义具有重大作用的制度,逐步建立社会公平保障体系。"①同时,他也强调,当前全面深化改革必须着眼创造更加公平正义的社会环境,不断克服各种有违公平正义的现象,使改革发展成果更多更公平惠及全体人民。②为此,其一,习近平提出,我们把"蛋糕"做大,也要把"蛋糕"分好。当前社会的公平正义问题主要有两个原因:一是"蛋糕"还不够大,二是前期没有把"蛋糕"分好。因此,我们要继续坚持以经济建设为中心,大力发展经济,努力把我们的"蛋糕"做得越来越大,为更好地分好"蛋糕"打下坚实的基础。同时还要设法把做好的"蛋糕"分好,保证发展成果让人民群众共享。其二,要通过制度来保证社会的公平正义。社会的发展离不开制度的约束和引导,社会公平正义问题的解决,制度更是关键性甚至是决定性的因素。习近平曾指出:"不论处在什么发展水平上,制度都是社会公平正义的重要保证。"③2013年2月5日,《关于深化收入分配制度改革的若干意见》出台,这对于缩小城乡差距,实现社会更加公平,完善社会保障具有重要意义。

四、提出了打造共建共治共享的社会治理格局

"生命至上、安全第一",在推动社会建设的过程中,习近平总书记特别重视人民群众的生命财产安全,他在十九大报告中明确提出了安全发展理念。为此,他还明确指出:"要健全公共安全体系,完善安全生产责任制,坚决遏制重特大安全事故,提升预防减灾救灾能力。"④不管是单纯的安全发展,还是全面的社

---

① 习近平谈治国理政[M].北京:外文出版社,2014:13.
② 十八大以来重要文献选编(上)[M].北京:中央文献出版社,2014:552.
③ 十八大以来重要文献选编(上)[M].北京:中央文献出版社,2014:553.
④ 习近平.决胜全面建成小康社会 夺取新时代中国特色社会主义伟大胜利——在中国共产党第十九次全国代表大会上的报告[N].人民日报,2017-10-28.

会治理,都离不开多主体的共同参与和协同努力。这就需要我们在党的领导下打造共建共治共享的社会治理格局,即"党委领导、政府负责、社会协同、公众参与、法制保障的社会治理体制"①。这不仅是推进国家治理体系和治理能力现代化的内涵之所在,更是可以保障人民群众的正当权益,也可以很好解决当前社会发展中的不平衡不充分的现实问题。

五、提出了实施健康中国战略

习近平总书记指出:"经济要发展,健康要上去。人民的获得感、幸福感、安全感都离不开健康。要大力发展健康事业,为广大老百姓健康服务。"②人民健康是中华民族现代化建设和伟大复兴的标志,是"全面小康"的基础条件和重要保障,更是中国共产党对中国人民的郑重承诺。其一,坚持以人为本。"人民,既是健康治理的价值载体,又是健康治理的价值归宿。"③实施健康中国战略,习近平总书记坚持把人民作为出发点和落脚点,这正体现了新时代我们党要努力满足人民日益增长的美好生活需要。其二,坚持预防为主的理念。从"治病"到"预防"的理念转变是健康中国战略的重要举措,这是对健康发展规律的深刻认识,正如习近平总书记在十九大报告中指出的,"坚持预防为主,深入开展爱国卫生运动,倡导健康文明生活方式,预防控制重大疾病"④。其三,坚持系统化治理。影响健康的因素很多,有主观的、客观的,涉及方方面面。实施健康中国战略,切实提高人民的健康水平,一定要全面考虑、系统把握,即"把健康融入所有政策"。为此,习近平总书记指出:"要坚持正确的卫生与健康工作方针,以基层为重点,以改革创新为动力,预防为主,中西医并重,将健康融入所有政策,人民共建共享。"⑤其四,重视科学技术的运用。科技是第一生产力,也是人民健康的"生产力"。实施健康中国战略,既要坚持科学把握,又要努力进行科技创新。习近平总书记曾在上海联影医疗科技有限公司考察时明确要

---

①④ 习近平.决胜全面建成小康社会 夺取新时代中国特色社会主义伟大胜利——在中国共产党第十九次全国代表大会上的报告[N].人民日报,2017-10-28.

② 习近平在海南考察时强调:以更高站位更宽视野推进改革开放 真抓实干加快建设关好新海南[N].人民日报,2018-04-01.

③ 储著源.习近平新时代健康治理观及其时代价值[J].常州大学学报(社会科学版),2020(1):10-19.

⑤ 习近平在全国卫生与健康大会上强调:把人民健康放在优先发展战略地位 努力全方位全周期保障人民健康[N].光明日报,2016-08-21.

求:"有关方面做好政策引导、组织协调、行业管理等工作,加快现代医疗设备国产化步伐。"①

为了实现社会建设的有序进行,习近平总书记从"五位一体"的视角做了新的探索。如在经济建设方面,他指出,"只要国内外大势没有发生根本变化,坚持以经济建设为中心就不能也不应该改变。这是坚持党的基本路线100年不动摇的根本要求,也是解决当代中国一切问题的根本要求"②;党的十八届五中全会指出,坚持发展是第一要务……统筹推进经济建设、政治建设、文化建设、社会建设、生态文明建设和党的建设,确保如期全面建成小康社会,为实现第二个百年奋斗目标、实现中华民族伟大复兴的中国梦奠定更加坚实的基础,同时创造性地提出了"创新、协调、绿色、开放、共享"的五大发展理念;党的十九届四中全会指出,"坚持和完善社会主义基本经济制度,推动经济高质量发展",同时明确指出,"完善科技创新体制机制、建设更高水平开放型经济新体制";等等。在政治建设方面,他认为,发展社会主义民主政治,保证人民当家作主,保证国家政治生活既充满活力又安定有序,关键是要坚持党的领导、人民当家作主、依法治国有机统一。要不断完善人民代表大会制度,加强和改进立法工作,确保国家发展、重大改革于法有据,努力使每一项立法都符合宪法精神、反映人民意愿、得到人民拥护。十九届四中全会又指出,要健全人大对"一府一委两院"的监督制度。在文化建设方面,他指出,"增强全民族文化创造活力,推动文化事业全面繁荣、文化产业快速发展,不断丰富人民精神世界、增强人民精神力量,不断增强文化整体实力和竞争力,朝着建设社会主义文化强国的目标不断前进"。十九届四中全会更是提出,坚持和完善繁荣发展社会主义先进文化的制度,巩固全体人民团结奋斗的共同思想基础。在生态文明建设方面,提出了著名的"两山理论",十九届四中全会提出要坚持和完善生态文明制度体系,促进人与自然和谐共生,包括实行最严格的生态环境保护制度、全面建立资源高效利用制度、健全生态保护和修复制度、严明生态环境保护责任制度,等等。另外,在党的建设方面,组织开展了"三严三实""三问三治""两学一做""四讲四有"等系列学习教育活动。党的十九届四中全会指出社会建设必须在党中央统一领导下进行,科学谋划、精心组织、远近结合、整体推进。这些思想都从不同

---

① 何凡.新意中的心意——习近平的"健康中国"策.[EB/OL].(2016-08-26). http://www.xinhuanet.com/politics/2016-08/26/c_129255920.htm.
② 习近平谈治国理政[M].北京:外文出版社,2014:153.

的侧面和程度支持了社会建设的发展,也是马克思主义社会建设思想的最新成果。

综上所述,马克思市民社会理论和马克思主义社会建设思想是本书的指导思想,具体来说主要包括马克思市民社会理论以及马克思的社会建设思想、列宁的社会建设思想和中国化的社会主义建设思想。尽管葛兰西和哈贝马斯对马克思市民社会理论做了进一步的阐述,但是葛兰西和哈贝马斯的相关理论因为没能坚持和保持马克思主义的本质属性,故不应作为本书的指导思想,只是在文内论述当前中国社会组织参与社会治理过程时进行必要的参考与借鉴。

第一,马克思为现代市民社会理论竖立了标杆。黑格尔真正开启了市民社会理论研究的先河。他把市民社会同政治国家分离开来,同时强调政治国家在其中的优先地位和积极意义。受历史发展的局限,黑格尔没有准确把握历史唯物主义的视角,这也间接地为马克思开创新的市民社会理论奠定了基础。马克思批判发展了黑格尔的市民社会理论,并站在历史唯物主义的视角,指出了市民社会的决定性作用。马克思市民社会理论为后世市民社会理论的研究指明了坐标,也为本书"社会组织参与基层社会治理"的研究奠定了科学的理论基础。然而,马克思并未止步,而是对市民社会理论进行了再批判,认为要立足现实,进行有效的社会建设以实现人的自由全面发展。

第二,列宁首次把马克思市民社会理论和社会建设思想付诸实践,并在此基础上形成了列宁社会建设思想。列宁在社会建设思想中对社会建设的领导、体制、方式等方面进行有意义的探索。列宁的社会建设思想在理论上坚持以马克思市民社会理论为指导,在实践中极大地丰富并发展了马克思社会建设的思想。重要的是,列宁的社会建设思想为我国社会建设提供了很好的理论借鉴。

第三,马克思市民社会理论在中国嬗变为中国化的马克思主义社会建设思想,这是在马克思主义和列宁主义的基础上一脉相承发展而来的,同时立足于我国实际,指导我国的社会建设取得了举世瞩目的成就。改革开放以前的社会建设表现出了强烈的政治色彩,具有一定的历史局限性,但也为新中国的社会整合和建设进行了有益探索,为以后的社会建设提供了借鉴。改革开放以后很长一段时期内,我国社会建设思想的发展立足宏观社会的发展,主要强调要通过经济的发展促进社会的发展。胡锦涛第一次从狭义的角度提出了"社会建设"的概念。可以说胡锦涛的社会建设思想是一个里程碑式的发展,同时开始积极借鉴西方国家的社会治理思想,理论和实践都迎来了新的黄金发展时期。

党的十八大以后,以习近平同志为核心的党中央从宏观社会着眼,又从微观社会着手,积极探索社会建设的新道路,同时积极"推进国家治理体系和治理能力现代化"建设。党的十九大确立的习近平新时代中国特色社会主义思想更是包含了丰富的社会建设思想。习近平的社会建设思想体现出了很强的制度化特征和时代性特征,是马克思主义社会建设思想中国化的最新成果。

本书正是在对社会组织和社会治理研究指导思想发展史进行梳理的基础上,以马克思的市民社会理论为指导,站在最新的理论视角研究社会组织在基层社会治理的功能和路径,探讨社会组织如何才能实现更好的发展,并与政府和市场共同承担社会治理的责任,同时便于提高我们党的执政能力,探讨社会组织如何才能更好地"为人民服务",实现公民利益最大化并促进个人的自由全面发展。

第四章　我国社会组织的发展

中华人民共和国成立以来,中国社会建设一直坚持马克思市民社会理论为指导,同时积极借鉴列宁的社会建设思想,坚持一脉相承的发展。马克思市民社会理论也与中国国情相结合,在中国发生了嬗变。我国市民社会建设和发展在推动理论嬗变的同时,二者共同促进了社会组织的萌芽与发展,我国新社会组织也在此背景下逐步发展壮大。一方面,是以马克思市民社会理论为指导的结果。不管是从马克思市民社会理论的分析性概念——"物质的生活关系的总和",还是从马克思在社会建设中强调的"自由人的联合体"来看,都要求我们要与时俱进,为了"人的自由全面发展"而不断创新。因此,在全面推进国家治理体系和治理能力现代化的今天,完全可以大力发挥社会组织的积极作用,促进市民社会的发展。另一方面,这是基于现实对于理论发展的呼唤。改革开放以后,我国的市民社会快速发展。在这一过程中,不可避免地出现了"政府失灵"和"市场失效"的现象。为此,市民社会的发展亟须"第三方"予以弥补,市民社会开始与政治国家和经济社会相并列。正如有学者指出:"这样也更加凸显出它在当代的特点和意义,即在私人之上、政治国家之下的一种社会生活领域和与之相关的文化因素。"[①]如此,社会组织快速发展起来。以下就从我国社会组织发展的背景、进程和最新发展状况进行简要的概括。

第一节　我国社会组织发展的背景

改革开放以来,中国推行市场化改革,随后实行转变政府职能改革,使建设公共服务型政府这一行政体制改革的目标与建设社会主义市场经济体制这一

---

① 何增科.公民社会和第三部门[M].北京:社会科学文献出版社,2000:14.

经济改革的目标紧密结合在一起。与此相适应的,经济活动的组织方式发生了很大变化,从集中走向分散;社会服务的组织方式也随之发生了变化。这不仅促进了社会自治空间的发展,也促进了社会组织的发展,同时为市民社会的兴起奠定深刻的社会土壤。

第一,市场经济开始发展。高度集中的计划经济体制,政府不仅对经济事务采取大包大揽的做法,而且在社会事务上同样存在着管得过多、管得过死的问题。随着改革开放的推进、多种经济成分的发展,原有的政府与社会的关系出现了新的变化。首先,实行政事分开。政事分开是政府与事业单位的职责分开、机构分开、管理方式及手段分开。原来各级政府机构承担的一些技术性、服务性的工作交由事业单位去完成。其次,实行政企分开。在单位体制下,政企间的合一使企业具有了行政属性。企业承担了许多的行政职能,政府直接干预企业的生产和经营。改革开放之后,随着经济体制改革的推进,企业开始成为独立的生产经营主体,使得某些行业组织有可能脱离政府成为独立的民间组织。此外,市场经济增加了企业的风险程度,为了保护自身利益,各种行业性组织也在不断兴起。同时,巨大的经济效益为人们参与各种社会组织以及社会组织自身的发展提供了经济基础。

第二,"单位制"逐步解体。单位是中国一种独特的组织形式。"从组织学的角度来看,单位是国家管理公有体制内人员的组织形式,它的组织元素以公职人员(拥有公职、享受社会主义福利承诺,包括干部与工人)为主体,按照一定的宏观结构,形成国家权力均衡机制的基本细胞。"[1]从社会学的角度看,单位是标志城乡区别的社会集团,是城市生活的核心,它决定了人们的职业、身份、消费能力、价值观点、人生经历、行为方式乃至社会地位的高低。在计划经济体制下,单个"社会人"一般隶属于一定的单位,个人资源的获得、福利等都依赖于单位的供给。单位担负着职工的生老病死和一切福利,离开了单位,个人几乎找不到人生的依托和安身立命的空间。单位对个人的庇护使得单位对个人而言承担了类似血缘关系而形成的家庭功能。人一旦进入单位,也就成了"单位人"。改革开放以来,政府在社会福利方面的改革,使得传统的国家代理人——企事业单位的福利角色逐渐弱化,而个人、家庭和社区在养老、医疗、住房等福利领域承担更加明显的责任。个人也从对单位的依赖更多地走向社会。

---

[1] 周直,王世谊.公民社会与社会创新[M].南京:南京出版社,2008:123.

此外，随着改革开放逐步深入，我国的所有制结构也发生了巨大的变化，传统的高度集中的计划经济体制演变为公有制为主体，多种所有制共同发展的格局。大量的个体经济、私有经济和外资企业得到快速发展，人们获取资源的途径更加多样化。并且，非公有制经济的发展还改变了人们的就业意识和就业方式，职业风险意识和竞争意识正逐步被社会普遍接受。个人谋业的积极性越来越得到社会的肯定。伴随着经济所有制的结构调整和不断发展的就业多元化格局，昔日那种认为只有进入公有制经济单位工作才算就业的旧观念逐步改变。在这个过程中，高度集中的计划体制内的社会成员和社会单元，持续不断地退出原有体制，劳动力资源市场化配置程度不断提高，实现了由"单位人"向"社会人"的转变。新生的诸如自由职业者、个体工商户、非公有制企业、新型社会组织等"社会人"大量涌现。

第三，一些国际性社会组织开始在国内发展。随着全球化的推进，全球市民社会有组织的跨国社会运动对国内市民社会的发育和发展产生重大影响。一些国际性的公民社会组织也逐步实现全球范围内的活动。就中国而言，20世纪80年代，随着改革开放的推进，中国政府也允许一些国际性的社会组织在国内开展扶贫、教育资金援助，以及有关的学术研究活动。近年来，在"一带一路"建设中，我国的不少社会组织日趋国际化，为开展公共外交、疏通民意、营造积极的舆论环境创造了条件。同时，不少国际性社会组织正积极快速地走进中国，而这些国际性社会组织的活动又进一步对中国社会组织发展起到带领和激励的作用，激发了民间结社的愿望，进一步推动我国整个社会组织的快速发展。

第二节　我国社会组织发展的进程

中华人民共和国成立之后，中国共产党面临的是经济贫困、生产力极为落后的社会现实。以毛泽东为代表的中国共产党人为了促进生产力的发展，迅速实现国家的工业化建设，也为了对一盘散沙的中国社会实现有效的整合，建立了高度集中的计划经济体制。同时，在社会领域，国家根据社会主义原则给民间组织进行了彻底的治理和整顿，"1949年以前产生的所有民间组织几乎消失殆尽，只有少数特殊的团体保留下来"[①]。1953—1956年，以毛泽东为代表的中

[①] 侯一夫.中国公民社会的发育现状、问题与前景[M].哈尔滨：黑龙江大学出版社，2011：74.

国共产党人着手对农业、手工业、资本主义工商业的社会主义改造,到1956年确立了社会主义制度,也确立了社会主义计划经济体制,形成了"大政府、小社会"的模式。当时,"人民生活在家长式的科层制管理系统里,这是现代外壳下功能不分的全能型社会组织"①。政府包揽了一切公共服务职能,例如,教育、医疗服务分别由公办学校、公办医院提供。从1949年以后到1978年这段时间,社会难以获得自主发展的空间,现代意义的社会组织也基本上没有发展的条件和可能。据调查,"20世纪50年代初,全国性社团只有44个,1965年不到100个,地方性社团也只有6 000个左右。这些社团的类别也十分单调,主要是工会、共青团、妇联、科协和工商联等9类群众组织"②。

一、我国社会组织的初步萌芽时期

1978—1992年是社会组织的萌芽时期。1978年,我国拉开了改革开放的序幕,随着计划经济逐步向有计划商品经济、市场经济过渡,社会管理体制也发生了很大的变化。国家开始对社会的控制放松,对社会生活的影响逐步减弱,尤其是随着单一国有制的所有制体制的改变、多种经济成分的出现和发展,以及地方和企业自主性的增加。于是,一方面,相对独立的社会力量开始发育和形成。随着市场经济的发展,社会个体的利益诉求不断增强,社会个体之间民主、平等的意识也开始得到发展,同时在这一过程中,个体经济、乡镇企业、外资企业等经济形态的不断发展,一些协调企业利益关系,为企业提供服务的咨询机构、行业协会和律师事务所相继出现,与此同时,由于农村以家庭联产承包责任制为主的经营形式的出现,一些服务于农业和农村经济发展需要的社会中介机构也相继崛起。"农村中的乡镇企业从1978年的152.42万个,发展到1989年的1 868.63万个。到1989年,农村中有各种经济联合体47万个。1987年末,三资企业达到9 934家。"③所有这些使得相对独立的社会力量开始得到发育和形成。另一方面,民间社会组织初露端倪,一些社会组织开始萌芽。改革开放之后,随着市场经济的推进以及国家对社会管制的放松,独立的民间组织逐步得到产生和发展。1978年,国务院批准恢复红十字会的工作,揭开了以基金会为主体的各类社会组织发展的序幕。虽然,1984年11月,党中央和国

---

① 周直,王世谊.公民社会与社会创新[M].南京:南京出版社,2008:118.
② 俞可平.中华人民共和国六十年政治发展逻辑[J].马克思主义与现实,2010(1):21-35.
③ 袁祖社.权力与自由:市民社会的人学考察[M].北京:中国社会科学出版社,2003:134.

务院曾联合下发了严格控制社会组织成立的通知,但社会组织增长的数量一直呈现较快的增长态势。1988年7月,民政部成立了社会团体管理司,这是国务院指定的社会组织统一登记管理机关。1989年,国务院颁布了《社会团体登记管理条例》,它对于保证民间组织的规范化发展起到非常重要的作用。

二、我国社会组织的发展时期

1992—2002年是社会组织的发展时期。1992年,邓小平南方谈话明确提出:"计划多一点还是市场多一点,不是社会主义与资本主义的本质区别。"[1]在此基础上,中国共产党十四大报告确立了建立社会主义市场经济体制的改革目标,提出"围绕社会主义市场经济体制的建立,加快经济改革步伐"[2],并强调发挥市场机制对资源配置起基础性作用,标志着改革开放和现代化建设进入了一个新阶段。1993年起,我国进行了第三次行政管理体制和政府机构改革。

在社会发展方面,这一时期以江泽民为代表的中国共产党人也进行了积极的思考和探索。对此,1995年党的十四届五中全会就明确提出了社会发展的总体要求,即"保持社会稳定,推动社会进步,积极促进社会公正、安全、文明、健康发展"[3],并指出,"根据社会事业的不同类型,建立与社会主义市场经济相适应的、各具特色的运行机制,实行地方政府为主的管理体制,鼓励和吸引社会各界广泛参与社会事业发展"[4]。与此相适应的,这一时期社会管理体制改革进一步推进。尤其是通过制度创新整合政府和民间的社会管理资源,充分发挥政府、事业单位、社区自治组织、社会团体、企业组织的社会管理作用。从社会管理的运作机制来看,在这一时期,我国社会管理体制呈现结构分化与重心下移的趋势是相当明显的。

以上海市城市管理体制变迁为例,我们可以比较清楚地窥探其中的历史脉络。上海市社会管理权的下放也分为两个层次:一是市向区县下放社会管理权。1985年5月,为了做好城市建设和管理工作,上海市政府批准了市建委《关于市政建设管理体制改革的若干意见》,向各区下放部分事权;1988年6月,批

---

[1] 邓小平文选:第3卷[M].北京:人民出版社,1994:373.
[2] 十一届三中全会以来历次党代会、中央全会报告、公报、决议、决定(下册)[M].北京:中国方正出版社,2008:496.
[3][4] 十一届三中全会以来历次党代会、中央全会报告、公报、决议、决定(下册)[M].北京:中国方正出版社,2008:568.

准了《关于城市建设方面对区"分权明责"的意见》;同年8月批准市环保局《关于建设项目环境保护管理方面对区"分权明责"的意见》;1989年4月批准市建委《关于城市建设方面对区"分权明责"的补充意见》;1992年4月,中共上海市委、上海市政府召开书记、县长会议,决定在郊县实行"两级政府、两级管理";同年5月,召开城市建设市、区联手的现场会议,提出在市、区实行"两级政府、两级管理"。二是区、县政府向街道、乡镇和社区下放社会管理权。以街道为主,动员全社会共同参与社区管理的原则。各级党委和政府充分利用社会资源,"让渡"出一部分权力吸引社会部门来共同参与社会管理。

在此背景下,这一时期社会组织也得到快速发展,具体如表4.1所示。

表4.1 1992—2002年民间组织发展统计表

年份	民间组织合计	社会团体(个)	民办非企业(个)
1992	154 502		
1993	167 506	167 506	
1994	174 060	174 060	
1995	180 583	180 583	
1996	184 821	184 821	
1997	181 318	181 318	
1998	165 600	165 600	
1999	142 665	136 764	5 901
2000	153 322	130 668	22 654
2001	210 939	128 805	82 134
2002	244 509	133 297	111 212

三、我国社会组织的全面推进时期

2002—2012年是社会组织的全面推进阶段。2002年,党的十六大之后,我国社会主义市场经济进一步推进。对此,党的十六大报告就提出:要"在更大程度上发挥市场在资源配置中的基础性作用,健全统一、开放、竞争、有序的现代市场体系。推进资本市场的改革开放和稳定发展"[①]。2006年,党的十六届六

---

① 十一届三中全会以来历次党代会、中央全会报告、公报、决议、决定(下册)[M].北京:中国方正出版社,2008:752.

中全会就通过了《中共中央关于构建社会主义和谐社会若干重大问题的决定》（以下简称《决定》）。《决定》对构建社会主义和谐社会做了系统的部署,指出："社会公平正义是社会和谐的基本条件,制度是社会公平正义的根本保证。"[1]在社会管理方面明确提出："健全党委领导、政府负责、社会协同、公众参与的社会管理格局。"[2]其中,特别对社会组织发展提了要求,明确要求完善社会组织发展的扶持政策,提出："发挥行业协会、学会、商会等社会团体的社会功能,为经济社会发展服务。发展和规范各类基金会,促进公益事业发展。"[3]

创新社会管理体制、激发社会活力,就必须要激发社会组织活力。创新社会治理,是一个时代命题,事关群众民生福祉,事关基层和谐稳定,事关政权长治久安。十六大之后,很多地区对社会管理问题进行了积极探索。2003年,上海率先设立市社会工作党委。2005年,正式成立市社会服务局,作为市政府为"两新"组织提供公共服务的综合协调机构。在鼓励社会组织参与社区建设方面,上海市出台了《推进社会组织参与社区建设和管理的意见》《关于完善社区服务促进社区建设的实施意见》《关于鼓励本市公益性社会组织参与社区民生服务的指导意见》等政策措施,引导公益性社会组织不断拓展民生服务的领域和项目。在北京,"2007年北京市在全国率先成立履行社会建设和管理职能的机构,北京市委社会工作委员会、北京市社会建设工作办公室正式挂牌成立。成立该机构的初衷:希望承担起对'大社会'统筹的职能,负责社会组织建设和发展工作。"[4]浙江嘉兴积极探索了城乡社区治理模式和社区公共服务平台建设,不断完善社会工作队伍的培育机制,建立了社会组织分类归口管理模式,开展了社会组织规范化建设评估试点,构建社会管理组织网络,发挥政府、社区及其他非政府组织在社会管理中职能互补、功能耦合,增强社会管理的有效性、科学性。湖州市探索完善民生实事项目公众听证制度,将年度民生实事项目的评判权、监督权交给群众,让群众来监督实施的情况。落实部门责任,加强督查考核,加大财政投入,办好民生项目,努力解决人民群众最关心、最直接、最现实的

---

[1] 十一届三中全会以来历次党代会、中央全会报告、公报、决议、决定(下册)[M].北京:中国方正出版社,2008:891.
[2] 十一届三中全会以来历次党代会、中央全会报告、公报、决议、决定(下册)[M].北京:中国方正出版社,2008:895.
[3] 十一届三中全会以来历次党代会、中央全会报告、公报、决议、决定(下册)[M].北京:中国方正出版社,2008:896.
[4] 丁茂战.我国政府社会治理制度改革研究[M].北京:中国经济出版社,2009:2.

民生突出问题,等等。

四、我国社会组织的高质发展时期

党的十八大报告指出,要强化企事业单位、人民团体在社会管理和服务中的职责,引导社会组织健康有序发展,充分发挥群众参与社会管理的基础作用。民政部发布的《2013年社会服务发展统计公报》中显示,截至2013年底,全国共有社会组织54.7万个,其中包括社会团体28.9万个,民办非企业25.5万个,基金会3 549个。社会组织总数"比上年增长9.6%;吸纳社会各类人员就业636.6万人,比上年增加3.8%;形成固定资产1 496.6亿元;社会组织增加值为571.1亿元,比上年增长8.7%,占第三产业增加值比重为0.22%;接收各类社会捐赠458.8亿元;全年共查处社会组织违法违规案件3 117起,其中取缔非法社会组织46起,行政处罚3 071起"。在此基础上,党的十八届三中全会明确提出创新社会治理体制,强调,"加快形成科学有效的社会治理体制,确保社会既充满活力又和谐有序"。在社会组织建设方面,明确提出要激发社会组织活力,指出,"推进社会组织明确权责、依法自治、发挥作用。适合由社会组织提供的公共服务和解决的事项,交由社会组织承担"。十八届三中全会的这一部署和要求对进一步推动社会治理,促进社会组织参与社会治理无疑具有重要的意义。《2015年社会服务发展统计公报》中显示,"截至2015年底,全国共有社会组织66.2万个,吸纳社会各类人员就业734.8万人,全年累计收入2 929.0亿元,支出2 383.8亿元,形成固定资产2 311.1亿元。接收各类社会捐赠610.3亿元。"2017年,党的十九大隆重召开,此后大力推进国家治理体系和治理能力现代化,在这种宏观背景下,我国社会组织迎来了一个新的发展。《社会组织蓝皮书:中国社会组织报告(2020)》指出:"2019年我国社会组织的总体增速虽有所下滑,我国社会组织的发展开始从重数量转向重质量。根据民政部发布的社会组织统计公报,截至2019年底,全国社会组织总量为86.63万个,与2018年的81.74万个相比,增长了4.89万个,增速为5.98%。全国持证社会工作者共有53.10万人。"①

---

① 黄晓勇主编.社会组织蓝皮书:中国社会组织报告(2020)[M].北京:社会科学文献出版社,2020.

第三节 我国社会组织的发展状况和存在的困境

马克思市民社会理论中国化的过程中,在现实社会治理的基础之上,马克思主义社会组织的概念也在不断发展着。经过多年的实践和探讨,党的十七大报告指出:"社会组织是指除市场和政府之外的非营利性组织、非政府组织、民间组织和第三部门的统称,但不包括企业等营利性组织、家庭等亲缘性组织和政党、教会等政治性、宗教性组织。"这一概念是马克思主义社会组织思想发展的最新成果,不仅借鉴了西方NGO等思想,更是顺应了马克思市民社会理论中国化的历史潮流。

一、我国社会组织的最新发展状况

我国社会组织的发展经过几十年的实践探索逐步在规模、种类上发生了重大变化,特别是党的十九大以后,社会组织的建设取得丰富成果。当前,我国进入社会主义现代化建设的关键时期,也是两个一百年的历史交汇时期,经济体制深刻变革,社会结构深刻变动,利益格局深刻调整,社会组织发展的条件和环境不断改善。尤其是党的十九大报告更是为社会组织的发展指明了方向。在党中央和国务院的正确领导下,地方各级党委、政府高度重视并大力支持社会组织的发展,社会组织的结构不断优化,质量稳步提高,进入一个快速发展时期。"截至2020年底,全国共有社会组织89.4万个,比上年增长3.2%;吸纳社会各类人员就业1 061.9万人,比上年增长5.2%。全年共查处社会组织违法违规案件6 935起,较上年减少207起;其中,行政处罚6 707起,较上年12起。"[①]

具体来说,包括:第一,社会团体。截至2020年底,全国共有社会团体37.5万个,较上年增加0.3万个,较上年增长0.84%;其中,民政部登记0.19万个,省级民政部门登记3.1万个,市级民政部门登记9.0万个,县级民政部门登记25万个。[②]

第二,基金会。截至2020年底,全国共有基金会数8 432个,较上年增加847个,同比增长11.17%;其中,民政部登记215个,省级民政部门登记5 813个,

---

[①②] 资料来源:《2020年民政事业发展统计公报》,中华人民共和国民政部发布。

市级民政部门登记 1 732 个,县级民政部门登记 672 个。①

第三,民办非企业单位。随着经济和各项社会事业的发展,各种类型的民办非企业单位不断增多。截至 2020 年底,全国共有民办非企业单位 51.1 万个,较上年增加 2.38 万个,同比增长 4.9%;其中,民政部登记 98 个,省级民政部门登记 1.5 万个,市级民政部门登记 6.5 万个,县级民政部门登记 42.9 万个。②

国家对社会组织的建设日益重视,不断创新,加快立法进程。中华人民共和国成立以来,在经济领域,发挥行业协会的集聚作用,开展行业自律、规范竞争,加快产业转型升级;在政治领域,社会组织为扩大群众有序政治参与和自治提供了平台;在文化领域,各种文化团体积极开展文化服务,满足大众文化需求,为基层群众的社会治理创设条件。先后颁布了多部法律来规范社会组织的发展。如,政务院颁布的《社会团体登记暂行办法》、国务院颁布的《基金会管理办法》以及制定和修订了《社会团体登记管理条例》《民办非企业单位登记管理暂行条例》《基金会管理条例》。2015 年 9 月,中共中央办公厅印发《关于加强社会组织党的建设工作的意见(试行)》;2016 年 8 月,中共中央办公厅、国务院办公厅又印发《关于改革社会组织管理制度、促进社会组织健康有序发展的意见》;2017 年 12 月,中华人民共和国民政部印发了《关于大力培育发展社区社会组织的意见》;2021 年 9 月 30 日,中华人民共和国民政部印发了《"十四五"社会组织发展规划》。总之,近年来,社会组织的监管机制不断深化,登记管理机关、综合管理体制在不断完善,社会组织的行政管理、社会监督和自我管理协作力度也在不断加大,社会组织正在不断发挥其应有的功能和作用。"社会组织在官民互动、协同治理中获得了广阔的发展空间,其参与社会事务的意识和能力得到提升,社会组织的总体规模在不断扩大,组织形态在逐渐增多。尤其是,随着以公共服务和社会管理为重心的社会建设的推进,服务类、社区型、网络型等形态的社会组织迎来了发展的良好机遇。"③

二、我国社会组织发展存在的困境

从我国社会组织的发展状况中可以看到,当前我国社会组织发展存在一定的困境,主要表现在理念、法治和机制三个方面。

第一,我国社会组织发展的理念困境。从十八届三中全会到十九届四中全

---

①②③ 资料来源:《2020 年民政事业发展统计公报》,中华人民共和国民政部发布。

会的会议精神可以看出,我们党,尤其是党中央已经意识到社会组织在推进国家治理体系和治理能力现代化中的积极作用。然而,受历史因素和我国现有的政治体制的影响,一些地方政府并没有重视社会组织的发展问题,致使我国社会组织,尤其是基层社会组织的发展存在一定的理念困境。

其一,社会治理主体上依然存在政府主导一切的思想。这也使得部分地方政府的官僚色彩较浓,服务意识较差,没有主动为社会组织的发展创造良好的平台和机遇。其二,治理主体地位的不平等思想。我国社会组织是在政府主动放权的情况下诞生的,部分地方政府认为社会组织就是政府的附属机构,对社会组织具有绝对的领导权,更多的表现为权力自上而下的命令式思维。其三,由于受到政府的过多干预,社会组织在发展的过程中并没有很好地保持自己的本质属性,自身也存在一定的官僚思想,服务意识不能尽如人意。

第二,我国社会组织发展的法治困境。当前,我国社会组织发展存在"无法可依"的现象,即是说,我国尚未形成一个以《社会组织法》为核心,以单行法律为主干,以行政法规、部门规章等为补充的有机统一、多层次的社会组织法律体系。另外,我国社会组织管理还存在"有法不依",或是"有法难依"的现象。我国当前对社会组织的管理主要参照《社会团体登记管理条例》和《民办非企业单位登记管理暂行条例》,但是,"《社会团体登记管理条例》和《民办非企业单位登记管理暂行条例》主要是程序性立法,只是对社会组织登记管理的行政程序作了规定,社会组织实体上的权利、法律地位、作用等都没有得到明确"。[①]

第三,我国社会组织发展的机制困境。机制是指运行机理和相关体制的总称。社会组织的发展需要政府制定良好的机制,包括社会组织发展机制以及参与社会治理的机制。由于我国社会组织发展比较晚,社会组织的发展机制建设存在一定的滞后性,社会组织的发展陷入机制困境。

其一,社会组织发展的内在机制不完善。我国社会组织的发展主要是在政府的主导下进行,自身没有太多的自主权。部分地方政府出于自身的利益考虑,并没有指导社会组织开展工作;或是社会组织也没有能力形成良好的内在发展机制。其二,社会组织参与社会治理的机制不完善。完善的社会组织参与社会治理机制是社会组织形成的必要条件,也是社会组织发展的政策基础。然而,受到当前理念和体制影响,社会组织并没有很好地参与社会治理,更没有形成完善的参与机制。

---

① 丁渠.社会管理创新视野下的社会组织法律体系建构[J].河北法学,2013(6):51-57.

第五章　社会组织参与基层社会治理的必要性

在马克思看来,"市民社会"这一名称始终标志着直接从生产和交往中发展起来的社会组织,这种组织构成国家的基础以及任何其他观念的上层建筑的基础①。社会组织在社会治理中可以起到"轴承"和"润滑剂"的作用。"结成社会组织从一开始就是市民社会自我满足、自我管理、自我发展的自治组织形式。"②社会组织既可以把公民的诉求及时反映给政府,也能把党和政府的理念和政策传递给公民,这种沟通协调作用能有效促进社会良性治理。社会组织是国家之外的次级共同体,是"随着市民社会内部分工创造出新的利益集团,来保护自身利益而抗衡剥削统治的有效途径"③。因此,社会组织参与基层社会治理非常有必要,以下再结合相关理论具体阐述。

第一节　社会组织"自我"管理回归的需要

一、社会组织参与基层社会治理,遵循"人性基础"逻辑

首先,从人类演化形式的视角来说,社会组织参与治理归根结底是对人的治理,参与治理是基于"人性基础"的社会关系的梳理。"人性基础"在学术界主要是指人的"类"存在的本性,有学者认为"人作为一种'类'存在物的本性先天地要求各种人类社会组织形态的存在"④,映射出社会组织的产生是人类的一种存在结果,社会组织也是一个动态的不断进化的结构形式,自我发展主要体现

---

① 马克思恩格斯选集:第1卷[M].北京:人民出版社,2012:211.
②③　马长山.国家、市民社会与法治[M].北京:商务印书馆,2003:235.
④　刘作翔.社会组织的人性基础和存在意义——一个法理的阐释[J].法学,2002(9):13-14.

在社会组织的独立性。人是社会生活的"类"存在物,"类"存在形式意义重大,反观人类发展历程,人们对此共识亘古不变。如,《荀子·王制》认为,"人之生,不能无群,群而无分则争;争则乱,乱则穷矣";马克思也认为,"人的本质不是单个人所固有的抽象物,在其现实性上,它是一切社会关系的总和"①。这些都不同程度说明人对"类"存在形式的依赖,对作为"类"存在形式之一的社会组织的需求。社会治理的创新必然需要作为"类"形式的社会组织治理功能的发挥、更需要社会组织自身管理能力的提高,这是对人作为"类"存在如何更趋理性、更加和谐的回归,也是人类如何更好自我管理的回归。

其次,从个体成长的内在动力视角来说,社会治理体制的创新是满足人的生存和发展的内在需要。1943年,美国心理学家亚伯拉罕·马斯洛在《人类激励理论》中提到,个体成长发展的内在动力是需要,其有先后顺序和不同层次,每一个层次的需求和满足,决定人格发展的境界或者程度。社会组织的创新治理打开多元参与渠道,实质上是给更多利益群体以需求表达和满足的机会,因为"治理"按照联合国全球治理委员会(CDD)界定是指,"各种公共的或私人的个人和机构管理其共同事务的诸多方法的总和,是使相互冲突的或不同利益得以调和,并采取联合行动的持续过程"。既然是共同事务的管理,必然涉及不同利益群体关系协调,这个协调需要对人性尊重、需要对人类个体行为的管理。自我管理中的"自我",是"人类个体和动物区别的一个本质特征,是人类个体行为动力的源泉"②。治理体制创新的主力是人,实施的主体更是社会关系的人。治理理论创始人之一罗西瑙(J.N. Rosenau)认为,治理就是一系列的"管理机制",管理机制不一定有正式授权,却能发挥有效作用,治理的特征体现在其对规则和活动的超越,强调过程,体现协调,体现在公私并重,共同管理。基层社会治理体制创新目的是实现基层社会和谐并不断进步,并为整个社会的治理服务,社会组织基层治理机制的创新可以改善群体中的个人最大的利益诉求空间,让社会组织成为满足其需求的载体,所以能够唤起其公民意识并激发个体公民参与的积极性,而社会组织本身作为社会治理的主体之一既是治理的主体也是客体,社会管理本来也就包含对作为社会"客体"的管理和对"社会自身实施管理"③。

---

① 马克思恩格斯选集:第1卷[M].北京:人民出版社,2012:135.
② 陈国典.自我与自我发展的理论研究[J].四川师范大学学报(社会科学版),2000(6):80-84.
③ 汪火根.社会组织视域中的创新社会管理[J].前沿,2012(3):132-135.

最后，从世界演化动力视角来说，社会组织的产生在一定意义上是"自组织"和"被组织"合力的结果，社会组织的创新也是社会组织更好生存的内在需要。关于世界演化动力，自古以来有不同论断。总体而言，分两类：一是内因论，一是外因论。内因论，学者们主张系统发展动力主要由内因决定，"康德、达尔文、马克思的答案是相近的，……认为一个系统内部是相互依存、相互作用而存在，才有可能'是一个有组织的并且是自组织的物'"[①]。"自组织是任何系统都具有的基本特性"，并且"事物存在自组织力量"，同时"自组织系统无须外界指令能自行组织、自行创生、自行演化，即能自主地从无序走向有序"[②]。在社会不同的发展阶段，作为人类组织形态之一的社会组织也历经发展演化。其中，演化既有社会组织形式的演化也有社会组织管理的演化，是"自组织"和"被组织"的交互作用结果。"自组织"是系统的一种特性，是协同学创始人哈肯在20世纪70年代提出的概念，认为"如果一个体系在获得空间的、时间的或功能的结构过程中，没有外界的特定干涉，我们便说该体系是自组织的"[③]。社会组织能够在自组织演化动力中实现自我管理，在系统内通过各个组成要素的交互作用下实现革新，推动其重构更多公共领域，实现协同管理。"外因论"认为系统的演化动力来自外部，是他组织或被组织的。"在自然界和人类社会，也存在着与自组织系统性质完全相反的另一类系统，它不能自行组织、自行创生、自行演化，即不能自主地从无序走向有序，而只能在外界指令的推动下组织和演化，从而被动地从无序走向有序。"[④]在这样的演化逻辑下，社会组织和政府组织、社会组织和社会公众等不同主体之间相互协同，发挥治理功能，实现善治目的。所以，不管是自组织还是他组织，都离不开社会组织主体行为因素的干涉，离不开对创新的需要，社会组织在自组织悖力下，趋于理性，日益完善。

二、社会组织参与基层社会治理，可以实现公共理性

首先，社会组织"自我"管理促进个体理性走向公共理性。

公共理性最早由康德在他的《何为启蒙》中提出。法国的托克维尔在《旧制度与大革命》里也对公共理性有所提及，认为控制他的不是机构的公共理性，

[①][②][④] 孙悦,王占军."自组织悖论"与社会组织进化动力辨识[J].清华大学学报(哲学社会科学版),2003(6):66-70.

[③] [德]H.哈肯.信息与自组织——复杂系统中的宏观方法[M].成都:四川教育出版社,1988.

"阻止他的,则是革命而不是法规:在法律上,他是听命于人的执行者;在事实上,他是主人"①。尽管有一定的时代局限,但反映出其对公共理性作用的肯定。黑格尔对理性有高度评价,理性应是人类在整体或群体活动中所表现出来的"公共能力",人类群体实践是理性活动的基本前提,尽管他的理性是基于绝对精神之上,是一种"工具性"理性,但是表现出理性的公共性、整体性。经过市场经济的洗礼,现代公共理性登上历史舞台,使行为主体的个体理性走向公共理性有了一定的基础,但还是逃不出有限工具理性的范式,就连"经济人"理性也是有限的。在市场经济体制中,利益主体基本以"经济人"身份出现,导致自利性成为一切行为的目的,如,布坎南认为人在政治生活和经济生活中是一致的,都是追求个人利益最大化,导致社会无法自发公正。为了实现"公平正义",现代社会需要公共理性来克服各行为主体"经济人"理性的问题。罗尔斯认为民主国家具有公共理性特征,独裁国家虽然可以实现社会善或者公共善,但却是暴力强加的。公共理性不是国家理性,而是国家和个人、社会之间的公共领域的理性。"公共理性的核心在于公共性,本质在于公共的善,或社会的正义,目的在于寻求公共利益。"②现代社会是基于人民主权受到尊重的法治社会,是"社会治理模式不断理性化、公共理性化的过程",如史云贵所述,人类社会从神治、人治到法治、共治走向社会自治,"人类社会治理的历史也是人类理性成长的历史"③。

在社会的治理进化模式中,社会组织的自我管理是社会组织自治的基础,社会组织不仅给基层群众自我教育、自我管理、自我成长提供载体,让基层群众能够有参与民主的渠道,释放基层社会的压力,而且还给社会组织自我管理提供锻炼机会,从个体不理性到个体理性、组织理性、社会理性,培养社会组织自我管理、自我服务的自行成长习惯。

其次,社会组织"自我"管理是提高社会合作治理能力的外在表现。

社会合作治理模式是对工业社会时期管理型社会治理模式的优化。管理型社会治理模式强调行政系统内部的管理,"注重行政过程超过行政效能,注重

---

① [法]托克维尔.旧制度与大革命[M].冯海棠,译.北京:商务印书馆,1992:198.
② 史云贵.中国现代国家构建进程中的设计治理研究——一种基于公共理性的研究路径[M].上海:上海人民出版社,2010:47-48.
③ 史云贵.中国现代国家构建进程中的设计治理研究——一种基于公共理性的研究路径[M].上海:上海人民出版社,2010:51.

以政府为中心而忽略管理的公共性"[①]。社会合作治理模式虽然仍在探索和实践中,但是对我国的基层社会治理是一种新的行为范式。其一,合作治理要求"各个社会主体以相对平等的身份,就国家和社会公共事务进行合作共治的社会治理模式"[②],社会组织是合作共治的主体之一,是社会力量的一支。在莱斯特·M.萨拉蒙看来,公民社会中非营利的社会组织有着共同的特性,其中之一就是组织性,"即这些机构都有一定的制度和结构",且"社会治理水平的提高必须将治理的理念和制度进行革新,社会组织自身具有植根于社会的优势,可以与政府优势互补发挥治理作用,是政府治理的得力助手和重要依靠力量"[③]。社会组织有着与政府的明显区别,具有非政府性、民间性、草根性、组织性、自治性、相对独立性、志愿性、多样性、专业性等,不同的社会组织在这些特性上有所侧重。这里的自治性,"即这些机构都基本上独立处理各自的事务"。这些"社会力量完全像自然力一样,在我们还没有认识和考虑到它们的时候,起着盲目的、强制的和破坏的作用"[④]。所以,社会组织是一把"双刃剑",这股社会力量引导得好可以对社会的发展起促进作用,处理不当则对社会和谐发展起阻碍作用。其二,合作治理要求社会组织具有高度自主性。这是合作治理和协同治理等方式的主要区别,如颜佳华等学者认为,合作治理与协商、协作、协同治理相比,虽然也带有参与色彩,但是"其多元主体之间的关系上,明显有别于协商治理、协作治理与协同治理各参与主体间的关系"[⑤],合作治理各参与主体不存在上下级之间的领导关系,每个参与主体具有高度的自主性,各自承担自己应有的责任。

合作治理模式下的多个中心的治理体系中,如果各个治理参与主体的自我管理能力低下,最终会成为善治的羁绊。社会组织必须意识到自我管理的重要性,并且积极发挥自我管理作用,利用自我定位、自我服务,共同创设合作治理的先决条件。

再次,治理创新贯穿社会组织自我管理始末,体现过程性。

---

① 马庆钰.中国改革怎样面对新公共管理[J].天津行政学院学报,2001(4):13.
② 史云贵.社会合作治理伦理观念与视野论析[J].公共行政,2010(6):37.
③ [美]莱斯特·M.萨拉蒙.公共服务中的伙伴——现代福利国家中政府与非营利组织的关系[M].田凯,译.北京:商务印书馆,2008:3.
④ 马克思恩格斯选集:第3卷[M].北京:人民出版社,2012:811.
⑤ 颜佳华,吕伟.协商治理、协作治理、协同治理与合作治理概念及其关系辨析[J].湘潭大学学报,2015(3):14-18.

由于不同社会组织代表不同的利益，在利益诉求的同时必须依托创新来实现责权利的对等，创新对社会组织而言是稳定而持续的过程。创新是管理的应有之意，社会组织创新治理的过程体现在社会组织管理的过程，因为"整个社会管理包含两个方面，一是以政府为主体，一是以社会为中心，而后者包含社会组织等依据一定的规章制度和道德约束规范和制约自身的行为"[1]，社会组织作为社会管理的主体之一，对其管理的创新要求也不例外。社会组织参与基层社会治理是对社会管理的深化，是对社会组织约束和完善的表现。社会管理的创新推动了社会组织创新，推动其组织和制度的变迁。基层社会治理中社会组织创新体制需要内部影响因素和外部影响因素的共同作用，调动多元主体不断参与社会管理，为社会治理多样化架构制度平台。

彼得·德鲁克（Peter F. Drucker）认为，"创新可以被定义为赋予人力和物质资源以更新和更强创造财富的能力的任务"[2]，"创新，在自然界中是生命进化的一种本能，而在组织中，则是组织运转的根本需要"[3]。管理创新范畴宽广，既包括制度创新，又包括观念创新、组织创新、技术创新等。俞可平认为，创新意味着用新的制度、秩序、技术、学说、方法、手段解决问题，这些举措有可能与现存的秩序与制度相冲突，有可能触动一些人的既得利益，使一些人不适应，创新要承担一定风险，有可能最终失败，有可能效益不大[4]。社会组织创新治理，促进社会组织不断成长，如推动社会组织不断提高服务水平、强化服务意识、规范服务标准、协同社会管理等。所以创新既是要求也是结果。社会治理体制的创新是社会管理创新的内容之一，使各种社会组织的制度不断完善。社会组织的创新是社会组织在面对复杂多变的外部环境时实现其功能和目标的必经之路。任多伦认为"创新来源于有目的、系统的创新，并从分析机会开始"。因此在社会组织不完善的领域，创新的实施在于社会组织从政府释放出来的社会空间寻求创新机会，最终实现政府和社会组织在社会公共事务管理中的对接和默契。当然，这些创新都要承担一定的风险，甚至存在失败的可能。

总体而言，社会组织具有自我管理、专项服务社会的先天优势。但是社会

---

[1] 郑康林.深化社会管理体制改革进一步促进社会协调和谐发展[J].云南社会科学,2008(12):151-152.
[2] [美]彼得·德鲁克.卓有成效的管理者[M].许是祥,译.北京:机械工业出版社,2006.
[3] 任多伦.论组织创新的必要性和路径方法[J].创新,2011(3):98-101.
[4] 俞可平.论政府创新的若干基本问题[J].文史哲,2005(4):138-146.

组织在我国的发展还处于起步阶段,其生存空间和发展还有一定的条件限制,如组织管理运作的不规范性、制度设计的随意性等,制约着社会组织的规模、效力,使其带有转型期的明显特征。

第二节 基层社会"自治"回归的需要

马克思指出,"家庭和市民社会本身把自己变成国家,它们才是原动力。政治国家没有家庭的天然基础和市民社会的人为基础就不可能存在。它们是国家的必要条件……家庭和市民社会是国家的前提,他们才是真正的活动者"[①]且"市民社会是全部历史的真正发源地和舞台"[②]。可见,社会治理的重心在基层,基层是社会全面治理的基点,基层"自治"是社会自治能力培育的起点,是社会组织参与基层社会治理的着力点。

一、基层是社会全面治理的基点

基点指"中心""重点""基础",[③]基层在我国主要涵盖两个区域,城市和农村,"在城市主要是指街道、社区层面,在农村主要是指乡镇、村层面"[④]。街道在国内指不设市辖区的市、较大市的辖区的行政分区,其管理单位为街道办事处。关于社区,其概念界定有多种,发达国家社区发展相对成熟,社区的概念产生也较早。如1887年德国社会学家斐迪南·滕尼斯(Ferdinand Tönnies)在其代表作《共同体与社会》(德语版, *Gemeinschaft und Gesellschaft*)中提到社区与社会的区别,指出社区是一种共同体,这个共同体建立在"血缘""地缘""情感"和"自然意志"之上。他认为,"一种共同生活的秩序(共同体的秩序),它是建立在意志的协调一致、基本上是建立在和睦的基础之上,并通过习俗和宗教产生和改良。它就表现着同另一种共同生活秩序的对立,后一种秩序(社会的秩序)是以聚合一起的、联合的选择意志即惯例为基础的,通过政治的立法获得其安全,通过公

[①] 马克思恩格斯选集:第1卷[M].北京:人民出版社,1956:25.
[②] [德]马克思,恩格斯.德意志意识形态[M].北京:人民出版社,2003:41.
[③] 中国社会科学院语言研究所词典编辑室.现代汉语词典[M].北京:商务印书馆,1988:519.
[④] 江治强.基层社会治理机制的构建设想和路径[J].中国民政,2013(9):13-15.

众舆论而得到其思想和有意识的解释,即获得自我辩护"①,说明了共同体存在的条件和对抗性,虽然带有一定的历史局限性,但是对我国社区建设有一定的参考价值。在我国20世纪30年代,费孝通先生根据滕尼斯的原文,将"社区"引入并传播开来。②到1989年,《中华人民共和国城市居民委员会组织法》将"社区"写入法律条文。关于社区概念,《辞海》主要从要素角度来界定,如"以一定地域为基础的社群,具备一定的地域,有一定的群体、一定的组织形式、共同价值观念、行为规范和相应的管理机构,有满足成员的物质和精神需求的各种生活服务设施"③;民政部对社区的规定是"指聚居在一定地域范围内的人们所组成的社会生活共同体"④。社区的建设范畴虽然也涵盖乡村,但是还处于起步阶段,所以在国内社区一般指城市社区。在农村,基层主要是指各个镇和村,农村基层组织主要是村党组织、村委会、团支部、妇代会、村民兵连和两新组织(包括新的经济组织和新的社会组织)。接下来内容涉及的基层范畴也主要围绕城市社区和村。

基层是社会全面治理的基点,主要体现在以下两个方面:一方面,基层是社会维稳的重要阵地。"维护社会稳定,保持社会安定团结,是做好各项工作的重要前提,也是建设社会主义和谐社会的必然要求。"⑤当今中国建立法治社会,以期给大众创造一个安定和谐的生活环境,法治以人民意愿为基础,"作为法治的根本特征,人民的参与必然愈益受到重视,最终变成一种决定性因素。如果说人民的参与在政治上成为法治的一个突出特征,反之则可以说……人民的参与就是法治"⑥。一者是,在人民参与的需求背景下,人民参与政治的呼声在增强;再者是,在现代化进程的推动下,社会结构经历着变化和不断调整,基层社会"出现了较为复杂的分层结构,人们之间在收入、权力、声望等方面的差距不断拉大"⑦。社会群体冲突屡见不鲜,群体冲突的直接原因就是利益冲突,基层是社会矛盾最集中的地方,在矛盾多发和政治参与需求高涨的场域中,基层民众

---

① [德]滕尼斯.共同体与社会[M].林荣远,译.北京:商务印书馆,1999:353.
② 费孝通.二十年来之中国社区研究[J].社会研究,1948(77).
③ 辞海[M].上海:上海辞书出版社,1999:4258.
④ 中共中央办公厅、国务院办公厅.转发《民政部关于在全国推进城市社区的意见》(中办发〔2000〕23号).
⑤ 胡锦涛.论构建社会主义和谐社会[M].北京:中央文献出版社,2013:33.
⑥ [德]哈贝马斯.公共领域的结构转型[M].曹卫东,等译.上海:学林出版社,1999:91.
⑦ 郝莉.多元参与与城乡基层社会治理[J].甘肃社会科学,2013(6):14-16.

没有利益诉求的合理空间或者诉求不畅，势必对基层社会稳定造成威胁。

另一方面，中国实现基层治理现代化，基层自治是根本。基层治理从传统走向现代，实现现代转变是现代性的体现。中国基层政治现代化的根基在基层特别是农村，难点也在基层，"作为基层现代化重要标志——基层干部、群众法治水平的逐步提高，就为基层自治权威现代化转型奠定了坚实基础"[①]。现代化是一个过程，整个人类社会都无法跨越现代化之路，现代相对于传统而言，是传统农业社会向工业社会转变的一个过程。我国历史学家罗荣渠认为："广义的现代化主要是指自工业革命以来现代生产力导致社会生产方式的大变革……，使工业主义渗透到经济、政治、文化、思想各个领域并引起社会组织与社会行为深刻变革的过程。"[②]现代化也体现在政治领域，政治现代化是经济现代化的保障。在政治变革方面，使集权走向民主，正如德国学者哈贝马斯所述，"传统社会特征中之一就是它是一个中央集权的社会"[③]。反之，可以推论，政治的现代化也是对中央集权的变革过程，在大众参与的不断探索和实践中，探求现代化之路。国内学者史云贵认为："以现代社会为载体的现代国家是在权力世俗化、理性化、社会化的过程中走向社会治理甚至社会自治，社会治理的进程也是现代化的进程。"[④]政治现代化是社会现代化的一个方面，用亨廷顿的观点，那就是政治现代化既包括权威合理化，也涵盖划分新的政治职能并创造专业化的结构来执行这些职能和增加社会上所有集团参政的程度。基层治理现代化中的治理"不只是一个制度法治化问题，也是一个制度变迁问题，后者甚至更具有本源意义"[⑤]。党的十八届四中全会通过的《关于全面推进依法治国若干重大问题的决定》强调推进基层治理现代化，是中国政治现代化的体现。政治现代化在基层主要体现为基层组织的现代化，直接体现的是基层民主的实现。基层社会自治为基层民众政治参与能力的培育提供平台，对加强基层参与自我管理有直接影响。强调推进基层治理现代化，可以解决基层社会存在的规则和制度的低效能

---

① 史云贵.中国现代国家构建进程中的设计治理研究——一种基于公共理性的研究路径[M].上海:上海人民出版社,2010:88.
② 罗荣渠.现代化新论[M].北京:商务印书馆,2004:5.
③ [德]哈贝马斯.作为意识形态的技术与科学[M].李黎,译.上海:学林出版社,1999:51.
④ 史云贵.中国现代国家构建进程中的设计治理研究——一种基于公共理性的研究路径[M].上海:上海人民出版社,2010:55-56.
⑤ 周庆智.基层治理:一个现代性的讨论——基层政府治理现代化的历史性分析[J].华中师范大学学报,2014(9):19-28.

问题,提高基层民众依法管理基层事务自觉性。对基层权力分割和限制基层权威正是对基层社会组织参与的条件陈设,是对基层自主治理的回归。

二、基层"自治"是社会自治能力培育的起点

社会自治能力的提高是人类理性从个体走向公共理性的内在需求。社会自治能力的提高是全面的,涉及社会各个行为主体对社会事务的认识能力、处理能力,是社会公共理性的实现。基层自治能力培育是社会自治能力培育的起点,主要依据如下：

第一,基层自治为培育起点是历史使然。历史使然是指基层作为社会自治能力培育起点的历史渊源,"中国历史上一直有乡村自治的传统"[1],乡村自治主要靠宗祠等展开治理活动。此外,民本思想在政治生活中占据重要地位,民贵君轻思想贯穿我国历史进程。虽然中国传统的民本思想受封建社会制度制约,有一定的历史局限性,但对当今的基层社会自治的实现有重要影响。传统的民本思想主要体现在爱民、重民、亲民等,据有关学者研究,"传统民本思想起源于商周,形成于春秋,成熟于战国,发展于汉唐,完善于宋明,顶峰于明末清初"[2]。《尚书·盘庚》《论语·颜渊》《孟子·离娄上》《资治通鉴》等历史典籍中都有所记载,如《孟子·离娄上》里讲到"失天下也,失其民也,失其民者,失其心也。得天下有道,得其民,斯得天下矣",体现出尊重民意对国家治理的重要性。随着社会的发展,国人对社会治理基层自下而上的治理予以肯定,有研究表明,在民国早期,就有"村治"实验。对村治的社会治理起点地位给予倡导,"人民参与政治的新能力新习惯自然一步一步可以养成,由村治而县治而省治再扩大起来而至于全国的政治,通过村治为出发点,村治的自治与民权能够实现,国家的民主政治才能够建设"[3]。由于受传统封建集权的影响,"长期的自然经济状态又影响了市民社会的发展,因而社会自治不发达,这就需要政府有意识地培育社会自治能力"[4]。

在改革开放以后,中国的基层治理中的村民自治和居民自治并进。在村民自治道路上不断探索,如家庭联产承包制、村委会等逐渐形成,面对公共事务管

---

[1] 肖立辉.基层群众自治的缘起与发展[J].科学社会主义,2008(3):31-36.
[2] 刘彤,张等文.论中国共产党民本思想对传统民本思想的传承与超越[J].马克思主义与现实,2012(12):104-109.
[3] 王惺吾.民运与村治[J].村治月刊,1929(4).
[4] 曹康泰主编.全面推进依法行政实施纲要(辅导读本)[M].北京:中国法制出版社,2004:97.

理的滞后,村民通过自组织进行互助,为村委会的快速发展打下基础。为了规范村委会的活动,在1988年6月,正式实行全国人大常委会通过的《村民委员会组织法》。村民自治活动在全国开展,以典型示范为起点,逐步铺开。而城市居民自治也在探索,1982年居民委员会写入宪法,规范居民委员会的活动。为了贯彻执行《城市居民委员会组织法》,各地逐步制定了符合本土的实施办法,正如学者肖立辉所述,"当代中国基层群众自治的创新形式很多是由人民群众首先创制出来,产生较好的效果"[①],这些示范活动得到政府认可,并开始制度化、规范化、程序化。

可见,基层自治是社会自治能力培育的起点,这种培育首先依靠的就是政府对相关问题的认识水平和解决方案的顶层设计,其次是上下联动的治理互助实践,为自治创造条件,让渡自治空间。所以,即使在双规治理模式下,基层作为治理的一条脉络,必定是治理的起点,这也是历史使然。

第二,基层自治为培育起点是现实必然。现实必然主要指基层自治社会组织创新作用由当今中国现实条件决定,中国社会自治发展的阶段决定了基层自治重要地位。从经济层面上讲,随着社会生产力的发展,社会主义市场经济体制逐步完善,以经济建设为中心的目标表现出,"与社会自治观念的某种契合,社会主义市场经济目标的确立,更为社会自治观念奠定了经济认识基础"[②]。正如学术界有关研究显示,社会自治适应于市场经济和产权社会化的社会主义社会,市场经济发展为市民社会自治奠定基础,因为市场经济要求"产权独立和经济主体自立"[③]。市场经济原则确立市民社会的权利平等原则,为市民参加社会管理提供机会,商品所有者有着平等的权利,在市场经济中人们结成的关系实质是权利平等,也是对人权和公民权价值的认同和尊重。社会经济生活的商品化越高,越能体现对利益的属性,合作和竞争越是形影不离,越能为市民社会的权利平等服务。当然,社会自治只有在建立了市场经济体制的社会主义国家才能实现,因为这种社会是产权社会化的社会,为人们获得各种社会自主权利提供首要条件。

我国自改革开放以来已经为社会化做足功课,基本达成社会公共服务部分让渡、多元参与的共识。马克思曾说过,"商品是天生的平等派,平等就是商品

---

① 肖立辉.基层群众自治的起源[J].科学社会主义,2008(3):31-36.
②③ 袁祖社,王晶.市场经济与中国特色市民社会自治:社会权利的自主逻辑[J].内蒙古社会科学(汉文版),2002(5):4-8.

所有者彼此只作为商品所有者发生关系,用等价物交换等价物,说明了人们在市场经济中的权利平等"[1]。我国的市场经济发展推动人们物质生活水平的提高,基层民众的需求类型日益多元化,在需求层次上也在不断提升。原有的生存需求已经不是基层追求的核心,中高层次需求不断涌现,如健康、休闲、娱乐等精神生活满足的呼声在高涨,对社会相关资源的需求也在增加,但与基层的居住环境和综合服务能力存在矛盾。此外,社会结构发生变迁,基层社会发生了根本性变化,计划经济时代的社会组织运行制度已经无法满足基层社会治理的要求。原有的单位制的行政管理模式几乎承担了医疗保障、住房分配、养老等全部的社会服务职能,形成"强制性的依附关系结构"[2]。另外,它将城镇中的社会成员都纳入与国家直接相关联的组织体系当中来。基层社会由于工作更换等原因,人口流动性、异质性、密集性、家庭结构分化特征凸显,带来的纠纷和矛盾复杂而多样,给基层社会治理带来巨大压力。"基层社会治理在范畴上既包括个人自治也包括社群意义的自治"[3],从小的范畴上讲,基层自治中家庭的自我管理是最小单元,这依赖家庭成员整体自我服务能力的提高、自我管理素养的发展,所以,在治理的生态圈中以家庭为单位的社会治理是开端,这符合中国传统的"修身""齐家""治国""平天下"的"治理"逻辑。

从政治文化上讲,基层社会治理是基层民主建设的必然选择,基层社会自治的实现是一个国家政治文明程度的重要表现。公民的政治素养和参政能力越高,社会自治越完善,国家民主也更有实质意义上的进步。前文提及我国当前基层居民自治已经有了法律保障,为基层民主的发展营造了环境,在外部环境上已经为基层人民实现民主协商、民主管理提供了宏观架构。但是微观层面上,村民、居民在与自身利益相关的公共事务方面的政治参与意识还未完全匹配。必须从基层开始提高居民、村民的公共事务管理的责任心,强化参与意识的培育,将社会自治的价值体现在社会自治政治文化中。何谓社会政治文化,周庆智对其做过界定,是指"参与型政治文化",其"核心价值理念是公民自由民主权利和人权的维护和伸张"[4],对社会自治政治文化的特点予以解释,称其是一种介于现代和传统文化之间的文化,既有传统文化特征也有现代化倾向,是多元文化。

---

[1] [德]马克思.资本论(第1卷)[M].北京:人民出版社,1975:102-199.
[2] 向德平,申可君.社区自治与基层社会治理模式的重构[J].甘肃社会科学,2013(2):127-130.
[3][4] 周庆智.社会自治:一个政治文化的讨论[J].政治学研究,2013(4):75-86.

基于此,笔者认为,我国社会自治发展也需要自治文化的传承和稳固。这种文化既有政治元素也有社会元素色彩,在基层社会自治实践中,基层治理文化的培育必须同步进行。而西方如罗伯特·雷德菲尔德的"大传统"(以都市为中心,主要是上层士绅、知识分子所代表的文化,或称高文化)与"小传统"(以村落农民为代表的生活文化,或称低文化等)的二元分析框架认为,"大传统"(精英文化)会同化"小传统"(大众文化),或是"大传统"与"小传统"的非对称传播,虽然有对我国的自治政治文化的建设有参考价值,但是不适合我国国情,我国基层社会的"大传统"与"小传统"文化具有小农思想共性,使基层社会治理具备一定的特殊性,因为"小传统"的乡土文化是"大传统"精英文化的"源头活水"[①]。所以,在基层社会治理的过程中,自治政治文化的外在干预必须及时,基层的社会治理以最原始的基层乡村治理文化培育为源头。

三、基层"自治"是社会组织参与基层社会治理的着力点

"政府管理实质是人民管理,从人的全面发展角度讲,发挥社会组织的作用,提高人民群众的自主和自治能力就是人的全面发展的体现。"[②]党的十八届三中全会提出创新社会治理体制新观点新要求新部署,将社会治理体制的创新作为有中国特色社会主义建设的重要内容,创新社会治理体制"体现了马克思主义群众观点""体现了党领导下的多方参与、共同治理的理念和主张"[③],是马克思主义中国化的又一成果。基层社会自治是一个系统工程,这种自治是"自治体全体社会成员对自治体公共事务实行自我管理的形态"[④],要建立基层社会治理机制,实现基层自治,让基层全员参与基层管理。

在中国特色社会主义制度框架内,实现社会自治是中国特色的国家治理效能,要求社会组织对社会治理创新有较高的制度自觉,对一个国家,其治理体系和治理能力要实现现代化,必须有与现代化相适应的"现代国家治理体制机制"[⑤]。创新基层社会治理是国家治理体系创新的重要组成部分,基层社会治理是协同治理,需要整合社会资源,协调众多社会关系。协同治理的"协同"在《辞

---

① 周庆智.社会自治:一个政治文化的讨论[J].政治学研究,2013(4):75-86.
② 马耀鹏.制度与路径——社会主义经济制度变迁的历史与现实[M].北京:人民出版社,2010:340.
③ 如何充分认识创新社会治理体制的重大意义?[J].新长征(党建版),2014(1):44.
④ 李元书.论社会自治[J].学习与探索,1994(5):89-95.
⑤ 赵天娥.推进国家治理体系和治理能力现代化的四个维度[J].探索,2014(6):79-83.

源》中是指"和合、一致"。它表明各要素之间保持有序性、合作性的状态和趋势。"协同治理是将治理系统内各个子系统的非线性的协调配合,调整总系统结构保持稳定有序,可持续运作,从而产生各子系统所没有的新功能。"[1]社会组织治理功能的发挥正是作为治理系统中治理力量源泉之一,协同治理基础是各个社会组织治理能力的提高。社会组织自治本身要求其具有决策和执行理性、科学性,这种理性和科学性的外在表现是社会组织的不断创新,所以社会组织治理创新是社会协同治理发展的基础。协同治理是政府治理的新模式,是社会管理的必然趋势,社会治理倡导管理的协调作用的发挥,实现"善治",进而实现公共利益最大化[2]。社会组织作为社会治理的主体之一,具有弥补政府和市场失灵的重要作用,是社会协同治理不可或缺的一部分。协同治理中,社会组织的自愿性、民间性等作用发挥的显著与否、主动参与性体现的完善与否直接影响基层社会治理创新的成效。社会组织可以促进社会协调治理,让社会协调治理理论愈发有实践基础。另外,社会组织创新的作用会随着基层社会和谐程度、发展程度提高而不断增加。

由于社会发展水平制约,创新治理体制时,不能让自治体全体成员完全摆脱凌驾于自己之上的权力,而让基层民众自主建立自我管理机制也不现实。加上基层社会治理体制瓶颈,基层社会治理体制内部职责关系不清,行政化倾向严重,所以发挥社会组织的创新治理作用,有利于基层社会治理各主体的归位。针对激发社会活力、激发社会组织参与社会治理的能动性、社会组织的作用发挥展现的内容,哈佛大学的罗伯特·帕特南(Robert D. Putnam)教授认为,民主政治有不同的制度绩效,制度绩效差异的根源不在于经济发展水平,而在于公民社会发育程度及具有历史积淀的公民共同体结构和特质。在社会治理中,社会组织的创新治理作用发挥体现了公民社会发育程度,也体现了社会治理现代化的可能性和可行性。在机制上,基层民众利益调节机制、诉求表达机制欠缺,不能满足居民和村民社会公共事务管理的基本需求,所以如何梳理基层社会治理参与主体之间的责权利关系,如何建立完善的社会矛盾化解机制等成为基层社会治理的突出问题,认为基层社会自治以社会组织的角色回归、功能归位为前提。而国内学者对社会治理体制的创新也有颇多共识,如认为"组织和制度

---

[1] 颜佳华,吕伟.协商治理、协作治理、协同治理与合作治理概念及其关系辨析[J].湘潭大学学报(哲学社会科学版),2015(3):14-18.

[2] 刘作翔.社会组织的人性基础和存在意义——一个法理的阐释[J].法学,2002(9):13-14.

的变迁不仅是组织本身的系统在变化"①,单纯的制度移植不是万全之计。社会组织内部的创新和对外的功能创新是动态的、持续的,这样社会组织的认同才会产生,其为社会治理各主体的和谐共生服务才会奏效。

第三节 基层社会治理规律回归的需要

规律是客观事物本质的必然的联系,规律包含自然规律、社会规律、思维规律。自古以来,人们对规律的探索从未懈怠过,在老子《道德经》中有"人法地、地法天、天法道、道法自然",从哲学意义上,道出了规律存在的普遍性。乔耀章教授曾经指出,"人类在其产生、存续和发展的历史过程中,自始至终存在着两大关系或矛盾,即一是人类同自然即天人的关系或矛盾,一是人与人即人类本身的社会关系或矛盾,由此构成为唯一的科学或历史科学,一方面是自然史(表现为人改造自然),一方面是社会史(表现为人改造人)"②。根据马克思主义观点,只要有人存在这两域,就会有关联有制约。所以,要在这个充满人类社会关系的历史进程中对社会管理予以完善,势必和人打交道,遵循人类社会发展的规律。

一、社会组织参与基层社会治理,遵循客观规律

有学者对治理规律做过研究,认为社会治理的规律是确实存在的,指出"社会治理规律是社会规律的有机组成部分和具体体现",而社会大系统的功能主要由能够"互补"的社会力量来实现。③由此,笔者认为社会治理规律是社会规律的一支,是针对社会治理本质问题的概括。社会治理的本质是社会各种矛盾的协调,是实现社会和谐的各个影响因素的合力体现,在基层就是基层社会矛盾的调和过程中各要素之间本质的必然的联系。社会治理随着社会进步演绎着治理规律,社会治理在社会发展的不同阶段有着治理的具体规律,在整个社会治理历史中又体现着共性规律也即普遍规律。有学者指出社会治理方式演进的基本路线是从"社会统治—经过社会管理—再走向社会治理",而在某个历史时段横向维度却又呈现出"特定社会的统治、管理和治理往往表现为一种分层

---

① 李汉林,渠敬东,夏传玲,等.组织和制度变迁的社会过程——一种拟议的综合分析[J].中国社会科学,2005(1):94-108.

②③ 乔耀章.论社会治理原理与原则[J].闽江学刊,2013(12):5-14.

次的双向互动的共时态存在"①。社会治理是统治的"治"和管理的"理"的"历史进阶与组合",是人类社会统治和社会管理的现代化。

首先,从社会治理的一般规律视角,"基层社会治理水平由社会生产力水平决定"②。表现为经济发达地区的社会治理水平高于经济欠发达地区,遵循的仍是经济基础决定上层建筑、生产力决定生产关系的一般规律。基层治理的问题基于群众利益,利益是居民和村民自治发展和创新的内源力。从群众利益出发,解决基层社会问题是根本。基于社会组织的基层社会治理本质上是给基层民众利益表达搭建载体,是对基层社会利益的关注与赋予,社会组织创新治理给社会组织以充分的社会治理参与活力、参与效率,所以社会组织创新社会治理是对基层社会治理规律的回归。

其次,针对社会治理特殊规律而言,社会治理是社会管理和社会自治的共同体。一方面,社会治理各力量"互补互治"。在整个人类社会治理历史进程中,交织着社会管理和社会自治的力量,在理想和现实条件下,社会治理主体如国家、政党、政府、社会实现"互治",治理功能发挥取决于国家政党对基层社会治理的自觉程度下的基层社会等多元主体参与治理的能力。对于基层而言,基层是社会治理问题的来源和治理归宿,特别是社区治理,所以基层社会组织的治理参与既要政府的引导与治理能力的培育,也需要社会组织的自我管理能力的不断提高。基层社会组织的社会治理创新正是基层治理能力提高的表现和过程。另一方面,社会治理是一定社会阶段的社会管理和治理系统内外诸因素相互作用的均衡态势。各阶段的治理水平受当时物质生产水平的制约,也存在偶然现象,即一定时期社会治理水平并不是总与经济发展水平相一致。总体而言,社会治理中,是国家为主还是社会力量为主进行社会治理,在不同阶段有所侧重。基层社会治理失衡时,社会治理将会受到限制。在当今社会治理中,社会组织的治理能力还未得到有效释放,所以基层社会治理无法达到治理要素的合力发挥,社会治理的力量均衡的需求将会增加,有必要在政府帮助的前提下按照法定程序实现基层"力量平等型均衡"。

二、社会组织参与基层社会治理,遵循自治路径

自治是自我管理、自我服务、自我负责的管理态势,社会自治是非政治性的

---

① 乔耀章.论社会治理原理与原则[J].闽江学刊,2013(12):5-14.
② 罗法洋,马健芳.均衡——和谐新农村村民自治的内在规律[J].前沿,2009(5):66-68.

自治,是不需要"政治权利的自治,它具有社会性、非国家性"①。按照历史发展趋势,这种自治体现在"原始社会的自治""共产主义社会的自治""社会团体的自治"。从自治范围上看,有国家自主、主权内的地方自治。由于本书的社会自治主要指在一个国家范围的自治,所以基层社会自治在地方范畴内,主要针对乡村和城市社区。

社会自治的社会性是其特征的主要方面,鉴于此,社会自治与国家管理在本质、功能上存在差别。社会自治组织在自由平等基础上共同管理公共事务,代表的是社会成员的利益。据学者研究显示,社会自治有个三阶段,分别是"市民社会自治""人民自治""全员自治",②三个阶段适应的社会也有所不同。

第一个阶段适应市场经济社会和产权社会化的社会。因为在市场经济体制下,人民有经济上的平等和自主,为市民社会自治提供基础。在这个阶段既有政府管理的参与,也有社会组织社会事务的治理,但社会组织的治理只是国家管理的补充。社会自治的第二个阶段是人民自治,其对应于发达的社会主义社会,并且这种自治必须经过初级阶段才能到达高级阶段。因为发达的社会主义社会具备人民自治的条件,国家的政治职能在这种社会状态中得到弱化甚至消失,所以大量的社会事务可以由社会组织来承担,因为其具备事务处理的能力。社会自治发展的第三个阶段是全员自治,也即共产主义社会自治。按照马克思关于国家的产生消亡的路径,未来的共产主义社会国家职能完全消失,各类社会组织可以完成社会大小事务的处理,人类的利益协调也由各社会组织完成。

据此,可以看出,在社会自治的演进中,社会组织的社会治理参与的权限和力度存在差异。在当今,中国特色的社会主义建设进程中,我国的社会自治正处于"向市民社会自治过渡的起始阶段",是处于社会治理和国家治理的共同发力阶段。社会组织参与基层社会治理是为社会自治广开门路,将治理重心下移,是对基层社会问题的高度关注。这是社会自治低级阶段向中级阶段过渡的必然要求,社会组织参与社会治理是对国家治理的补充,在补充的基础上找准参与社会治理的社会组织的工作定位,为进一步的社会较高程度的自治服务。基层社会治理的社会组织的创新是社会组织参与服务效能提升的结果,也是社会自治进化的要素。社会组织创新治理赋予社会组织在社会生活、社会结构重

---

①② 李元书.论社会自治[J].学习与探索,1994(2):89-95.

组中以活力和科学性。

第四节　提高我们党执政能力的需要

一、社会组织参与基层社会治理是党的执政理念的体现

执政党是获取政权之后的政党,执政党在国家管理中落实其纲领和政策实现阶级利益,同时,执政党也要服务国家内其他阶级,做好利益协调,进而巩固执政地位。"现代意义的政党是具有相当持久性的社会集合,它追求政府中的权利与职位,建立起联系政府的民心领袖与政治领域内的大批追随者之组织结构。"① 执政党本身具有政党的属性,是一种"自愿结社"②,是一种社会团体,只是这种社会团体具有阶级性,如布洛克斯所述政党愿意为政府提供措施、建议或指定政策,作为实现其主义和政策的有效方法。"执政"在不同的国家有不同的称谓,或称为"在朝党""政府党""多数党"等,可以为一个政党,也可以是政党联盟。在社会主义国家,执政党是无产阶级政党,是以马克思主义思想为指导的共产党,在我国,中国共产党为执政党。

检索"党史百科"可知,"执政理念是指执政党的执政宗旨和指导思想,是党的政治活动的根本原则,执政理念是在执政规律认识的基础之上形成,是党对执政宗旨为核心的一整套价值判断包括其宗旨目的任务,以及实现这一任务所需要的执政方针、手段等方面的理性认识和总体把握。"中国共产党作为中国执政党,其执政理念随着执政实践和社会发展的步伐不断创新,具有时代性特征。如"全心全意为人民服务"的执政理念、"三个代表"重要思想的科学执政理念,"求真务实""以人为本""执政为民""科学发展"及新的历史条件下"立党为公、执政为民"的执政核心理念新概括③,都体现出党的人民利益的捍卫者的价值取向。人民利益需要在党科学执政保障下,通过社会组织的理性发展更加全面的实现,党的执政和政府管理需在开放思维的指导下协作,对政府内部开放、对其

---

① 梅松伟.中国共产党执政规律研究[D].长春:吉林大学,2010:21.
② Dell Gillette Hitchner, William Hery Harbold. Modern Government[M]. New York: Dodd, Mead & Company, 1972:290.
③ 彭汉琼.党的执政理念的创新和发展[J].理论月刊,2012(4):33-35.

他社会主体开放。党的十八大提出,完善基层民主制度。基层民主制度是人民依法行使民主权利的直接的重要的方式,要在"城乡社区治理、基层公共事务和公益事业中实行群众自我管理、自我服务、自我教育、自我监督",通过"健全基层党组织领导的充满活力的基层群众自治机制"来扩大人民的有序参与。

第一,"立党为公""执政为民"在规范执政党的执政权力的同时给社会组织参与治理释放空间。这种规范体现在标准与监管的并存,在为民利益寻求和践行的过程中,不仅为党的执政行为是否科学、是否偏离主线提供了评判的依据,也为社会民众监督党的执政树立了标准。社会组织参与社会治理特别是基层社会治理不是机械的参与,更多层面体现出治理的有序、治理的合理。第二,基层社会组织的治理创新,使"立党为公""执政为民"更具科学性,实现科学执政。"科学执政,就是坚持以马克思主义的科学理论为指导,不断探索和遵循共产党执政规律、社会主义建设规律、人类社会发展规律,以科学的思想、科学的制度、科学的方式组织和带领人民共同建设中国特色社会主义。要科学制定和实施党的理论和路线方针政策,科学设计、组织、开展各项执政活动。"[①]科学执政首先必须具备"科学的思想"[②],社会组织基层社会治理的彻底性体现在社会底层的最基础环节的有效治理。这种治理的宏观掌舵者在我国应该由执政党承担,在方向指引上的认可说明党和国家对基层社会组织灵活高效的治理运作能力的信任和其功能的重视,致力于让社会治理更民主更合理。

二、社会组织参与基层社会治理是提高党执政能力的条件

学术界对执政能力的研究成果颇丰,不同的视角可以得出不同的概念界定,如从历史的角度考察,在不同的历史阶段,有不同的执政能力内容。"执政能力具有界定政党执政目标实现程度和实现的效能的作用"[③],表明一定政治集团获取执政地位之后,贯彻自己的集团意志、推行自己的执政理念、维持执政地位的力量之总和。单从执政党和其他社会力量的关系角度分析,执政能力是建立在社会关系基础上的执政党的引领能力、整合能力、竞争能力、调适能力;从其他角度考察得出的执政能力,还有如理论创新和制度创新能力、方法创新能

[①②] 胡锦涛在中共中央政治局第三十二次集体学习时强调坚持科学执政、民主执政、依法执政扎实加强执政能力建设和先进性建设[N].人民日报,2006-07-04.

[③] 刘兵勇.现代进程中执政能力的衰朽论析[J].湖北社会科学,2005(2):1.

力、形势判断能力、市场经济驾驭能力、公众普遍认同能力等①,其中最核心的能力就是社会认同的获取能力。

首先,执政党社会认同获取能力的来源是执政符合社会大多数人的利益。理论界认为执政党合法性本质是国家权力产生于人民的选择,依赖社会成员的忠诚。执政党对社会组织参与社会治理创新特别是基层社会治理的创新,最大限度地给予社会治理多元参与机会,社会组织是社会基层利益表达的直接介体。党重视社会组织创新治理与群众利益表达多元化方向一致。其次,社会认同获取能力的提升体现在执政党适应社会结构的变迁。社会组织是社会进程的产物,也是时代的产物,执政党对社会组织的蓬勃发展的环境的营造和利导是执政党成长成熟的内在需要(标志)。强调社会组织的自主性、独立性,是对社会组织参与政府权力的民主价值的实现。最后,社会组织参与基层社会治理是党优化执政资源能力的表现。"执政资源是执政党能调动的社会一切积极因素,这些因素作用的发挥能够提高执政效能。"②根据有关学者研究,执政资源包括政治资源、法律、人才资源,或先进性资源、体制性资源、合法性资源、民心性资源、权力资源、组织资源等,笔者认为其中组织资源、民心资源是执政党执政能力提升的基础性资源。最大限度地调动社会组织参与基层社会治理,发挥其创新作用是执政党充分利用资源优势弥补执政不足、提高执政整体效能的重要途径,体现党的执政水平。

三、社会组织参与基层社会治理是遵循党执政规律的要求

"执政党的执政规律是党执政本质的体现,是执政党在控制和行使公共权力过程中必须遵循的、反映政党政治本质和必然性的法则和客观要求。"③中国共产党的执政也必须遵循内在规律,进而实现执政的可持续。在中国革命和建设过程中,党都在对其自身的发展规律进行探索,在党的第三代领导集体的带领下,共产党的执政规律被正式提出。

首先,执政要素矛盾的客观存在需要社会组织参与基层社会治理。执政要素主要是指执政实践要素,如执政党、人民群众、国家社会事务等,这些要素以矛盾状态存在。"执政规律围绕这些矛盾演绎,如执政党和国家政权之间的矛

---

① 樊建政.中国共产党执政能力研究:结构—功能互动分析的视角[D].上海:复旦大学,2009:8.
② 祝福恩.中国共产党的执政资源[J].中共中央党校学报,2005(2):43-46.
③ 王长江.现代政党执政规律研究[M].上海:上海人民出版社,2002:5.

盾,执政主体内部的各项矛盾,执政主体可以是执政党也可以是人民群众,执政矛盾体现为执政主体和执政客体两要素之间的矛盾,主体从马克思主义世界观分析,主要是指执政党和人民群众。"[1]从这个角度细分,执政主体内部矛盾有执政主体理念和时代要求的矛盾、执政方法和执政党水平之间的矛盾、执政党和人民群众之间的矛盾。这些矛盾在纵深方向上相互交织。社会组织的主体是人民群众,执政主体也包括人民群众,两者的发展都是在主观能动性的人民群众的推动下实现,创新社会组织基层社会治理也是创新人民主体参与执政的理念,创新社会组织融入社会治理的实践,更好地解决社会矛盾。

其次,社会组织参与治理是党对执政规律探索的直接结果。鉴于上述执政矛盾,党对其认知和解决办法是随时间和经验不断深入的。执政规律随着执政党的执政轨迹,内容日益丰富,在党的第一代领导集体时代,党对执政规律就开始探讨,如关于如何走有中国特色的社会主义道路,如何努力发展民主,如何认清社会主义社会基本矛盾的探索,以及后来的关于如何建党,如何"保先"的探索。自2001年江泽民提出"中国共产党执政规律"命题以来,学术界也开始大力研究执政规律。执政规律内容方面,有学者认为"应该包括理论创新规律、执政为民规律、从严治党规律、依法治国规律、稳定团结规律"[2],在建设社会主义国家的进程中继续探索实现这样的国家所需的政党特色,在建设执政党的探索中继续深化执政党的执政方法,将立党、执政、兴国高度统一,把执政规律看作矛盾运动的规律,是对立统一的逻辑存在。"执政党和社会组织具有社会性共同特征,决定了社会组织和政党在社会资源方面的交叉,决定了社会组织在联系社会支持执政的渠道作用。"[3]政党和社会组织在资源整合、治理体系上都可以互补,在相互促进中,不断提高执政党的执政能力。

无论从执政规律的学术性还是实践性视角进行探讨,均体现党的执政理念和执政方法的时代性、灵活性、适应性、包容性。执政的长久持续状态是与执政党给社会公众合理意愿的满足和长期持续并存的。单向的执政强制力无法双向互动,无法实现人类生存"私域"的矛盾缓解。"各类社会主体自然成为执政党维稳合力发挥的重要发力者,国家的行政管理和基层群众自治都是在政治总

---

[1] 梅松伟.中国共产党执政规律研究[D].长春:吉林大学,2010:25.
[2] 蒋国海,于晓雷.试论中国共产党执政的基本规律[J].探索,2003(1):38-41.
[3] 生键红.执政党与非政府组织之间的关系[J].上海党史与党建,2007(8):37-39.

框架下运作的社会治理机制。"[1]社会组织创新治理赋予社会组织治理的合法性、科学性,将社会自治可能产生多元利益冲突化解,或对利己无意识行为进行纠正,在执政党的价值引导下,趋于理性。执政要素之间矛盾实现缓解,执政状态方可长久。所以,社会组织作用发挥的力度和发挥的科学性得益于执政党的权威和公信,依赖于执政规律的遵循。执政主体的主观能动性得以体现,在能动的执政实践中将有利于社会组织合理发挥其功能,最终实现执政目标。

---

[1] 刘东杰.政府管理与基层自治的困境与协调[J].理论学习,2012(6):29-32.

第六章　社会组织参与基层社会治理的功能分析

马克思主义认为,人的本质是一切社会关系的总和。如何实现人类的有效合作,最终建立全人类相濡以沫的共同体,是人类社会发展的终极目标之一。人类是社会性的动物,具有合群的本性,但人类的本性不只有社会性,人类还有自利性,人类的自利性是人类合作最顽固的敌人。从人类发展的历史看,为了避免冲突、维持社会正常运行,人类分别找到了国家和市场,但是正如恩格斯所言,"国家是社会在一定发展阶段上的产物",[1]是"产生于社会,但又凌驾于社会之上"[2]的暴力。国家这个强制性机构迫使人们相互合作。但国家机器除了合作之外,也有隔离的一面。它造就了"民族国家"这个"想象的共同体",国家主权更是将人类生生地区隔为一个又一个的地域联合体。而市场不同于国家利用强制力迫使人们合作,它利用经济利益使人们走到了一起。但市场本质上不仅是联合的力量,也是分化的力量。比如,由于竞争的需要,使得分工日益广化、细化、深化,同时,市场的力量根源于人性自利的动力,而不是他利的动力。所谓的"看不见的手"虽然会促进公共利益,但那是无心的,只是客观结果,并非主观意愿。市场会使人们日益功利化、世俗化。

社会组织是人们尝试合作的最新努力。社会组织摒弃了权力的强制和金钱的引诱,致力采用兴趣的激励、使命的呼唤和道德的感召来引导人们走出自利的牢笼,实现公益的联合。虽然社会组织也会因为目标的不同会有所竞争,但不同于企业之间出于自利的竞争,社会组织之间的竞争是出于对公益的不同理解或不同的追求方式而产生的,它们在根本目标上是一致的:实现全人类的公共利益。因此,我们可以自信地肯定,社会组织是迄今为止,人类实现共同体

---

[1] 马克思恩格斯选集:第4卷[M].北京:人民出版社,2012:186.
[2] 马克思恩格斯选集:第4卷[M].北京:人民出版社,2012:187.

最新的也是最好的一种组织形式,它满足了人类公共治理的三个层次目标:一是秩序,二是幸福,三是正义。现代社会本质上是一个组织化的社会,组织化代表着秩序;社会组织不仅为个人提供了安全感、归属感和成就感,还充分开发了人的社会性,使个人有可能实现个人幸福与社会幸福的"双丰收";社会组织致力于公益事业,代表着人类善良正义的光辉。因此,我们有足够的理由认为,社会组织的长远发展及其对社会治理参与的拓展与深入是历史的必然。①马克思在其市民社会理论中对社会组织问题有过精辟的论述。他认为,社会组织是由低级向高级发展的,社会组织在资本主义社会里被打上了阶级的烙印,反映了人与人之间的剥削与被剥削、统治与被统治的关系。在未来的社会主义社会里马克思把社会组织设计为"在生产者自由平等的联合体的基础上按新方式来组织的形式",在共产主义社会里则是"代之而起的应该是这样的生产组织:在这个组织中,一方面,任何人都不能把自己在生产劳动这个人类生存的自然条件中所应参加的部分推到别人的身上;另一方面,生产劳动给每一个人提供全面发展和表现自己全部的即体力的和脑力的能力的机会"。不仅生产组织,社会主义社会其他组织都将成为每个成员存在和自由发展的团体形式。马克思关于社会组织的论述表明,社会主义国家能够尽可能最大限度地发挥市民社会及社会组织的功能与作用,限制和约束其负面影响,为实现人的自由全面发展创造条件。

第一节 工具性功能

工具原指工作时所需用的器具,后引申为达到、完成或促进某一事物的手段。工具角色可以由人或事物承担。所谓社会组织的工具性功能,即社会组织是在私人部门、公共部门以外,向社会提供物品和服务的第三种重要来源。社会组织在基层社会治理中的工具性功能是社会组织具有治理工具的基本属性,有助于实现社会治理目标。

一、基层社会管理功能

国家是社会发展的产物,恩格斯在《家庭、私有制和国家的起源》里提到"国

---

① 曾正滋.马克思主义人学视野中的社会组织与人的全面发展——以"社会组织参与社会治理"为论域[J].理论月刊,2015(3):17.

家是以一种与全体固定成员相脱离的特殊的公共权力为前提的"①,国家是社会异化的力量,国家的职能包括阶级统治职能和社会公共事务管理。

社会管理是社会正常运作的前提,有助于社会秩序的稳定。在西方,社会管理常被称为"social administration""social policy"。国内社会管理从公共管理学角度,其包括政府组织和非政府组织对社会公共事务的管理,狭义的社会管理主要是指非政治统治和经济管理事务,主要指社会生活、社会服务管理。社会管理要完善法律法规和政策,健全基层社会管理和服务体系,加强和改进基层党组织,发挥群众组织和社会组织作用,提高城乡社区自治和服务功能,形成社会管理和服务合力。

为创新社会管理,党和政府高度重视,如《关于加强和创新社会管理的意见》(2011年)提出要建设中国特色社会主义社会管理体系,加强社会管理法律、制度、体制、机制建设,尤其是基层社会管理服务。基层社会服务是与公众最贴近的服务,是民心归依的直接外力。要化解基层社会矛盾,需做好社会各管理主体的协同。社会管理体制的创新,要结合中国处于社会主义初级阶段的实际和东方人口大国的特殊国情,在原有传统社会管理体制的基础上,"大胆创新、小心推进",在实践中整合优势,吸取经验,从创新中发现问题、分析问题、解决问题,不断提升创新水平。充分发挥党领导核心作用、政府主导作用、社会组织的协调度和公民大众的参与度。

社会组织作为社会管理主体要素,其存在的质量和数量关乎社会存在和发展的水平。根据《中华人民共和国地方各级人民代表大会和地方各级人民政府组织法》第六十八条规定,"市辖区、不设区的人民政府,经上一级人民政府批准,可以设立若干街道,管理机构为街道办事处,作为市辖区、不设区的市的派出机关"。街道办事处主要负责贯彻执行党和国家的方针政策,做好辖区居委会的工作,做好社区文化建设、社区教育等工作。在党和政府主导下,基层社会组织是党、政府、公众联系的桥梁,功能微妙。在西方,社会组织在经济发展、国家治理和公共生活中发挥重要作用。在我国,由于社会组织的发展处于起步阶段,多数组织不具备独立于政府之外的自治特性,具有转型时期的活动领域和方法的多样性、管理和运作的自发性、制度设计的随意性特点②,在社会管理中,

---

① 马克思恩格斯文集:第4卷[M].北京:人民出版社,2009:116.
② 丁文.美国非营利组织发挥社会管理助手功能的做法与启示[J].文史博览(理论),2007(2):79-80.

需要在党和政府的引导下履行其职责。

社会组织是社会管理的重要工具,具有独特优势,主要体现在,其一,社会组织来源于基层,是民主社会深入发展的产物,具有广泛的群众基础。社会组织成员关系有浓厚的感情色彩,社会组织内成员关系类似美国社会学家查尔斯·霍顿·库利(Charles Horton Cooley)所说的初级群体(首属群体或称直接群体、基本群体)关系,具有亲密、面对面交往和合作特征。社会组织具有首属群体的社会功能,能够增进社会稳定与社会整合。与政府组织相比,社会组织能体现社会底层不同群体的利益需求,社会组织为公民参与公共政治提供了组织化参与渠道,其提供的建议具有更强的针对性和时效性,是需求传递的重要工具。其二,社会组织形式多样,自愿灵活,能弥补社会结构变革难题。随着单位体制变化、户籍制度改革等,"原来单位组织解决社会事务的能力在弱化"[1],社会组织以公益性活动方式在现有的社会机制上,以社会边缘性群体为工作对象,能在社会管理上多方合作,促进社会稳定。其三,社会组织能弥补政府治理和市场失灵的缺陷,承担部分政府社会事务管理职能,降低社会管理成本。

二、基层社会服务功能

传统的经济学观点往往把社会组织所提供的物品和服务视为有限的和次要的,只具有一定的辅助功能,因为社会组织在提供私人物品方面没有私人部门那么效率高,在提供公共物品方面又没有公共部门那样具有足够的权威性普遍性。但新古典经济学大大改变了这种观点,第三部门的存在和发展被认为是能够克服"市场失灵"和"政府失灵"的一剂灵药,由此成为维系市场经济制度不可或缺的结构性力量。

美国著名的管理学大师彼得·德鲁克说:40年前,人们认为,政府应该而且能够履行所有社会职责。如果说非营利机构还有作用的话,那就是拾遗补阙,为政府的工作添姿增彩。现在人们终于明白了,"政府履行社会职责的能力是极为有限的,而非营利部门可以发挥巨大作用……(非营利部门)对美国的生活质量和公民发展是至关重要的"[2]。目前,我国正处于加快推进经济转型、社会转型、政府转型的攻坚期。面对文明转型的巨大时空压缩、现代化发展的新趋势和社会需求升级的新变化,我国的经济社会发展和社会管理创新面临前所未

---

[1] 唐民擎.浅析社会组织与社会管理创新[J].社团管理研究,2011(9):8-10.
[2] 陈林.从"非国有化"到"非营利化"——NPO的法人治理问题[J].中国研究(香港),2002(8).

有的机遇和挑战,特别是当前我国社会转型明显滞后于经济转型,各种社会矛盾集中显现,社会管理领域还存在不少问题,因此,发挥社会组织在社会管理中的作用,对于创新我国基层社会管理无疑具有重要的意义。

服务功能主要是指社会服务特别是公益服务。在国外,社会组织提供公益服务功能主要体现在社会资源的动员,它们用公益组织的理念遵循其服务承诺;在教育、社会福利、就业、医疗等领域多少都要有社会组织的参与。在国内,社会组织有其自身的组织优势和功能优势。改革开放后,伴随政府职能转变中放弃的计划经济时代承担的社会职能以及单位制的瓦解,社会组织爆炸式发展,服务类型趋于多元。社会组织的社会服务功能是指社会组织创造社会服务、社会组织创新社会服务、社会组织因为社会服务的提供催生其发展的必要意义。例如,新冠疫情暴发后,作为参与社会治理的重要社会力量代表之一,浙江省社会组织积极响应,发挥各自优势、专业特长,主动投身抗击疫情,充分彰显了社会担当和大爱情怀。据不完全统计,浙江省约有3.4万家社会组织参与疫情应对,带动280余万名志愿者共同参与防控工作。

(一) 社会组织能创造社会服务

创造社会服务是指社会组织发现服务的必要性并通过一定方法满足服务需求,服务因社会组织的存在而更具有价值。社会组织被公认为向社会自主提供特定领域的公共服务的法人实体,可见公共服务是社会组织的应有之义,正是由于有了公共服务的内容,才赋予其社会组织内涵。社会组织在社会服务上涉及生活、工作等方面,目的是更加便捷的提供社会服务。如,艾弗雷德·库恩曾指出,组织有好有坏,有营利的有非营利的,有公共的有私有的,有大有小,有生产商品的,有提供劳务的,有教育服务的,有工业服务的,有为宗教服务的,有慈善的,也有联邦的。单就公益性的服务,主要有救济服务、慈善服务、志愿服务等,中介性质的服务,有行业协会服务、商会服务、事务所服务、咨询服务、学会服务、基金会服务,以及基层村民委员会服务、社区生活服务等。在服务地域,社会组织的服务横跨国内外,在国际交流和合作中,社会组织发挥民间团体作用,拓展国际合作。

在基层社会治理中,服务型社会治理模式的建立需要从社会组织引导基层社会自治开始。"社区组织是基层社会组织的重要主体,在基层社会事物日益增多的情况下,社会组织能发动基层社区和村委会群众自我管理,自我提供服务,承担基层社会多样社会服务的重任,带领基层居民和村民从较低层次需求向高层次需求发展,在基层形成相对自主的社会生活共同体。"①

(二) 社会组织能创新社会服务

在当今服务型政府的社会治理模式下,社会组织的社会服务创新需要强化。所谓服务型政府就是指政府遵从民意的要求,政府不仅要表现国家意志,而且也要表现"公意",这是农业社会的"权治"、工业社会的"法治"和到后工业社会的服务型社会治理的"德治"的必然逻辑遵循,②社会组织的服务理念和服务型政府建设的目的一致。"基层社会组织和政府在基层管理中发挥的作用不同,政府的参与也不是唯一的社区建设力量。"③

创新社会服务是指社会组织在政府社会服务的基础上能够顺应形势、灵活应变,提供多样化服务类型、生活化服务质量,创新服务领域、创新服务渠道、创新服务机制。据有关研究显示,"人类社会越发达,设定的社会治理目标越接近公共利益的维护、公共服务的提供,及社会公平与公正等"④;"在促进现代化的进程中,面对饥饿、贫穷、环境污染、传染疾病等全球治理难题上,社会组织为跨国志愿服务提供强大的组织基础和物质保障,发挥出独特作用,不仅拓宽了政府国际沟通的渠道,还建立了制度化政府职能对接机制"⑤。在国内社会服务中,下至基层社会,社会组织可以发挥治理的生活化社会服务优势。

基层社会是民生问题集中的领域,"社会组织参与基层社会治理给基层社会提供优质的公共供给服务,公共政策服务、公共产品服务、公共管理服务"⑥等,给人民贴切的实际需求满足,在服务细分中发挥优质服务、集中服务、专项服务的特长,发挥基层社会组织应有的功能。

第二节 结构性功能

结构性功能是指某个部分在实现整体结构意义最大化过程中的实际功能。社会治理格局同样是一个整体的结构,各个治理主体在其中具有不同的功能,

---

① 孙立平.失衡:断裂社会的运作逻辑[M].北京:社会科学文献出版社,2004:162.
② 刘祖云.历史与逻辑视野中的"服务型政府"——基于张康之教授社会治理模式分析框架的思考[J].南京社会科学,2004(9):48-53.
③⑥ 向德平.社区自治与基层社会治理模式的重构[J].甘肃社会科学,2013(2):127-130.
④ 孙晓莉.西方国家政府社会治理的理念及其启示[J].社会科学研究,2005(2):7-11.
⑤ 张志泽.发达国家社会组织管理的功能、缘起及其借鉴[J].理论月刊,2014(4):164-168.

共同构成了社会治理效益的最大化。在基层社会治理中,社会组织就具有结构性功能,主要表现为社会协同功能和社会平衡功能。

一、基层社会协同功能

协同在英语中翻译为"Collaborative Governance"[①],"指各要素之间有序合作的状态和趋势"[②],被应用在多个学科。"管理学中,协同通常和效应结合,指管理的各类主体及环节通过互相配合协作优势互补,实现单个主体所没有的效果"[③]。在社会学领域,协同是社会组织的应有之义,社会学家马克斯·韦伯认为现代社会组织是用跨越时间和空间的方式将人类活动或其生产的物品协调在一起,社会组织本身是一种手段;功能主义学者认为社会组织是目标一致的成员协同工作的社会群体。可见协同是社会组织的存在状态之一。笔者认为社会组织协同功能是指社会组织在社会治理中发挥自身纽带作用,在政府部门、非政府组织以及社会公民之间为了实现共同目标促成相互支持状态的作用。基层社会组织的协同功能体现在社会治理的各个方面:

其一,社会组织是基层协同治理的载体。在汉语字典里,"载体"是指某些能传递能量或运载其他物质的物质,是科学技术用语。在本书中,视社会组织是社会协同治理的载体,因为其可以在社会协同中发挥纽带作用,对同类别、同领域的社会成员进行服务,是传递心声、承载社会同类群体利益的事物。基层社区中的社会组织地位关键,其具有非政治性、自治性、志愿性,服务对象针对一定地域的社区居民,涉及公共事务主要是社区文体事务、慈善救助、维权等社会服务,分担社区居委无力承担的社会事务,可以避免"单位制变迁后,社区原子化趋势和个人表达无力的弊端"[④]。协同功能的发挥动因,据有关研究显示主要是社会资本内含的"信任、共同目标和互惠"。[⑤]合作和协同发生的基础在于信任和利益的同构性,正如罗伯特·帕特南教授所述,在一个共同体中,信任水平越高,合作也越有可能,社会组织具有这些先天优势,所以为协同创造了条件。

---

① 田培杰.协同治理概念考辨[J].上海大学学报(社会科学版),2014(1):123-140.
② 颜佳华,吕炜.协商治理、协作治理、协同治理与合作治理概念及其关系辨析[J].湘潭大学学报(哲学社会科学版),2015(2):14-18.
③ 周云华.发挥社会组织协同社会管理作用探讨[J].湖南行政学院学报(双月刊),2011(6):27-30.
④⑤ 郁建兴,金蕾.社区社会组织在社会管理中的协同作用——以杭州市为例[J].经济社会体制比较,2012(7):157-168.

其二,协同过程是社会组织内外协同的统一。首先,关于组织内的协同,体现在社会组织通过自我管理,降低内部冲突的可能性,进而达到组织成员目标的趋同。乔治·齐美尔(Georg Simmel)对冲突群体曾这样描述过,冲突群体利益表达和目标越清晰,暴力手段越不易被使用[①]。社会组织内部的不同成员意见不一,矛盾客观存在,组织发挥自我调适功能,对组织内部的矛盾予以梳理化解,创建组织内部的信息交流渠道,给组织成员多样诉求以缓和的手段解决,达成组织内部和谐,在自身的管理上完成自我管理。其次,对组织外的协同,体现在不同协同主体在不同的基层治理过程中,实现异质性问题的协同效应。在不同的基层社区或村民居住地,由于结构差异和矛盾多样性,存在着信息不对称、调度资源的多寡不对等现象。社会组织由于自身发展水平的限制,不可能独立处理基层事务,必须有政府的导引。在政府导引的基础上,发挥社会组织在不同基层治理主体间的协同作用。加上基层社会组织各有优势,如文体类、教育类、社会服务类社会组织等各具特色,在基层社会中具有一定的影响力,在社会治理中可以发挥其公信力。各类社会组织在各自活动场域中实现"全面协同",协同政府、居民、村民力量以降低基层社会冲突的可能性;协同企业、行业、职员之间的利益分歧以实现社会不同层次公民的共同发展;协同不同类型社会组织的力量以实现社会组织的创新和可持续发展。

在当今社会组织和政府权责交融、关系日益依赖的时代,社会组织创新社会治理的工具性功能越发明显,二者都是国家协同治理的工具。

二、基层社会平衡功能

平衡在英语中被翻译为"Balanced Management","是指利用有限的资源为实现预期的目标而进行的以人为中心的协调活动"。"平衡治理"是指按公共政策平衡理论的要求,充分发挥公共政策的平衡功能,化解或减弱各种社会矛盾、协调各种社会利益关系和利益纠纷。[②]平衡旨在实现组织与环境之间、组织系统各要素之间以及组织行为决策的相互约束和相互协调,是一个此消彼长的过程且最终是为了实现整体更好的发展。自从管理学家科斯在《企业的性质》中提出这一概念,平衡管理一直主要被运用于企业管理之中。其实,通过对多中心

---

① Georg Simmel. Conflict and the Web of Group Affiliations[M]. Free Press, 1955.
② 庄国波,杨绍陇,欧阳一帆.公共政策平衡理论的研究[J].理论探讨,2008(6):129-132.

社会治理的研究，不难发现，社会治理本身也是一个平衡管理的过程，也是旨在通过协调政府、市场、社会组织等之间的关系，以实现社会治理效益的最大化。作为后起之主体，社会组织的发展对于基层社会治理中的政府和市场有着重要的平衡意义。从整个社会结构来看，除了协同功能之外，社会组织在基层社会治理中还具有重要的平衡功能。

一方面，社会组织可以平衡基层社会治理中政府和市场的不足。社会组织是在"政府失灵"和"市场失效"的基础上发展起来的。随着社会的发展，政府和市场在满足社会公共需求的过程中都出现了有心无力和难以胜任的地方。这种情况的出现不仅给需求者带来了灾难，同时还给政府和市场的工作带来了严峻的挑战。这会让弱者更弱，严重阻碍了社会的和谐发展和整体进步。这个时候，社会组织的出现很好地弥补了这种不足，平衡了这种不足，充分体现了社会组织的平衡功能。

另一方面，社会组织可以对政府和市场的力量进行有效制约。"大政府、小社会"的现状是全面推进社会治理的障碍，要想实现真正的社会治理，必须改变这一现状。有效制约是实现平衡的必要条件。不管是建设"小政府、大社会"，还是建设"大政府、大社会"的社会格局，都涉及如何抑制政府强权的问题。这主要有两个途径：其一，政府的主动放权。政府主动放权有利于推进"小政府"建设，但是在渐进性改革中，这一过程必然是非常缓慢的。其二，社会组织对其进行有效制约。随着社会组织的不断发展壮大，可以使政府的权力相对削弱，实现政府和社会组织等各个治理主体之间的平衡。

第三节　表达性功能

所谓社会组织的表达性功能，意味着在一个利益分化和价值多元化的社会里，人们能够以有组织的方式进行各自的利益表达。就目前而言，新社会组织可以利用其非政府、非营利的特质和优势，通过自主地结社表达在社会公共空间中的话语权，进而影响社会进程，同时将矛盾的解决纳入理性有序的轨道，降低社会管理的成本，进而构建一个公平、公正、和谐的社会。正是由于社会组织的这种功能，才使得促进社会组织参与社会治理对于我国经济社会的发展和促进民意的表达具有重要的意义。

一、基层社会话语权功能

话语用法国哲学家福柯的说法,即人们斗争的手段和目的。话语是人们维权的手段,是一种工具和权力。话语"意味着一个社会团体依据某些成规将其意义传播于社会之中,以此确立社会地位,并为其他团体所认识的过程"[①]。话语权是社会学领域比较流行的概念,学者们对其研究较多,如关于话语权的界定问题,什么是话语权。张国祚指出"话语权即说话权,发言权,亦即说话和发言的资格和权力"[②],并认为"解释权""申诉权""举报权""抗议权""阐发权""揭露权""控诉权""批判权"等都是话语权的范畴。话语权取决于话语权拥有者的社会权力和地位,可见话语权的赋予是在话语能力的基础上对一定社会身份的依托。基层社会话语权包含基层社会各种权力关系的具体言说方式,是基层公民维护个人利益的权力,是公民表达意愿和利益诉求的权利。社会组织对基层社会话语权功能体现在:

其一,社会组织给基层社会话语权获取,开创平台。由于城镇化进程的不断推进,农民居民角色转换随着城乡流动人口的增加而增加,农民、居民各自区域的内部矛盾也随着社会节奏的加快不断涌现,利益表达渠道很难全面畅通,不利于社会稳定。社会组织在基层社会的成长为基层群众搭建了一个支撑其行使话语权的平台。不同的社会组织本身也是不同的利益群体,其互助能力、基层民情获取能力、政策获知能力与村民、居民个体相比处于绝对优势地位,更容易整合力量创造合作机会。各利益群体在社会组织的合理运作模式下予以关注和呈现,将基层利益予以诉求,使基层民众的话语权得到尊重,为基层民众话语权开通了又一渠道。

其二,社会组织为基层社会获取话语权,增添力量。前文所述,基层社会话语权的获取取决于有社会影响力、有社会地位的话语掌控者。就基层村民、居民个体来说,话语掌控能力虽有,但是势单力薄,基层与社会精英相比基本处于相对弱势地位,如果没有有一定社会地位或影响力的组织代言,其话语效力会有所弱化。社会组织本身也是一把双刃剑,在政府引导下,科学发展的社会组织可以群策群力,整合社会各方资源,发挥组织优势,形成凝聚力,为基层民众

---

① 王治河.福柯[M].长沙:湖南教育出版社,1999:159.
② 张国祚.关于"话语权"的几点思考[J].求是,2009(9):43-46.

排忧解难,促进民生建设,释放基层社会生存发展压力,为不同群体的社会民众通过理性的言语内容、科学的言语路径,传递村民、居民心声,以此更加科学地增强基层话语效力。

其三,社会组织为基层社会话语权,提供组织保障。"任何集体范畴、任何阶级、任何群体本身都没有或不可能行使权力。必须有另一个因素出现,这就是组织。"[1]组织对集体行动的理性作用不可忽视,社会自组织是一种社会能力,也是一种社会状态,为社会结构的形成提供条件。如果基层妇联、工会等制度内的利益表达途径受阻,利益受损群体可能采取越级上访、街头示威、暴力反抗等非理性或极端方式进行,对基层社会话语权的获取不利。反之,有社会组织的引导,个体非理性的情感宣泄有了依托也有了保护屏障,基层社会个体在规范的社会组织条件保障下,可以获取优质资源,话语权力的实施有机构保障,话语传达才会高效。

二、基层社会舆论导向功能

舆论是人类精神生活的基本要素,也是一种社会意识现象。"舆论导向正确,是党和人民之福;舆论导向错误,是党和人民之祸。"[2]关于舆论的概念,国内学者的看法各不相同。国内学者认为,"舆论就是人们对社会问题的共同看法"[3];"舆论是公众对关心的人、事务、现象、问题等意见的总和,会对有关事态的发展产生影响"[4]。在西方,"舆论"指多数人对某一问题的一致意见,这个意见对社会有一定的影响。也有研究指出,"舆论是社会群体或社会组织机构针对某一社会事件或问题,通过一定的方式公开表达和传播的,对社会发展及有关事态的进程产生直接或间接影响,具有相对一致性、持续性的意见、态度以及信念的总和"[5]。综上所述,舆论本质是意见,这种意见具有吸引力,能引起一定范围内人群的共鸣。

舆论具有明显的立场特征,具有对事务看法的对立性,褒贬鲜明。舆论也多显情绪化,非理性因素较多。舆论的类型,根据舆论主体范畴区分,主要有三

---

[1] 王宝治,李克非.公共治理视角下弱势群体话语权的保护[J].河北大学学报(哲学社会科学版),2015(3):123-128.
[2] 江泽民文选:第1卷[M].北京:人民出版社,2006:564.
[3] 刘建明.基础舆论学[M].北京:中国人民大学出版社,1988:11.
[4] 孟小平.揭示公共关心的奥秘——舆论学[M].北京:中国新闻出版社,1988:36.
[5] 李忠伟.当代中国国家舆论安全研究[D].成都:西南财经大学,2014:24.

种——国家舆论、公众舆论、国际舆论,三种舆论并不是独立存在,而是相互影响。鉴于社会组织的社会性,接下来要探讨的主要是公众舆论。

基层社会舆论面向基层公众,指基层公众对某一事件或问题的趋同性意见。社会组织对基层社会舆论导向是指社会组织可以影响舆论方向,直接影响基层社会的和谐稳定。同时基层社会舆论更有生活性、具体性,没有国家舆论或国际舆论的宏观性。所以,基层舆论具有公众舆论复杂多样的特点、比较细化,有较强自发性、分散性,比较难以用统一的手段传播、控制。

舆论的产生必须有舆论客体,这个客体可以是具体基层人物,也可以是基层社会事务,如基层矛盾、基层问题、基层事件。这些事件或具有一定场域的共性,或具有一定场域的特殊性或另类性,足以冲击基层民众的视线,进而成为基层社会讨论的话题。此外,基层舆论的发酵需要有舆论"领袖",这个角色敢于表达,善于表达,能够通过一定的途径发散信息,能够引起基层社会的关注和互动。这个途径可以是权力机构或者大众传媒。①

社会组织在基层社会治理中具有舆论导向功能。首先,基层社会需要舆论领袖。基层社会个体成为舆论领袖需要勇气和智慧,多数人忙于生活或工作,无力承担这一角色,社会组织的出现正好为角色承担提供机会,给基层社会不同意见的群体以关心讨论的组织性载体。其次,社会组织在基层社会具有充当舆论领袖的条件。当前我国社会组织发展的阶段显示,多数社会组织是枢纽型的。其上通下达,双向并进:向下能够传达国家主流意识,传播正能量,发挥自身亲和力优势使基层民众对某一事件意见一致;向上能够反馈民意,提供对事件的具体解决建议;横向层面能够协同不同组织,发挥渠道优势。例如,新冠疫情发生以来,涌现出很多的"逆行者",不少地区的美容美发协会都发出行业倡议,要加强团结,规范经营,通过合作共赢的模式,共渡难关,共克时艰。在行业协会领导倡议下,他们捐款、做志愿者、义剪,他们的举动不仅直接发挥了积极作用,而且在舆论上引导了更多的人民群众。再如温州市医药行业协会及各县(市、区)协会第一时间响应号召并发出倡议,积极履行社会责任,发挥行业自律作用,协同医保部门做好新冠疫情防控相关工作。

三、基层社会舆情监控功能

舆情是社会学的新领域,学术界还未形成权威定义,但是关于舆情的提法

---

① 李忠伟.当代中国国家舆论安全研究[D].成都:西南财经大学,2014:28-29.

却由来已久,自古以来,舆情在国家管理中均占据重要地位。据有关研究显示,"舆情"最早出现在唐代唐昭宗诏书中,主要表现古代君主对民意的重视,带有政治指向,如"朕采于群议,询彼舆情",舆情主要从民众情绪角度考究,反映民众对统治者的看法。

在《辞源》中,舆情被解释为"民众的意愿"。有学者指出舆情是"社会民意"[1],主要是指大众的生活状况、社会环境和民众的主观意愿的总和。也有学者认为,"舆情即舆论情况,是社会各界在一定时间和空间范围内,对事件的政治态度"[2]。可见舆情是来自社会民众对某一事件的看法,具有分散性、多样性。舆情反映政府对社会的治理水平,是社会现代化建设应有内容。

"舆情"和上文所及"舆论"既有区别也有联系,最大的区别就是舆情是多元的,是未统一的民众情绪。[3]相对于前文所述的舆论,舆情由于内容具原初形态,是未统一的意见,所以属于"形态范畴";舆论是公开传播的,是统一意见,属于"行为范畴"。[4]尽管二者都是社会公众的意见和态度,但是舆情更倾向于来自社会大众的意见本原,体现出多、散、小的特征。舆论则是舆情的进一步发展,是更高层次的舆情表现。

舆情监控是对社会意见情况的监督和控制,是政府和相关组织对社会民众关于某一事件舆情的监管,以便形成态势良好的舆论。舆情监控的直接客体是民意,间接客体是民众,监控的主体是政府和相关社会组织,监控的介体是各种信息传递渠道。基层舆情监控间接对象是社会基层,直接对象是社会民意,而公众人物和事件是舆情产生的源头,包括监控突发事件和一般事件。突发事件,如不可预期的、不受欢迎的事件,其通常会威胁人类生存和福利,在基层突发事件一般都具有负面效应,如各类灾害事件;一般事件是指常态化的事件,如就业问题、养老问题等。

对基层的舆情监控能及时对基层关心关注的焦点问题予以引导或解读,帮助基层民众合理地表达心声。社会治理的最彻底表现就是基层的社会治理,如果社会治理合乎民意,在基层最能直接反映。

社会组织在基层社会治理中可以发挥舆情监控作用。其一,社会组织的舆情收集能力较强。基层社会组织来源于基层,高于基层,能够随时把握基层公

---

[1] 张克生主编.国家决策:机制与舆情[M].天津:天津社会科学院出版社,2004:32.
[2] 谢秀军.高校舆情监控机制立体化模式的构建[J].教育评论,2013(1):78-80.
[3][4] 易臣何.突发事件网络舆情的演化规律与政府监控[D].湘潭:湘潭大学,2014:19-20.

众所"闻"、所"颂"、所"诉"内容,掌握舆情原貌。加上各类社会组织以非官方的民间形式对民意的把控,在组织形式上多样灵活,覆盖的监控间接客体类型也多样,具有民意典型样本特征,亦能够全面反映各类基层群体的特定事件的舆情,其掌握的信息是最本真的初始信息,其舆情监控作用也最直接。其二,社会组织对舆情具有调控作用。舆情调控是指对舆情施加影响,调控可以发生在舆情产生期,也可以在舆情消退期。不同类型的基层社会组织对不同层次的舆情具体分析,弥补官方组织对舆情监控的局限性,对舆情未来的态势和对社会政治、经济、文化的影响能够起一定的导向作用,形成"准舆论""显舆论",尤其在类似朋友圈等自媒体领域,这种舆情引导、监控作用表现得更为明显。

总之,基层社会的舆情监控是基层社会治理的重要内容,不仅要做到政府对舆论的引导,还要做好社会组织对舆情的有利调控,既要求国家赋予人民民主权利,更需要基层社会个体和组织善于利用民主权利。如党的十八大报告所述,"让人民监督权力,让权力在阳光下运行",给人民以知情权、参与权、表达权、监督权。同时,要优化舆论引导舆情监控队伍的结构和素养,充分挖掘社会组织舆情监控的潜能,发挥自媒体舆论的疏导功能,使其为社会治理所用。

第七章　我国社会组织参与基层社会治理的实践与困境

马克思市民社会理论重视物质生产关系,强调经济基础决定上层建筑,已成为我国当代基层社会治理的重要理论基础。经过40多年的改革开放和全球化的发展,我国经济实力和综合国力大大提升,党和政府遵循马克思市民社会理论和社会建设思想,借鉴西方有关治理理论,在社会治理领域的理论视野更加开阔,在治理实践中不断探索,积累了丰富的经验,尤其是基层社会治理工作不断得到加强和创新,有效维护了基层社会的社会稳定、民生权益和社区和谐。我国改革开放以来的基层社会治理实践,不仅有助于党和政府深化对共产党执政规律、社会主义建设规律、人类社会发展规律的认识,同时大大推动我国政府社会治理理念的转变和更新,使创新社会治理成为当代中国社会治理现代化的必然要求和理性选择。但随着改革的深入,我国社会组织参与社会治理中一些深层次的问题也暴露出来。

第一节　我国社会组织参与基层社会治理的实践

一、我国社会组织参与基层社会治理的主要模式

党的十七届二中全会开始作出重要战略部署:要加快行政管理体制改革,建设服务型政府。为促进政府的服务更高效,政府逐步把一些社会管理职能交给社会组织,发挥社会组织的作用。一方面,庞大的社会组织规模满足了社会广大群体自治的需要;另一方面,社会组织弥补了政府在公共服务领域的失灵,并对其他治理主体进行了有效的监督。十八大以来,我国积极探索社会组织参与城乡社区治理创新。如建设全国社区治理和服务创新实验区,鼓励地方立足

实情改革创新社区治理体制,探索社区、社会组织和社工"三社联动"的基层治理模式;健全社区工作者选拔、管理、培训等机制,制定发布《社区公共服务综合信息平台基本规范》,推进社区公共服务综合信息平台和智慧社区建设;健全社区服务体系,拓展服务内容,创新服务方式,广泛开展面向社区全体居民的就业、社保、卫生、文体和日间照料等便民利民服务。党的十九大报告明确提出,要"打造共建共治共享的社会治理格局";十九届四中全会针对基层治理,明确提出"构建基层社会治理新格局"。两次报告也都同时明确了要发挥社会组织的积极作用,夯实基层社会治理的基础。

当前,我国的各类社会组织参与基层社区管理呈现较快发展的态势。经过尝试探索,已经形成以下几种参与模式:

(一)城乡社区的参与式自治模式

自20世纪90年代初开始,社区建设逐渐成为我国城市管理改革的核心内容。在社区建设过程中,使社区居民有效地参与是社会组织参与城市社区建设的重要目标。如浙江省宁波市海曙区,是政府与社会组织进行社区参与式治理的试点。在社区,政府尽量放权,让社区尽可能自主自治,并通过项目的形式给予资金等方面的支持。该模式旨在推动社会组织参与社区治理,同时推动参与式理念的传播、方法的培训和模式的共建。当然,在农村更具有综合性的农民协会目前尚不能取得法律和政治的合法性,尽管专业经济技术合作组织已经在大多数地区得到了政府的认可。安徽合肥市滨湖世纪社区,自2013年挂牌成立以来,积极探索治理创新,建立"党委领导、多元共治、居政分离"社区治理结构,利用互联网打造具备"比家更温馨的服务",涵盖社区事务受理、群众问题处理、文化生活服务、卫生服务、综合执法在内的社区综合性服务中心。滨湖世纪社区推行"数字化、信息化、网格化"治理,实现区域内的"九队联防"[1],维护社区的安全和稳定。滨湖世纪社区也先后荣获全国和谐社区建设示范社区、全国科普示范社区、全国社会工作示范社区、中国社区发展创新奖等多项荣誉。

(二)政府购买公共服务中的社会组织参与模式

面对日益复杂的社会事务,政府在改变自身职能和管理方式。根据政府转变职能和事业单位改革的要求,对政府分离出的或新增的社会管理和公共服务

---

[1] 九队联防,即区域内城市管理、安全生产、环保治污、劳动监察、文化市场、计划生育、公安、工商、卫生食品药品监督"九队联防"。

事项,凡可委托社会组织承担的,就通过政府购买等法定方式向符合条件的社会组织购买,来实现公共责任和义务。如山东济南基爱女性关怀社会工作服务中心,自 2010 年 5 月起,开展社区居家养老服务项目,探索出政府购买服务的新型运行机制,形成民政局出资——街道办事处提供平台——社会组织落实具体服务的三方合作模式。再如"瓯江红"温州市党群服务中心也是通过政府购买公共服务参与社会治理的典型例子。

(三)弱势群体的参与式自治模式

目前,社会上还不同程度地存在着对弱势群体的歧视和偏见。弱势群体在实现基本权利方面仍面临许多亟待解决的问题,需要从法律、经济、行政、组织等方面进一步采取措施。在社会为弱势群体权利的实现创造良好的社会条件的同时,弱势群体也应该增强自我保护、自我组织的意识和能力。在杭州市,有一个名为"草根之家"的社会组织,是一个纯民间、纯公益的自助互助的志愿服务机构。"草根之家"坚持纯公益道路,所有活动基本不收费,通过凝聚社会上爱心人士的力量,为打工者提供一个互相学习、共同提高的精神家园和实现梦想平台,同时通过各种方式呼吁社会关注、帮助农民工。2010 年 6 月,"草根之家"被杭州市总工会授予"新杭州人志愿者服务站"的牌匾,纳入了工会系统。

上述社会组织参与基层社区治理的活动,显示了中国社会组织发展的方向和推动和谐社会构建的功能。当然,由于基层社会治理情况复杂,涉及部门众多,责任部门和统一的协调机构尚不明确,组织部署全社会的治理创新实践难度很大,具体路径还有待于各地各部门的实践探索和经验积累。

二、我国社会组织参与基层社会治理的实际成效

"改革开放以来,在各级党委和政府的重视和支持下,我国社会组织不断发展,在促进经济发展、繁荣社会事业、创新社会治理、扩大对外交往等方面发挥了积极作用。"[①]城乡基层社会组织根植于基层社会,密切联系基层群众,既是满足人民群众最直接、最现实的公共服务需要的重要服务主体,也是人民群众有序参与基层事务治理的重要组织平台,还是密切党和政府与不同行业、不同领域基层群众血肉联系的重要桥梁、纽带。近年来,我国各地基层注重从促进当地经济社会发展出发,让基层社会组织在服务群众生活、协同社会治理、维护社

---

① 中共中央办公厅,国务院办公厅.关于改革社会组织管理制度促进社会组织健康有序发展的意见.

会和谐等方面扮演重要角色,发挥了独特的积极作用。现将不同社会组织参与基层社会治理的成效分述如下:

(一)行业协会参与政府决策,为经济社会发展添柴加薪

市场经济要求的行政管理模式是"小政府,大社会",变"管制型"政府为"服务型"政府,建立"党委领导,政府负责,社会协同,公众参与"的新格局。这就必须由社会组织承接政府的部分职能转移。我国社会组织在承接政府职能转移方面积极发挥主观能动性,主动承接政府放权,脚踏实地干好工作。通过对部分行业协会负责人的深度访谈得知,行业协会的蓬勃发展,为我国经济建设注入了新鲜活力,它们在我国经济发展中充分利用自身优势,发挥服务、管理、协调、沟通等多方面的功能。

1. 参与政府决策,维护社会稳定。行业协会在制定行业发展规划中充当政府部门的参谋和助手,提供有关数据、信息,提出建议和意见,同时他们积极参与政府部门组织的一些行业性的检查、验收、认证、资质审查,并在实施规划中发挥自身的积极作用。另外,社会组织在反映民意民情、表达利益诉求、参与利益协调、化解社会矛盾等方面有着不可代替的作用,是社会的"减震器"。

一是沟通联络,当好政府与企业之间的桥梁和纽带。不少企业在生产经营中经常会遇到各种困难,有的涉及企业合法权益问题,但由于单个企业的能力不够而难以解决。有了行业协会组织后,通过正常的渠道和方式,及时向政府反映行业企业的要求和呼声,问题得到及时解决。例如,深圳市电子商会积极与各级政府进行沟通交流,协助政府部门对电子行业的管理,共商电子行业的发展大计,拓展电子行业的发展渠道,积极促进电子行业的健康发展。商会秘书长在接见钦州市委书记一行时就达成协议:发挥平台作用,利用微信、网站、杂志等对钦州进行宣传,钦州发挥交通和区位优势,共同开拓东盟市场,加强经贸技术交流合作等。此外,在抗击新冠疫情的过程中,宁波市家宴餐饮行业协会、宁波市美发美容行业协会、宁波市出租汽车协会等绝大部分行业协会都发出行业倡议,建议所属企业延迟营业,共同防控疫情。

二是反映诉求,表达民意。据我们的抽样调查,有 1/6 的社会组织成功反映诉求、表达民意,促使地方政府修改或停止某项政策。例如,在 2013 年温州市有关部门打算在鹿城区再兴建一个商贸城,会员们对此持有不同的观点,商会认为重复建设必将造成人力、物力、财力严重浪费,使经济秩序混乱,面临的问题不是重建商贸市场,而是在原有市场基础上扩大规模加以完善。商会及时

将情况向区政协写了提案，又向温州市人大提交了议案。最后，协会的意见得到支持，避免了商贸市场的重复建设，为政府和国家减少了损失。

三是调解争端，化解冲突。劳资矛盾在一些地区比较尖锐，社团组织的身影越来越多地出现在劳动关系领域。在一些矛盾比较突出的地区，劳资双方还各自组织建立符合当前劳动关系的新的利益协调机制。例如，深圳市电子商会积极邀请专家开展讲座，指导建立合理的利益协调机制，解决争端，实现共赢，同时通过网站（深圳电子行业信息网）实时更新会员动态，实现信息共享，发布国家最新的方针政策，为会员提供政策指导，提供经济信息和金融指导，等等。

2. 整合行业资源，服务市场竞争。行业协会通过网站、刊物以及讲座等途径，为会员企业提供各种信息，帮助其更好地经营决策；行业协会还为会员企业提供技术、管理、融资、法律、质量检验检测等多方面的服务，帮助其排忧解难；行业协会还积极组织会员企业参加国内外各种博览会、交易会，帮助其提高市场竞争力和产品的市场占有率，促进行业经济的发展。2013年，在"金融改革"的大背景下，温州启动了温州市行业协会（商会）应急转贷资金试点工作，行业协会积极筹集应急互助资金，如金属协会组织（5 000万元）、家具商会（9 000万元）等，这些应急资金在应对金融风险中发挥了重要的作用。深圳市电子商会努力为电子企业打造综合服务平台，形成立足深圳、面向全国和国际市场的电子信息产业综合性服务体系。

3. 推行行业自律，规范市场秩序。行业协会积极引导企业开展各项自律活动，要求会员企业建立健全企业诚信规章制度，诚信经营。行业协会通过制定行规行约，开展行业内部维权活动，效果较为明显。以温州行业协会为例，其制定的三类内部维权公约很好地参与了社会管理，维护了市场经济的秩序。在新产品维权公约、价格维权公约和人才流动公约三类公约中，最为典型的是被国家专利局称为"专利法有益补充"的新产品维权公约。这类公约是行业协会专门针对产品效仿现象出台的，公约规定了"业内专利"标准，会员企业可以向协会提出新产品"业内专利"申请，在维权有效期内，如果发现侵权行为，经协会查实，将就地销毁侵权产品的模具，没收其专用零配件，情节严重者，协会还将提请工商部门吊销其营业执照。社会组织自我教育、自我管理、自我服务，不仅能锻炼和提高人民群众参与社会管理的能力，还能使其在为成员争取或维护合法权益的社会实践中，增强公民的权利意识，在推进基层民主政治建设中有不可替代的作用。近年来，温州的行业协会和商会积极做好行业诚信自律工作，制定行业企业的规范,如温州金属行业协会制定了《钢贸企业信用信息管理办法》《钢贸企业信用评级办法》等制度。对于一些企业的非诚信行为,温州市眼镜商会的做法是先内部调查并进行调解,调解无果就直接上行业杂志进行曝光。根据调查,温州市行业协会为新产品维权就达 280 多起,有效维护了企业权益和市场竞争秩序。

4. 应对贸易壁垒,维护行业权益。最近几年,各类国际贸易壁垒遍布我国各大支柱产业,成为我国出口企业挥之不去的阴影。比如,温州就先后有眼镜、打火机、鞋类、水产品、低压电器等 20 余种产品遭遇来自美国、欧盟、俄罗斯、土耳其、印度、阿根廷、巴西等国家和地区提出的贸易壁垒,涉案企业 170 多家,涉案金额 686 847 万美元。面对新的形势,温州行业协会联合同行业企业积极应对,组织人员配合政府部门对外交涉。调查中有位企业家开心地说:"有了行业协会,对外贸易很有底气和安全感。"

5. 打造区域品牌,创建产业基地。行业协会还积极协助政府打造区域经济品牌,创建企业生产基地。一是加强宣传教育工作,提高会员企业的品牌意识;二是帮助企业制定品牌发展战略和推广规划;三是通过举办或组织参加各类展览会、博览会,帮助会员企业展示和树立品牌形象;四是组织、筹划行业生产基地的申报。数据截至 2014 年,作为我国民营经济之都的温州已经先后争得中国服装名城、中国鞋都等 30 多个国字号的行业品牌。

> **案例**
> ### 深圳市机械行业协会
> 深圳市机械行业协会成立于 1986 年,是由机械行业各生产经营企业、办事机构及有关人士共同组成的非营利性行业组织。截至 2015 年上半年,有企业近 10 000 家,理事、常务理事及会员近 600 个。
>
> 深圳市机械行业协会自成立以来遵循为企业服务、推动机械行业发展、促进工业经济繁荣的宗旨,通过多种形式开展行业技术研讨,积极开展培训活动,建立行业自律机制,维护企业合法利益,组织企业举办并参加国内外各种专业展览展销、经贸洽谈活动,宣传推广行业产品。为了更好地发挥协会的作用,深圳市机械行业协会建立了 8 个平台,分别是产学研合作平台、人才培育平台、科技信息平台、国际交流平台、投融资服务平台、市场推广平台、产业发展平台和"1 对 1"助学平台,同时下设 3 个专业委员会,分别是智能装备委员会、精密制造委员会、精密模具委员会。

产学研合作平台积极整合协会的公共资源,联合高校、科研机构等开展各种交流和研究工作,以期促进技术、工艺和生产的快速发展,收到良好的社会效益和经济效益,实现各方共赢。人才培育平台结合市场的需求,通过校企合作、人才培训和人才引进等方式进行人才培育,并在此基础上形成长效机制,建立人才信息数据库,为整个行业的发展提供源源不断的人才资源。科技信息平台积极从事行业信息资源的搜集、开发、整理,并建立行业信息资源数据库,再通过各种渠道向整个协会传递最新的信息咨询,实现有效的共享和利用,同时与软件商合作从事软件开发工作。国际交流平台主要负责组织行业企业到国外相关企业进行考察、交流、学习,追踪国外的科研进程和人才资源等,引进国外先进的科学技术和管理经验,帮助行业企业"请进来、走出去",如每年3月在深圳举办大型"中国(深圳)国际机械制造工业展览会"。投融资服务平台是协会全新打造的银企对接融资服务平台,主要提供中小企业成长辅导、财务顾问、融资咨询和受托资产管理,等等。市场推广平台主要组织各类展会,组织、引导行业企业开拓国内外市场,为相关企业搭建一个展示、交易、沟通、合作的国际大舞台,同时推广深圳机械企业的形象,打造一流的国际品牌。产业发展平台为政府制定行业政策提供一定的参考数据,协助政府搞好政策的宣传和实施,制定行业发展状况白皮书,为行业企业制定发展战略,进行产业升级提供相关的资料参考。"1对1"助学平台主要是与各基金会合作,对机械专业贫困生进行"1对1"的资助活动,借此为社会尽一份责任,不断提升机械行业的社会地位和影响力。

(二)民办非企业单位开展诚信活动,服务公益事业

社会组织因其自发性、志愿性、公益性等特点,能够较好地适应和解决很多社会问题,弥补政府和市场失灵的不足。它在吸纳一定的社会资源用于公益服务的同时接受其监管,与政府在相关公共服务领域里进行合作互动、共同发展。民办非企业单位遍布城乡,涉及教育、文化、卫生、科技、体育、劳动、民政等领域,为社会公共事业和社会公益事业的发展做出了积极贡献。

1. 劳动类、教育类民办非企业单位推行承诺制度。20世纪80年代中期,我国公办教育事业出现了困难、尴尬的局面。在这种情况下,民办教育机构应运而生。以我国民办教育综合改革试验区和民政综合改革试验区的温州为例,发展至今,温州有教育类民办非企业单位1 706家,劳动类民办非企业单位289

家,在"诚信与自律"建设活动中,它们提出了"打造诚信环境,构建和谐社会"的口号,其中,如温州市标榜希国美发美容培训学校、金鼎美食培训学校、温州市瓯越职业技能培训学校等,都是推行承诺制度的典型代表。

2. 卫生类、科技类民办非企业单位推动公益事业发展。以我们重点调查的温州地区为例,温州有卫生类民办非企业单位48家,科技类民办非企业单位124家,它们在运作中同样恪守非营利原则,以人为本,为人民群众的健康安宁奔走忙碌。温州市叶生针刀骨伤科研究所、温州市经济技术开发区龙湾园区卫生服务中心、温州市康宁精神卫生研究所都积极以各种形式推动公益事业的发展。以陕西省为例,此次新冠疫情防控中,西安市50家公益慈善类社会组织联合开展了"社会组织抗击疫情线上联合服务行动";陕西省保健学会各专家委员会143人分批驰援湖北,开设"抗疫专栏"发布信息300余条;陕西省医学会、陕西省医师协会等医疗卫生行业类社会组织组建呼吸、重症、传染等重点专业的医学专家组,指导全省患者的医疗救治工作。全省社会组织累计开展科普防疫宣传近5万次。

学术性社团组织已成为推动我国科技进步的生力军。他们交流学术成果,繁荣科学事业,为科学文化成果交流提供了渠道,促进了科学文化事业的繁荣,更促进了文明成果的提高和传播。近年来,学术性社团组织认真贯彻"科教兴市"和可持续发展战略,围绕经济社会发展中的热点、难点和重点问题,通过多种形式为政府决策提供服务。如2012年成立的温州市高层次人才联谊会,发挥智囊优势,努力向政府有关部门建言献策,发挥科技优势,服务社会,与多家企业挂钩,实行厂会协作,开展技术咨询服务活动;同时,利用知识优势,服务社区科普,成立了专家、教授组成的科普讲师团,举办科普讲座、科普咨询等。许多学术性团体还组织广大科技工作者直接面向经济建设主战场,实行产、学、研相结合,推动科技成果向现实生产力的转化,促进企业加快技术改造,增强创新能力,提高经济效益。

3. 文体类、民政类民办非企业单位促进社会协调发展。温州,作为市场改革取向较早、经济格局比较独特、"四个多样化"表现比较明显、社情民意比较复杂的地方,不仅催生了上述民办非企业单位,而且这些单位弥补社会各个领域的不足,为温州的协调发展做出了重要的贡献。例如,温州市大美术研究院为摄影界、美术界人士提供了良好的交流平台;温州市冶金青少年俱乐部依托浙江工贸职业技术学院的场地、师资等资源对周边社区居民的健身进行了标准化指导;温州市耿明瓯绣艺术研究所挖掘、整理了瓯绣传统技艺,拯救了这一古老文化遗产;温州市鹿城区广化街道红景天老人公寓为老年人提供了优质低偿的服务;洞头县3家老人福利机构分别向社会提供了多张公益铺位,甚至为特困老人减免了费用。

> **案例**
>
> 中国青年志愿者协会
>
> 中国青年志愿者协会成立于1994年,是由志愿从事社会公益事业与社会保障事业的各界青年组成的全国性社会团体,是青年志愿者组织和个人自愿结成的非营利性社会组织。
>
> 为适应社会主义市场经济发展的需要,中国青年志愿者协会积极推动青年志愿服务体系的建立和完善;培养青年的奉献精神;培训青年志愿者;为弱势群体提供服务;积极与海内外志愿者组织进行交流。从这个角度来看,中国青年志愿者协会对社会多样化需求的满足和社会多元化治理的实现具有重要意义。
>
> 中国青年志愿者协会自成立以来,主要通过如下三种途径积极奉献着。第一,大力弘扬志愿文化,培育志愿精神。中国青年志愿者协会通过论文征集比赛、研讨会、纪实报道和活动宣传等方式开展志愿活动,大力弘扬志愿文化,培育志愿精神。例如,2015年4月10日至5月20日,由团中央青年志愿者工作部、中国青年志愿者协会秘书处联合举办的"社会主义核心价值观与青年志愿者行动"主题论文征集活动,最终有35篇论文从初评中脱颖而出入选专家评审。再如,中国青年志愿者协会文化宣传工作委员会第一次工作研讨会于2014年12月3日在广州召开,关于如何开展宣传工作,会议达成四点共识:一、积极传播志愿服务文化,宣传志愿服务典型,搭建志愿服务文化平台;二、结合建设社会主义核心价值体系的要求,志愿服务事业科学化发展的需求和当代青年个性化追求,以向社会征集、开展评选和推荐作品等方式开展宣传工作;三、积极与相关媒体联合,通过媒体与媒体联合,让多家媒体在同一时间为同一件事情集中发声,提升志愿服务宣传效果;四、建立健全文化宣传工作委员会管理办法,明确任务分工,具体责任到人。第二,积极开展志愿实践,用实际行动践行志愿精神。中国青年志愿者协会的志愿实践主要包括两种:固定的项目性志愿和临时的即时性志愿。项目性志愿主要针对某些

典型的社会难题开展的志愿工作,如西部计划、阳光行动和暖冬行动,等等。如 2015 年 8 月,来自全国 1 807 所高校的 1.83 万名志愿者陆续奔赴中西部 22 个省(区、市)及新疆生产建设兵团开展基层志愿服务。即时性志愿是指面对突发性事件,积极参与救援,开展志愿工作。如 2015 年 8 月 12 日晚,天津滨海新区瑞海公司所属危险品仓库发生爆炸,滨海新区所辖的天津开发区管委会紧急转移居民并提供食宿,中国青年志愿者协会组织大批志愿者和车辆来到现场参与救援,提供志愿服务。第三,积极开展交流活动,培养志愿人才。积极开展交流活动,培养志愿人才是中国青年志愿者协会的又一主要工作,因为只有这样,才能为志愿事业提供有力的人才资源。培训志愿人才的方式主要包括地区性培养和全国性交流两种。例如,团中央青年志愿者工作部在江苏镇江和浙江杭州分期举办 2015 年中国青年志愿服务项目大赛暨阳光行动、关爱行动骨干人员培训班;中国青年志愿者协会在重庆举办"2015 年志愿服务重庆交流会暨第二届中国青年志愿服务项目大赛"。

资料来源:中国青年志愿者协会官网,http://www.zgzyz.org.cn/。

(三) 社区社会组织丰富社区生活,创建社区文化

社区是社会建设的重要载体。马克思强调,无论是承担物质资料生产的单位,还是承担人类自身繁衍的家庭,人们进行社会建设时都是在一定的社会区域即社区内进行的。在马克思那里,社区有多种称谓,如"合作社""公社"等。马克思认为,合作社是未来社会劳动人民的创造,旨在消除资本和劳动的对立,因而是适合未来社会的经营组织形式,是社会主义生产关系的萌芽。社区不仅是家庭和单位的重要存在区域,还是社会建设的重要场域。

我国社区社会组织已经成为街道社区居委会的助手,这种组织实现了活动的合法性、队伍的稳定性、组织的规范性,克服了过去召集各种组织活动的临时性、盲目性。已经形成了政府离不开社区社会组织,群众也离不开社区社会组织的局面。

1. 社区社会组织填补了社区管理的不足,起到助手的作用。社区社会组织积极配合政府部门,参与社区共治。各地社区普遍建立的社区老人协会、社区双拥协会、社区文化组织等在配合政府部门管理的过程中都发挥了重要的作用,有效地填补了社区管理的不足。例如,成立于 1994 年的深圳莲花北社区管

理处,一直秉承"物质文明和精神文明两手都要抓,两手都要硬"的理念,在参与基层社会治理中开辟了一片新天地。社区管理处全面负责社区的物业管理,是社区的全能"管家"。这个全能的"管家"采取了企业化的运营方式,大大提高了基层社会治理的效率和水平。因此,"莲花北模式"也被部分学者称为"企业化模式"。这种由物业公司牵头,组织居民共同承担社区的综合管理与服务职能的做法大大削弱了居委会的作用,如今,4个居委会只保留1个,从事征兵、新生儿出生登记等工作。

2. 社区社会组织开展志愿者服务,促进社区精神文明建设。各类志愿者协会因地制宜,因需要而自发组织,积极开展社区环保宣传,社区卫生监督,社区治安行动,成果明显,作用突出。温州莲池街道和丁字桥社区组织协会开展联合行动,共创文明城市;庆年坊社区积极开展创建无毒社区活动,并受到了公安部门的表彰。社区志愿者协会还开展一对一的帮扶活动,许多孤寡老人得到了帮助,创造了社区文明新风。江西吉安市吉州区基层社会组织积极开展矛盾调节处理、社区矫正、法律宣传等活动,通过社会组织的柔性调处,促进了邻里和睦,维护了基层社会和谐。其下辖的古南镇街道创建了家庭"心语""夕语""青语""她语"四个工作室:"心语"工作室主要解决各种矛盾关系,"夕语"工作室旨在帮助老年人表达诉求,"青语"工作室可以帮助青少年排忧解难,"她语"工作室为社区女性群体提供关爱。"四语"工作室还邀请专业志愿者,针对不同人群举办健康讲座,普及心理健康知识,帮助居民化解心结,疏导情绪。深圳莲花北社区管理处坚持"为业主提供零缺陷的服务",社区内的卫生、安全、文娱、医疗、邻里关系的调节,甚至宠物打疫苗等都由管理处负责。管理处设有一个社区文化部,专门负责社区内的文娱、村报、科普等工作,定期组织文艺队伍进行演出,开展道德讲座等,大大提高了居民精神生活的质量,促进了社区的精神文明建设。

3. 社区社会组织开展文体活动,创建社区文化。近年来,诸多的社区组织因地制宜,其所开展的各种文化宣传、文化活动对于丰富人们的精神生活起到积极的作用。文化、艺术类社区社会组织为创建文明社区,活跃居民生活,提高生活文化品位,在社区内创建了京剧社、越剧社和歌舞队。组织文艺爱好者排练群众喜闻乐见、健康向上的传统戏剧和文艺节目,这类组织活动既弘扬了我国的传统艺术,又提高了城市居民的文化品位。体育类社区社会组织,提倡全民健身,活跃广场文化,倡导了一种良好的社区生活环境。如温州市政府为了扶持社区全民健身,专门拨专款购置器械,设置健身点100多个,设立舞蹈广场数十个,为活跃城市文化、创文明城市做出了极大贡献。

案例

北京朝阳区朝外街道社会管理服务中心

朝外街道是朝阳区的西大门,始建于1954年。辖区面积2.2平方千米,人口62 500余人,其中外来人口7 000人左右。划分为芳草地、吉祥里、天福园等7个社区,驻有社会单位1 271个,其中,中央市属单位85个、区属单位20个、新经济组织近1 200个。

朝外街道有自己的特色,当然这也给其社区治理带来了巨大的挑战。其一,党政机构和外国大使馆众多。域内驻有众多行政部门的办公楼和13个外国大使馆。其二,经济商业单位繁多。朝外大街两侧云集了丰联、泛利、百脑汇等大型商厦,还有驰名中外的雅宝路服装等,商业氛围浓厚。其三,少数民族众多。朝外街道居住着回族、满族、蒙古族、藏族等13个少数民族,人口近5 500人;其四,文物古迹众多。朝外街道有日坛公园、琉璃牌楼、东岳庙以及闻名中外的南下坡;其五,危改项目众多。在辖区内有1平方千米以上的区域有待开发、整改,约占总面积的50%。

为了搞好社会建设,朝外街道积极创新基层社会治理体制。在上级的关心和专家的支持下,朝外街道于2006年成立了社会管理服务中心,这是在创新基层社会治理体制的道路上迈出了坚实而有效的一步。作为朝外街道下属的事业单位,经过10余年的发展,社会管理服务中心的实际意义越发凸显。通过分析,社会管理服务中心的职能可以概括为如下3个方面:

一是培育了大量社会组织,提高了社会资本。社会管理服务中心根据群众需求和街道实际,积极扶持和培育各类社会组织,包括文娱类、公益类和互助类等,支持社会力量成立各类行业协会、学术组织、商会,发挥其在社会治理中的功能。已成立的协会为社区内发展各类社会组织发挥了先锋带头作用。经过社会管理服务中心的努力,朝外街道建成了基本的公共服务体系,社会资本大大提高。另外,还积极参与社会公共服务设施的建设。

二是整合了社会资源,加强了社会协同。社会管理服务中心积极对辖区内的各种社会资源进行整合,包括劳动就业、学校教育、社区管理等,同时搭建群众参与社区治理的平台。如此,社区内各种社会组织都被纳入社会管理服务中心的统一管理。在社会管理服务中心的积极努力下,有效发挥了各类协会的动员参与、提供服务、协调利益关系、规范行业行为的作用,完善了其在社会治理中应有的功能。例如,社会管理服务中心协同各类社会组织,联合商业企业实施了"165N"工程,即发行一张公共服务卡,开展"六送"和"五助"服务。目前已为1 000多位特困群众发放了公共服务卡。

三是发挥了监督作用,提高了资源利用率。社会管理服务中心在支持各类社会组织的同时,对其进行严格的监督,坚持培育和监管并重的方针。经过几年的探索,逐步建立了"依法设立、自行运作、自筹经费、政社分开"的社会组织运行机制。社会管理服务中心依照街道委托使用所拨付的财政资金和公共筹集的资金,另外,也协助各类组织自行拓展资金的来源渠道并监督管理使用。如此,社会组织得到了快速的发展,社会资源也得到了高效的利用。

(四)农村社会组织整合了农业资源,完善了城乡基层自治制度

1. 整合农业资源。我国加入WTO以后,温州市针对农村经济体制改革后的新情况、新变化,将农村专业经济协会的培育发展工作列入社会组织管理工作的重要内容之一。逐渐加强对农村社会组织的培育发展的力度。目前,经市、县两级民政部门登记的农村专业协会60个,单位会员1 497个,个人会员5 797名。各个农村专业协会普遍开展了优良品种栽培技术推广、新品试种、帮助开拓市场、与农户签订"产品收购订单"以及农技培训等系列工作。农村社会组织的整合工作取得了显著成效。如温州瑞安市蔬菜协会推广了"杭茄一号"茄子等瓜菜新品10多个,在丰富了市民菜篮子的同时,打开了农产品市场,极大地提高了农民收入。根据入世后形势发展的需要,适应农产品国际市场的需要,农业产业联合会,把涉及20多个领域和1万多个单位的23个涉农协会联合起来,克服了以往涉农专业协会存在的"小、散、弱"的缺陷,统一协调,共同发展,把温州农产品推向了国际市场。再如山东省济宁市金乡县大蒜协会积极通过网站进行产品展示,组建专业团队开拓市场,整合资源,提高金乡大蒜的竞争力。

2. 完善基层自治制度。不少地区大力鼓励村民组建理事会,积极参与基层自治。如广东云浮市在自然村组建"村民理事会",形成"官民共治"。云浮通过创设村民理事会等社会组织,有效整合了社会治理力量,为探寻农村综合改革提供了一条新路径。其一,在社会管理新格局下,党政主导与农民主体是"两翼"。其二,传统的宗族、乡约等民间组织是培育农村社会组织、实现群众协同

参与的重要资源。其三,现代乡贤是提高农村的建设水平、管理水平与农民的思想水平的关键条件。其四,必须为民事民治作用发挥提供载体。李宗桂等专家表示,云浮市在以优秀传统文化夯实社会治理基础方面有不少做法具有启发意义。第一是以社区内部的文化价值观念降低乡村治理的组织成本;第二是促进社会建设及管理要抓住农村"熟人社会"特点;第三是挖掘传统文化治理资源,塑造社区精神和社区发展文化。

3. 扶助弱势群体。在人们收入差别不断扩大的情况下,弱势群体生活处境的改善就成为政府和社会必须关注的社会问题。这个问题解决不好,社会公平就无从谈起。但是,利益协调不能走"杀富济贫"的老路。政府要建立和完善社会利益统筹的长效机制,在构建社会保障机制的同时,发挥民间组织的力量,开展扶弱济贫、助残帮困等活动,向弱势群体伸出救助之手。农村社会组织在物质上帮助贫困阶层的同时,还应开展各种形式的培训和教育,提高弱势群体的整体素质,如兴办面向贫困家庭子女的职业培训基地、民工子弟学校等,帮助弱势群体提高整体素质和参与社会竞争的能力,让他们自立自强,为他们获得公平的竞争机会创造条件,这比经济上的救助更有意义。例如,广东省阳江市阳西县农村卫生协会每年定期为65岁以上老人进行体检,阳西县医学会和阳西县护理学会会利用一个月的双休日到敬老院进行义诊,阳西县佛教协会每年两次向当地孤寡老人、空巢老人开展慰问、赠药活动等。

实践表明,我国社会组织承接政府部分社会管理职能,把政府从"做事"中解脱出来,真正完全转变到"管事"的层面上来,变"万能政府"为"效能政府",大大提高了工作效率。

> **案例**
>
> ### 四川仪陇县乡村发展协会
>
> 仪陇县乡村发展协会成立于1996年3月,其性质是非营利性民间社团组织,即今天所称的社会组织。该协会以"以人为本的乡村扶贫与可持续发展"为宗旨,主要开展农民组织建设、乡村建设、小额信贷和乡村社区发展等服务。协会由理事会统一统筹领导,秘书处直接从事管理,办公室负责日常事务,设有信贷监管部、财务部、发展部3个部门,下设周河、双胜、永乐、大寅等7个分会。
>
> 自成立以来,在国际组织和当地有关部门的帮助下,仪陇县乡村发展协会始终坚持站在农村、站在基层、站在第一线,积极整合农村资源,完善基层自治制度,促进弱势群体的发展,等等。

第一，建立了完善的扶贫金融服务体系，小额信贷项目有序发展。协会根据发展的需要，先是联合公司设计开发了现代化的小额信息管理软件，并建立了完善的数据库以切实保证资金的有效利用，同时提高了小额信贷的抗风险能力。如2014年12月发放小额信贷近100万元，回收80余万元。第二，积极推动农民互助组织和社区的建设，整合乡村资源。一直以来，协会都组织专门、专业的工作队伍陪伴贫困村农民互助社的发展，积极开展相关活动，对互助社的管理人员进行现代化的培训、指导，并进行严格的监督，同时创造各种有利条件，为互助社提供良好的发展平台。例如，协会带领张爷庙村管理人员参加北京"农合CEO"培训班学习；带领丁字桥镇管理人员参加亳州市全国农合之家年会交流会，等等。至今，已开展各类活动100余场，培训农民近5万人次。第三，积极开展志愿服务活动，关爱弱势群体的生活和发展。协会以志愿者驿站为核心，有组织、有计划的开展志愿服务活动。积极走进敬老院，关爱老人；走进留守儿童学校，关心孩子的成长；走进社区，帮助困难家庭脱贫致富；等等。

经过多年的努力，仪陇县乡村发展协会在整合农业农村资源、完善城乡基层自治制度等方面做出了重要的贡献，也赢得了社会的广泛认可，2011年协会获得国际小母牛项目"最佳伙伴奖"；秘书长高向军获得全国"十大女性公益人物"、全国"金惠工程优秀组织者"等奖项。

资料来源：四川仪陇县乡村发展协会官网，http://www.ardysc.org.cn/。

第二节 我国社会组织参与基层社会治理的特点

一、社会组织的形式多样

近年来，随着我国经济社会的快速发展，大量社会组织如雨后春笋般蓬勃出现，有个体私营企业、三资企业等经济组织，有青联、学联、作协、记协等人民团体和群众组织，有各种行业协会、消费者协会、商会等社团组织，基本覆盖社会生活的各个领域。社会组织成立要求条件不高，产生比较灵活，有些社会组织便是根据成员兴趣自发形成,这使得社会组织形式呈现多样化的特点,社会组织的形式多样性突出体现在多领域、多层次和多性质等几个方面。

(一)多领域

改革开放以来,我国经济社会持续发展,法制逐步健全,社会组织与政府的关系也逐步理顺,与社会的关系更加紧密,并不断向经济、社会、科技等各个领域全方位拓展,门类日益繁多,可以说各个领域都有社会组织活动的踪迹。我国社会组织的多样性及多领域特点可以从民政部2020年的统计资料窥见一斑:"截至2020年底,全国共有社会组织89.4万个,比上年增长7.3%。社会组织有社会团体、基金会、民办非事业单位组织三个主要领域,每个领域又包括9类,包括:科学研究类、教育类、卫生类、社会服务类、文化类、体育类、工商业服务类、农村及农村发展类、其他。这些单位吸纳社会各类人员就业980.4万人,比上年增长13.4%。"[1]这些社会组织在参与基层社会治理的过程中范围已经涉及各个产业和各个领域。

(二)多层次

从地域涵盖范围看,社会组织可分为全国性的、省级的以及市级和县级,有的甚至到乡镇级别;从成员涵盖范围看,有的组织只存在某个单位范围,有的社会组织可以覆盖社会各领域。全国性的社会组织在其辖区内又会生成次级别的附属组织,就是说一个社会组织又会有若干个层次。例如,中国政治学会在全国、省(直辖市)几乎都建立了相应的层次机构。1986年成立的中华全国律师协会现有团体会员31个(即各省、自治区、直辖市律师协会),个人会员近11万人。其中,浙江省律师协会下设省直、温州、湖州等10多个律师协会,而在律师协会内部又建立了女律师协会和青年律师协会等组织。对于小范围的社会组织来说,有的组织只有单一层次,而有的组织也会伴随内部条件分层设置相应下属组织。例如,我国大学存在的学生会,为了开展学生工作的便利和高效,一般会在校、院和系三级建立相应组织机构。因此,从存在层次看,我国社会组织也表现出多样化特征。

(三)多性质

从组织性质看,社会组织也呈现多样性。就我国的社会组织而言,有些社会组织是依附性的组织,如高校的研究会等;有些社会组织是自发形成的独立

---

[1] 资料来源:《2020年民政事业发展统计公报》,中华人民共和国民政部发布。

组织,如各类同乡会、同学会等。从组织发展目标看,有些社会组织是非营利组织,如各类志愿者组织等;有些社会组织是营利性组织,如一些民办学校和民营医院等组织。从存在状态看,有些社会组织是实体组织,如环保组织等;而有些社会组织是虚拟组织,如各种网络社团等。我国民政系统一般把社会组织划分为社会团体、民办非企业单位、基金会和涉外组织。以广东省广州市为例:"截至 2018 年 12 月底,广州市登记社会组织 7 901 个(包括社会团体 3 269 个,民办非企业单位 4 568 个,基金会 64 个),其中,行业协会 348 个,登记认定慈善组织 105 个。其中,市一级登记社会组织 1 442 个(包括社会团体 1 206 个,民办非企业单位 172 个,基金会 64 个),其中,行业协会商会 192 个,异地商会 87 个,登记认定慈善组织 80 个。"①

二、社会组织拥有的资源相对丰富

资源是社会组织生存和发展的不可或缺的要素,拥有资源的数量多少和质量高低,对社会组织开展活动和发挥作用具有重要影响。社会组织拥有的资源是指社会组织能够支配的有形和无形的资源总和,包括经济资源、政治资源和文化资源等。虽然与发达国家相比,我国社会组织在发展经费以及活动空间等方面还有差距,但是总体而言,我国社会组织拥有的资源还是比较丰富的,且近年来,在种类和数量上都有很大进步。

(一) 社会组织的资源涉及范围广,形式多样

社会组织普遍形成于社会各行业各领域,工作内容涉及文体、教育、法律、卫生等多个方面,这使得社会组织可以支配的资源范围比较广泛,能够有效调动社会各个方面的资源。另外,社会组织拥有的资源形式也是多种多样。从资源来源看,除了政府给予的各种经费支持外,还有社会的大量捐赠以及社会组织自营性收入。从资源的表现形式看,既有显性的经费、财物等实体资源,还有隐形的人力资源以及社会声誉等潜在资源。"我国公益慈善类社会组织平均每年募集 500 多亿元公益资金,凝聚数百万志愿者,在减贫济困、救灾防灾、助学助医、环境保护等领域开展公益活动,为发展公益事业、传播公益理念、弘扬志愿精神、促进社会公平正义做出了重要贡献。"②

---

① 资料来源:广州文明网,http://gdgz.wenming.cn/gzjj/201901/t20190110_5641917.html。
② 廖鸿.社会组织的治理能力及改革对策[J].中国机构改革与管理,2014(12):32.

（二）社会组织拥有的资源数量可观

改革开放以来，我国社会组织经过多年建设取得了不小进步。虽然整体上与发达国家还有一定差距，但是其取得的成绩还是值得肯定的。就我国社会组织可控资源而言，不仅形式多样，而且数量可观，在参与社会治理中发挥了重要作用。例如，民政部统计公报显示："截至2017年底，全国共有社会组织76.2万个，比上年增长8.4%；吸纳社会各类人员就业864.7万人，比上年增长13.2%；社会组织接收捐款729.2亿元。"[1]以温州市为例，"截至2018年底，全市慈善组织累计募集善款47.23亿元，救助支出善款35.2亿元，救助困难群众264.92万人次。其中，市慈善总会累计募集善款8.64亿元，救助支出善款7.06亿元，救助困难群众53.3万人次。"[2]如新冠疫情期间，截至2020年2月10日，湖南省14个市州累计1 903家社会组织参与疫情防控工作，捐赠款项逾1亿元，捐赠防疫物资价值8 286万元，74 000余名志愿者参与疫情防控工作，凝聚众志成城、全力以赴、共克时艰的强大社会力量。[3]

三、社会组织的治理方式相对灵活

社会组织在基层社会治理中比较突出的特征是参与治理方式的灵活。参与治理方式灵活是由社会组织的本质特性决定的，这也成为社会组织能够在基层社会治理中发挥作用的制胜法宝。

（一）社会组织的非政府性使得治理方式灵活

目前。虽然我国社会组织因为业务、资金等方面的因素与政府有一些联系，但是社会组织在本质上不是政府组织，而是独立的自治性组织，不具有官方组织的特性。这种非政府性使得社会组织在实际工作中较少受国家体制的束缚，能够获得相对较大的活动空间，从而在基层社会治理中表现得较为灵活。在有些政府组织不便介入或者现阶段还没有条件介入的领域，社会组织可以积极进入，充分发挥组织、协调等功能，推动社会稳定发展。由于经济条件所限，现阶段有些地方政府还没有足够能力建设人们满意的公共服务，就需要通过市场化的方式让实力比较雄厚的社会组织参与公共服务项目建设，以满足人们的生活需求。例如，2018年全国民办幼儿园16.58万所，比2017年增加5 407所，

---

[1] 资料来源：《2017年社会服务发展统计公报》，中华人民共和国民政部发布。
[2] 资料来源：温州慈善总会官网，http://www.wzcsh.org.cn/system/2019/06/05/013540102.shtml。
[3] 资料来源：华声在线，https://baijiahao.baidu.com/s?id=1658297999949804345&wfr=spider&for=pc。

占全国比例62.16%;在园幼儿2 639.78万人,比2017年增长2.62%,占全国比例56.69%;2018年教育事业发展公报显示:我国有民办普通高校749所(含独立学院265所),比上年增加3所,占全国比例28.13%,在校生649.60万人,比上年增长3.36%,占全国比例22.95%,硕士研究生在学1 490人。"这些民办机构体制灵活,涉及面广,贴近群众,不仅拓宽了公共服务范围,丰富了公共服务内容,弥补了政府公共服务的不足,而且从体制上改进了公共服务供给方式,降低了行政成本。"①

(二)社会组织的草根性使得治理方式灵活

社会组织基本上是形成于基层社会的团体,是各行各业人民群众自己的组织,有些学者把社会组织的这种特性归结为"草根性"。社会组织这种草根性使得它更加贴近民众,倾听众心声,及时发现民众的诉求并做出回应,从而有效预防不稳定事件的发生,尽早化解社会矛盾,有利于社会和谐稳定。社会组织是联系政府与民众之间的桥梁,既有沟通传递功能,又有缓冲减压作用。相比于民众直接同政府进行交流,社会组织与民众的交流可能更自然更亲切,这种亲和性更有助于社会组织在基层社会治理中发挥作用。"2009年,杭州全市社区(村)建成'和事佬'协会2 900余个,主动化解和协助调解民间纠纷7 880余件,使老百姓的矛盾化解在基层,承担了政府维护社会稳定的部分职能。"②

(三)社会组织结构的简单性和活动形式的多样性使得其参与社会治理方式灵活

大多数社会组织规模并不大,机构设置简单,结构松散趋于扁平化和网络化,办事程序也不复杂,这使得在面对基层社会治理问题时,能够根据各种既定条件及时做出反应,快速确定自己的策略、计划以及采取相应的有效措施,体现出较大的灵活性和适应性。另外,社会组织的活动涉及广泛,社会各个领域都有它们的身影。社会组织的专业化也使得它们在基层社会治理中大显身手,能够采取更有针对性的行动。例如,"清华大学NGO研究中心资料显示:北京NGO的社会活动方式就有10多种,其中,比较突出的方式是提供服务(58.7%)、交流(65.4%)、宣传(44.2%)和培训、研修、训练(62.5%),调查研究(59.6%),政策建议、提案(46.2%)。(见表7.1)"③

---

① 顾朝曦.充分发挥社会组织在城市治理中的积极作用[J].中国社会组织,2014(11):8-11.
② 赵伯艳.推进社会调解组织参与社会矛盾化解——基于几个案例的分析[J].社团管理研究,2011(11):25-28.
③ 王名主编.中国NGO研究——以个案为中心[M].北京:联合国区域发展中心,2001:27.

表 7.1 北京 NGO 的活动方式分布

(注:多项选择,总比例超过 100%)

活动方式	数量	比例(%)	活动方式	数量	比例(%)
提供资金、物资等援助	15	14.4	开展启蒙性活动	7	6.7
提供服务	61	58.7	政策建议、提案	48	46.2
义演义卖活动	3	2.9	商业性活动	4	3.9
宣传	46	44.2	设置经营实体	8	7.7
培训、研修、训练	65	62.5	收集资料、提供信息	46	44.2
交流	68	65.4	热线服务	11	10.6
出版刊物或其他出版物	44	42.3	培育基层组织	15	14.4
调查研究	62	59.6	其他	2	1.9

四、社会组织参与治理有政府的积极支持

英国学者格里·斯托克(Gerry Stoker)将各国学者有关治理的观点归纳为五个方面:"治理主体的多元化,即治理主体不是单一的政府,还包括其他社会主体;治理主体之间分工不明,权责不清;治理主体之间在权力上相互依赖;治理主体之间相互构成一个自组织网络;治理的手段的多样化,即不仅包括政府的权力,还包括其他的方法和技术。"[1]我国学者俞可平认为:"善治是政府与公民对社会生活的共同治理,是社会治理的最佳状态。"[2]因此,从治理的本质意义上讲,基层治理是社会组织与政府的"协同会战",并不是各自"单兵作战",政府是社会组织的重要支持者。没有政府的坚强有力支持,社会组织也不可能在基层社会治理中大显身手。当前,我国政府支持社会组织参与治理主要体现在政策支持和财经支持。

(一)政策支持

政府对社会组织的政策支持主要体现在制定关于社会组织发展的特殊照顾政策。政府制定的政策不仅涉及社会组织成立条件、工作内容以及活动范围等方面,而且包括对收入方面的税收优惠减免等。例如,2002 年江苏省政府发

---

[1] [英]格里·斯托克.作为理论的治理:五个论点[J].华夏风,译.国际社会科学杂志(中文版),1999(1):19-30.

[2] 俞可平.论国家治理现代化[M].北京:社会科学文献出版社,2014:123.

布了《关于对发展社会福利事业实行政策扶持的建议》,对社会福利院、儿童福利院、老年护理院、老年活动中心、敬老院等社会福利单位给予政策照顾。为此,2006年苏州市政府进一步制定并实行了《苏州市城区社会福利居家养老服务组织政策扶持操作办法(暂行)》,对资助对象、要件、补助标准以及资金来源进行了更加具体明确的说明。再如,由环保性公益组织发起的"26度行动"之所以能够顺利开展,与政府提供的政策支持密切相关。2005年,中央和各级政府号召建设节约型社会,提倡能源节约。同年6月,温家宝总理在题为"加快建设节约型社会"的讲话中明确提出:"夏季办公室、会议室等办公区域的空调温度设置不得低于26摄氏度,引发巨大社会反响。政策环境的改变有力地支持了社会公益组织的'26度行动'的顺利开展。"[1]

(二) 财经支持

政府对社会组织的财经支持一般包括直接支持和间接支持,直接支持是政府通过一些形式直接支付经费给社会组织。比如,政府向民办学校提供办公用品和经费等,帮助学校进行师资培训,支持学校运行发展。在有些地方,政府在社会组织用地、用房、水电以及税务等方面都给予减免。深圳市在2006—2009年共投入2.12亿元,资助500多个社会组织实施"老有所乐""老有所学"和"居家养老"等项目,"受益老人累计达15万人次;投入1.2亿元资助新成立的36家社工机构,引进和培养了813名社工人才,并在教育、司法、妇儿等10多个领域开展社工服务"[2]。

间接支持是政府通过向社会组织购买服务的方式增加社会组织的收入,这是政府与社会组织在基层社会实现合作治理的一个重要途径。例如,"资料显示,2014年浙江省温州市将34家市级部门的167项政府职能向110家社会组织转移,涉及教育、医疗卫生等公共服务和课题研究、规划、物业管理等领域"[3];据不完全统计,"温州市本级、各县(市、区)在众多政府购买领域的资金每年有近2亿元"。其中,鹿城区政府购买服务涉及民办教育、养老、助困、助残、助老、助医、助学等,共计1 000多万元;龙湾区政府购买民办教育、体育、养老类服务2014年度共安排资金1 551多万元;瓯海区政府购买民办教育、体育、养老类服

---

[1] 孙莉莉.草根公益组织成长模式变迁[M].北京:知识产权出版社,2013:76.
[2] 刘振国.中国社会组织的治理创新——基于地方政府实践的分析[J].经济社会体制比较,2010(3):142.
[3] 陆健.温州167项政府职能向社会组织转移[N].光明日报,2014-11-11.

务 2014 年度共安排资金 1 000 多万元,其中区民政局和区社会组织发展基金会共同出资 52 万元购买社会服务"三百"工程。[①]

第三节 我国社会组织在社会治理中存在的问题

尽管各地各部门就社会组织参与社会治理创新方面做了诸多有益探索,但由于我国社会组织参与基层治理实践时间较短,许多方面还处于探索阶段。这些探索多具有局部性、试点性和零碎性特点,所得经验缺少普适性,基本上是借鉴发达国家的模式和做法,尚未形成可复制、可推广的治理创新模式。同时,我国的政治体制、文化环境以及传统观念等对社会组织参与社会治理也都产生一些负面影响,使得社会组织参与基层治理工作进展并不理想。总体看来,在创新理念、参与体制、自身能力、治理功能以及保障体系等方面离马克思关于社会建设的设想还有一定的差距,或多或少存在一些问题。因此,在实践中探索社会组织如何更好地在社会治理中发挥作用就显得尤为迫切。

一、社会组织参与基层社会治理的理念落后

治理的一个重要特征就是治理主体多元化,这也是对管理主义单一主体封闭模式的扬弃与超越。在十八届三中全会上,我国提出国家治理体系和治理能力现代化目标,是对社会发展规律的深刻认识,是我国实现基层社会治理现代化的行动指针。理念是行为的先导。从根本上讲,我国社会组织参与基层社会治理存在诸多弊端,究其原因在于理念落后,不能适应基层社会发展的需要。当前,我国正处于深刻转型时期,改革进入攻坚阶段,新情况、新问题不断出现,这就要求人们以新思维、新观念视之。只有思想观念与时俱进,跟上时代的步伐,才能有效应对可能出现的复杂问题。然而,由于受传统观念和现实条件的影响,当前我国社会组织在基层社会治理中还存在一些不合时宜的认识,束缚了社会组织作用的发挥,也干扰了基层社会治理的有效实现。

(一)人治思想浓重,法治意识淡薄

法治是社会治理的基本准则和手段,全面推行法治,是实现社会治理现代

---

① 蔡建旺.财政支持下蓬勃发展的温州社会组织[J].中国社会组织,2015(9):31.

化的最重要标志。我国历史上长期经受封建帝制的禁锢,缺少民主法治思想的启蒙教育,人治思想影响深远,是我们在现代化进程中不容忽视的一个社会现象。受此影响,当前我国社会组织在参与社会治理中普遍存在人治的不良风气,缺少民主法制意识,这成为影响基层社会治理创新的一大障碍。例如,有些社会组织领导独断专行,随意决策,在社会活动中不遵循规章制度,甚至徇私枉法。

(二)重管理,轻服务

就政府来看,虽然社会组织已成为创新社会治理的重要主体,但很多政府工作人员在思想观念上"官本位"观念仍较严重,在治理主体上重政府作用、轻社会参与。有些人对社会组织的地位和作用也存在认识误区,认为社会组织做的是社会边缘或者补充性的工作,导致一些政府官员对发展社会组织的支持动力不足。从根本上说,社会组织形成的目的就在于为社会公众提供服务,满足社会公众需求,促进社会和谐发展。但是,现实中有些社会组织在参与社会治理活动时,仍存在官僚主义作风,把自己看作高高在上的政府官员,远离人民群众,甚至对公众的困难需求置若罔闻,不能很好地为公众服务,损害了社会组织的公益形象。在官本位错误思想以及经济利益的驱使下,社会组织往往热心于经济成本和资源分配等项目的算计,而忽略了应该达到的社会效益。从近年来媒体的报道可以看出,我国社会组织参与社会治理基本上处于被动状态,也就是说事情出现后,社会组织可能才会参与处置,而不是积极主动地想方设法进行预防。其中的缘由或许和社会组织缺少真正的服务理念有关。这说明人们对社会组织功能作用的认识还存在偏差和误区,由此也制约了社会组织对社会治理的参与。

(三)缺乏独立意识,依赖性过强

根据西方发达国家经验,社会组织是独立于国家政府系统,依法自愿参与社会活动的自我组织、自我管理的团体。也就是说,社会组织参与社会治理是一种自愿独立行为。但是,我们调查发现,有22%的人认为社会组织附属于政府部门,有11%的人则认为社会组织是政府部门的内设机构。在管理体制方面,由于长期以来我国对社会组织采取双重管理模式,一方面由民政部门实行严格的准入登记制度,另一方面是相关业务主管部门对社会组织进行业务管理。这种管理体制导致社会组织独立意识较差,缺乏自主活动能力。并且,由于许多社会组织是"官办组织",其经费来源基本上是上级主管部门拨付,更使得这些社会组织在组织、职能和运行机制等方面过分依赖政府,行政观念严重,基本上成为政府的附属机构,影响了自主性的发挥。

(四)开放意识不强,缺乏国际视野

由于我国社会组织发展时间不长,各种规制还不健全,经验还不丰富,与发达国家的社会组织相比较,我国社会组织的开放意识不强,缺乏交流学习机会。当今信息时代,任何个人和组织都无法完全掌握瞬息万变的信息资料,信息交流与资源共享显得十分必要。然而,由于考虑经济利益,以及担心竞争外部资源,我国社会组织在社会活动中常常独自开展活动,较少联合行动,对一些信息资源采取独享态度。封闭保守思想造成了我国社会组织活动空间相对狭小,相互隔阂,对社会治理极为不利。"近年来,尽管在如反对怒江建坝之类的活动中出现了部分社会组织联合行动的情形,但从总体上看这种情况仍属个案,大多数组织倾向于单打独斗,在开展项目上较少联合行动或合作,除了政府或官员机构推动的自上而下的大型项目之外,跨领域、跨部门、跨地区的重大公益活动颇为鲜见。"[①]我国社会组织开放意识不强还表现在与国际社会合作方面。现在我国社会组织参与国际社会活动多半是响应性的参与,缺乏积极主动性。

(五)缺乏协调,整体系统治理理念不强

近年来,基层社会的治理创新已经成为我国探索新型社会治理模式的主要阵地。虽然社会组织参与基层社会治理创新已经有所发展,但如上所述,这些创新治理活动还具有局部性、碎片化实践的特征,许多活动也都是形势所迫,基本上是问题倒逼的缘故,因而缺乏一种系统的改革思路。在实际工作中,社会组织比较看重在技术主义的层面解决各类社会治理难题,而缺少人文价值的关怀,导致很多项目只在表层上得到暂时解决,在深层次问题上却没有得到任何效果。由于缺少辩证的系统治理观,一些社会治理目标常常被以各种名目分割,不同项目之间也缺乏有机协调联系,造成人财物的大量浪费。

二、社会组织参与基层社会治理机制不健全

社会组织参与社会治理离不开完善的参与社会治理机制。应该说,近年来各地为促进社会治理在体制机制上采取了不少措施。例如,浙江海宁自2012年起就实行试点直接登记制度,简化公益慈善类、社会福利类社会组织登

---

① 王名.社会组织概论[M].北京:中国社会出版社,2010:93.

记程序,除法律、行政法规规定必须先取得许可证的以外,申请人可直接在登记管理机关办理登记手续。上海市2014年出台的《上海市社会组织直接登记管理若干规定》明确规定,"自2014年4月1日起,在上海市范围内新成立行业协会商会类、科技类、公益慈善类、城乡社区服务类等四类社会组织,可直接向社会组织登记管理机关依法申请登记,不再需要业务主管单位审查同意。"再以温州为例,近年来温州市把政府相关职能和工作事项按不同性质,以委托、授权、购买服务等形式,按有关规定通过公平、公正、公开的方式转移给符合条件的社会组织承接。但总的看来,目前社会组织参与基层社会治理机制依然存在不少的问题,这也是社会组织参与基层社会治理的主要症结问题,主要表现为:

第一,社会组织法规制度不完善,尚未形成社会组织参与社会治理的制度架构和顺畅的体制环境。明确的法规制度是社会组织参与社会治理的基本条件,党的十八届四中全会的《中共中央关于全面推进依法治国若干重大问题的决定》明确指出,要加强社会组织立法,规范和引导各类社会组织健康发展。但从现实来看,目前我国关于社会组织的政策法规还不是很完善。我国社会组织的法律地位主要有如下表现:其一,《宪法》上有根本性保障。1982年颁布的《中华人民共和国宪法》第35条规定,"中华人民共和国公民有言论、出版、集会、结社、游行、示威的自由",其中对"结社自由"的规定为我国社会组织的诞生做了根本性的保障;其二,在法律上,1986年颁布的《中华人民共和国民法通则》规定,"我国民事主体主要包括自然人、合伙、个体工商户、农村承包经营户、法人等,其中法人包括机关法人、事业单位法人和社团法人三类",其中的"社团法人"适合社会组织,确立了社会组织的法人主体地位。1999年颁布的《中华人民共和国公益事业捐赠法》从具体的角度对公益型社会组织所得捐款的管理、使用等方面进行了明确的规定,如第三章第十八条规定,"受赠人与捐赠人订立了捐赠协议的,应当按照协议约定的用途使用捐赠财产,不得擅自改变捐赠财产的用途。如果确需改变用途的,应当征得捐赠人的同意"。其三,在行政法规上,1998年国务院发布的《社会团体登记管理条例》对社会团体的属性、成立条件、工作宗旨、相关义务、工作程序、监督管理和变更注销等做了相应的规定。1998年民政部发布的《民办非企业单位登记管理暂行条例》对民办非企业单位做了类似上述的规定,同时对民办非企业单位的规模等做了一定的规定。2004年国务院发布的《基金会管理条例》在多年具体实践的基础上,结合国外非营利组织立法的经验,系统地对我国基金会的成立、机构设置、运行模式和监管机制等进行了规范。

目前,我国主要是以《社会团体登记管理条例》和《民办非企业单位登记管理暂行条例》为主要法律依据对社会组织实施管理,社会组织也以此为参照,制定自己的规章制度。通过研究可以发现,"《社会团体登记管理条例》和《民办非企业单位登记管理暂行条例》主要是程序性立法,只是对社会组织登记管理的行政程序作了规定,社会组织实体上的权利、法律地位、作用等都没有得到明确"[①]。

上述梳理不难发现,现行的关于社会团体、民办非企业单位、基金会方面的法律、行政法规,不仅位阶低,而且在执法实践中难以操作。同时,一些急需的重要法律又存在缺位的现象。在实际中,虽然各级政府为促进社会组织参与社会治理出台了不少的政策,为加强社会组织的管理也颁布了相关的细则、意见、办法等,但事实上,关于社会组织的政策法规看似很多,却在社会组织的管理上又存在着"制度真空","我国立法中对社会组织的归类、法律模式选择存在诸多不合理的现象,而且民事法律关系也存在巨大漏洞"[②],尚未形成一个以《社会组织法》为核心,以单行法律为主干,以行政法规、部门规章等为补充的有机统一、多层次的社会组织法律体系。关于社会组织的法律主要散见于各个单行法规、规章之中。此外,法律法规之间的衔接程度低,使社会组织管理的法律依据不配套,许多具体管理活动缺少必要的法律依据,而难以实施。虽然国家也曾颁布一些制度法规,如1988年颁布的《基金会管理办法》,1989年颁布的《社会团体登记管理条例》和《外国商会管理暂行规定》,但至今看来内容已比较陈旧,条款也比较抽象,很难适应当下社会组织发展的需要。不仅如此,目前我国存在大量的"草根"组织,它们甚至没有进行正式的登记,却主要在社会的最基层开展各种活动,由于法律地位不明确,没有得到政府认可,不仅得不到相关的政策扶持,也制约了自己参与社会治理中的作用。总之,当前社会组织法规制度还很不完善,社会组织因为在权力义务、法律地位、法律责任、活动规范等方面缺乏明确的法律规定,这不仅制约社会组织的自身的发展,也制约了社会组织参与社会治理的效应。

第二,政府与社会组织关系尚未理顺,社会组织与群众的关系尚不牢靠,影

---

① 丁渠.社会管理创新视野下的社会组织法律体系建构[J].河北法学,2013,31(6):51-57.
② 苏力等.规制与发展——第三部门的法律环境[M].杭州:浙江人民出版社,1999:185-189.

响到社会组织参与社会治理的职责定位和作用发挥。主要表现为,其一,我国社会组织的准入门槛较高。我国《社会团体登记管理条例》的第十条和第十一条规定了我国社会组织成立的条件和所需材料,如需要 30 人以上、固定的名称住所、3 万或 10 万以上的活动资金、筹备申请书、业务主管单位的批准文件和相关证明,等等。《基金会管理条例》的第二章第八条规定:"全国性公募基金会的原始基金 800 万元人民币以上,地方性的 400 万以上等,原始基金必须为到账货币资金。"另外,我国社会组织注册时实行双重管理,"即业务主管部门和登记管理机关对经核准登记的社会团体负责日常管理"①。这些标准表明我国社会组织的准入门槛较高。其二,我国社会组织多在主管单位的控制管理模式下运行。明确、清晰的职责定位是社会组织参与社会治理的前提条件。

  改革开放以来,中央多次强调要转变政府的职能,但从现实来看,政府职能转变还有一个过程,特别是本应转移给社会组织的职能并没有得到较好的实现,很多社会组织在职责定位上不是很清晰,对政府仍具有很强的依附性。我国主要依据《社会团体登记管理条例》《民办非企业单位登记管理暂行条例》和《基金会管理条例》等对社会组织实行"归口登记、双重负责、分级管理"的管理机制,即"按照社会组织活动的范围和级别,实行分级登记、分级管理",属于"典型的控制管理模式"。一些政府官员甚至把社会组织看作自己的附属组织,随意干涉社会组织内部事务。比如,有的政府部门干预社会组织的人事任免权,有的社会组织的主管人员来源于政府主管部门的派遣和任命,或者由组织负责人提名,并由组织业务主管部门批准任命;其结果是大量社会组织没有独立的人事任免权,这进一步混淆了社会组织与政府的功能边界,使社会组织依赖于政府。对此,我国学者 2006 年对黑龙江的社会组织调查结果显示,"无论是从民间社会组织的级别还是属性来看,由主管部门任命、主管部门提名并由会员大会选举产生、主管部门任命并由理事会选举产生的均超过了 50%,最高的达到了 70% 多"②。而就社会组织的自身来看,由于中国特殊的历史和国情,使社会组织需要依赖于政府开辟自己的生存和发展空间。在实际的运作中往往受到政府的主导,具有"官民"两重性。而且,大量民办非营利组织虽从政府、事业单位中分离出来,仍受其主管部门的监督,同时掌握着这些社会组织开展各项

---

① 贾西津.国外非营利组织管理体制及其对中国的启示[J].社会科学,2004(4):45-50.
② 马长山.法治进程中的"民间治理":民间社会组织与法治秩序关系的研究[M].北京:法律出版社,2006:160.

活动的权力。因此,社会组织与政府的关系更多表现为依赖与附属的关系,他们的活动领域也往往是社会和政府共同认可的"交叉地带"。所有这些必然会对社会组织参与社会治理带来很大的障碍。

三、社会组织参与基层社会治理能力和公信力有待提高

社会组织参与基层社会治理需要有强大的实力为后盾,包括硬实力和软实力。然而,我国社会组织作为参与基层社会治理的主体,目前还处于发展初期,综合实力不高,治理能力不强。

第一,社会组织自身的实力弱小。社会组织要积极推动社会治理,就必须不断提升自身的能力,尤其在利益关系多样化的今天,民众的利益诉求不断增多,对公共服务的要求也在不断提高,所有这些要求社会组织不断提高自己的能力。随着近年来社会组织不断发展,社会组织在参与社会治理中能力得到很大提高,也得到越来越多的民众的认同,表现在:一是一些行业协会承担了政府转移出来的一部分行业管理和事务性工作职能,通过开展行业管理、行业服务、行业自律和行业维权等活动,弥补了政府和市场的缺位;二是一些学术性社会团体利用自身人才荟萃、信息灵通、知识密集、经验丰富的优势,奉献聪明才智,促进了经济和教育、科技、文化、卫生等社会事业的发展和进步;三是一些社会福利和慈善组织通过动员社会力量,筹集一定的社会资金,实施社会救助,化解社会矛盾,促进了社会公平,维护了社会稳定;四是一些民办非企业单位和社区社会组织通过广泛开展社会公共服务,丰富了人民群众日益增长的文化生活;五是一些专业经济协会通过开展农业技术服务和农产品产供销服务,帮助农民增产致富,促进了社会主义新农村的快速发展。可以说,我国社会组织的能力建设,总体上呈发展趋势,但在具体实践中仍存在很多不相适应的问题。主要表现为:

1. 规模尚小,能力不足。尤其是行业协会、农村专业经济协会、社区和公益性社会组织规模尚小、数量较少、服务社会的能力还比较弱,与当前经济社会发展的要求不相适应。相当部分社会组织特别是一些学术性学会"三无"和"三老"问题突出。"三无",就是无专职工作人员、无专门办公场所、无开展活动的经费。在我们调查"贵组织的资金是否缺乏"的问卷中,回答充足的 0%,33.82%的人认为资金不足。"三老",即领导班子年龄偏大、组织队伍老化、工作方法老套。从我们对温州的调查研究来看,目前温州社会组织大部分规模较

小,其专职人员有 5 人以上的较少,而且分布也不平衡,主要集中在教育类,如仅民办幼儿园就有 1 000 多家。

2. 资金来源单一,数额严重缺乏。资金是社会组织最基本的资源之一。社会组织必须拥有一定的资金,才能购买相应的设备、租用办公和活动场所、支付工作人员的工资以及开展各种活动。缺乏资金的社会组织无法开展正常的活动,也难以吸收足够的专业人才,严重影响其生存与发展。"我国社会组织的资金来源中,政府补贴占到 53%,自营收入为 31%,社会捐赠约为 11%。另外还有资料显示,我国社会组织的资金来源中政府补贴占到 60% 以上。"[①]总的来看,我国社会组织的资金主要是政府补贴,其次是自营收入,排在第三位的是社会捐赠和其他。我国政府向社会组织购买服务机制不甚完善,政府对于社会组织的补贴尚未制度化,致使社会组织的资金来源不甚稳定,存在一定的资金不足现象。从我们对温州社会组织的调查来看,温州行业协会的状况虽然稍好一点,但这主要得益于温州的企业发育早,而且企业与政府沟通的愿望也较为迫切。但其他社会组织由于社会观念、政府扶持力度以及民间组织自身能力等方面的影响,社会组织的经费基本上难以维持。例如,一些专业性、学术性社团,其资金来源单一,主渠道是政府的财政拨款。由于资金来源的问题,许多社会组织的领导都由主管部门的领导干部兼任,一方面政府部门可以通过社会组织来对企业和市场进行干预,另一方面,民间组织本身的福利、待遇、利益也由于与政府接轨而得到保障,但也由此造成民间组织的独立性不强。

3. 内部管理失范。根据调查,有 46% 的人认为社会组织制度建设不完善,主要表现为内部制度不健全,运作欠规范,管理制度和组织制度建设方面存在诸多问题。有的社会组织活动不正常,甚至名存实亡,长期处于无人理事的状态;有的没有明确的服务宗旨;有的没有规范工作流程;等等。从社会组织运作的基本方法来看,大多数只是一些经验性的做法或政府行政行为的延伸。社会组织不注重组织文化的培养,没有形成现代化的社会组织文化精神。还有一些社会组织"形成了机关作风,市场观念不强,过分依赖政府扶持,这既增加了政府的负担,也造成自身的低效率、低质量和消极思想"[②]。在内部运行管理上,主要是由理事会、秘书长依据具体的章程开展工作。理事会主要是根据主管单位

---

① 刘俊.从资金来源看中国非营利组织和政府的关系[J].广西大学学报(哲学社会科学版),2010,32(3):24-29.

② 李文良.中国政府职能转变问题报告[R].北京:中国发展出版社,2003:139.

的指导意见制订社会组织的工作计划、选举秘书长等；秘书长则根据已定章程、计划开展具体的组织、管理工作。当然，所制定的章程、计划等尤其是重要内容，需经主管单位许可才可开展实施。

4. 人才队伍力量薄弱。人力资源是社会组织另一种基本的资源要素，决定着社会组织的生机和活力，它包括志愿者和社会组织的专业人员。志愿者是社会组织极为宝贵的资源，社会组织的许多活动需要志愿者的参与才能进行。专业人员往往代表着组织本身的素质，高素质人才是社会组织创新和持续发展的关键。从我们对杭州社会组织的调查来看，其人才匮乏主要表现为：年龄结构呈现老龄化趋势，缺乏中青年骨干分子，知识结构呈现非专业化态势，社会团体工作人员对相关法律、法规缺乏常识性认识，依法办会、依法接受监督的意识薄弱。

从一般的民众来看，不仅表现为当下社会公益意识尚未在社会层面上广泛形成，公民对社会组织的各种公益活动参与热情不够；而且表现为社会组织得不到公众的理解和支持。尽管目前很多社会组织的专职工作人员是通过应聘方式进入民间组织工作的，但大多社会组织不单独建立人事档案。调查中还发现，有的协会在招聘大学毕业生时，对方大学对协会出具的招聘合同不予认可，还有在向当地人才交流中心调档案时，他们同样对协会出具的招聘合同不予认可，而致使上述招聘最后以失败告终。这些个案说明，除了极个别被纳入行政事业单位的社会团体外，很多民间组织还缺乏应有的社会地位和公众认同。他们无论工作成效如何，都被视为非正规组织，无论成员来自哪里，都属于流动人口，或是非正规就业人员。调查中发现，21.31%的人认为社会组织工作人员的地位比较低。

因此，社会组织如何吸引人才和加强从业人员培训工作尤显重要，这是提高社会组织从业人员综合素质和工作能力，提升社会组织依法运作意识的有效途径。只有如此，才能够促进社会组织作用得到更好的发挥，才有利于社会组织社会地位的提高。

第二，社会组织参与基层社会治理的公信力缺失。公信力是指获得公众（或利益相关者）信任的能力，是社会对一个组织的认可及信任程度，即一个组织在社会中的影响力、形象、号召力及权威性。社会组织要充分发挥其在基层社会治理中的功能和作用一个极为重要的方面就是要注重提高自身的公信力，得到民众"两头"的认同，否则在实际运作中就难以发挥其应有的作用。

西方国家的民间社会组织很发达,它之所以可以作为政府和市场双重失灵的重要纠补机制,很重要的一个原因就是它有很高的社会公信力。也就是说,社会组织能够代表所属群体的利益和要求去参政议政,能够帮助团体成员解决困难和问题,能够实现自我管理和服务,树立足够的社会威信和形象,成员也就会自愿、积极地参加团体活动,从而形成社会组织的代表性、权威性和凝聚力,成为利益群体权利和利益的保护者、代表者。很多时候,人们有事不是去找政府,而是去找自己的志愿组织。

近年来,虽然我国社会组织数量逐渐增多,在基层社会治理中的影响力也越来越大,但是,社会组织在运作过程中也暴露了许多问题与弊端。其中一个重要的方面就是社会组织的公信力遭到质疑。有的社会组织缺乏社会公益、社会责任、社会服务、社会诚信和自觉接受监督意识,且有不当营利行为,社会形象差,导致社会公信度不高。以基金会为例,郭美美网络炫富事件后,中国红十字会就遭遇了前所未有的信任危机,同时引发越来越多的慈善机构受到质疑,像上海红十字会"餐饮发票门"、中华少年儿童慈善救助基金会、"小数点风波"、河南宋庆龄基金会内幕被披露、嫣然天使基金被举报等,这些事件一时间将公益慈善组织推向风口浪尖。根据我国学者姚锐敏的社会组织公信力的调查,"在收回的1 421份有效问卷中,回答对社会组织总体上持'非常信任'和'比较信任'态度的共占37.4%,回答'比较不信任'的占22.4%,回答'非常不信任'的占7.2%,另有32.6%的人表示'说不清楚'"[①]。这说明,目前社会组织的公信力是不理想的。

此外,利益表达是社会组织一个基本的功能,也是树立社会组织形象,增强社会组织公信力的重要途径,因为社会组织只有真正代表所属成员呼声,才能凝聚本组织成员,使社会组织成为本组织成员信赖的组织,进而在社会上提升自己的公信力。但是从现实来看,社会组织这一功能并没有得到很好的发挥。"在民间社会组织向党、政府或有关部门反映会员利益和要求的情况来看,无论是省级、地市级、县级,还是行业性、学术性、联合性的,都有50%左右的民间社会组织在这方面根本无作为。"[②]正是由于不能很好地为会员提供利益和权利保障,使得"入会"热情和动力受到削减,致使社会组织的代表性很不理想。此外,

---

[①] 姚锐敏.困境与出路:社会组织公信力建设问题研究[J].中州学刊,2013(1):62-67.
[②] 马长山.法治进程中的"民间治理":民间社会组织与法治秩序关系的研究[M].北京:法律出版社,2006:168.

社会组织的功能异化,也会造成其代表能力、维权能力的局限。"就是在市场经济比较发达、社会组织比较活跃的温州,民间商会与行业协会领导人也与政府官员关系密切,这无疑会出现权钱交易、权力与资本'共谋'的苗头,从而会对其社会公信力产生不良影响。"①

第三,我国社会组织的党建工作薄弱。就社会组织党建而言,通过加强社会组织党的建设,借助党组织活动、党员的示范引领,服务于社会组织,不仅对社会组织健康发展,而且对社会组织参与社会管理都起到积极的引导作用。但就我国社会组织党建而言,普遍存在薄弱环节。例如截至2014年温州新社会组织已组建党组织的社会组织共2 059家,党组织组建率仅为47.92%。这一比例远远要低于非公企业党建。温州全市非公企业已组建党组织的企业共35 685家,党组织组建率为93.8%。因此,我们要加强党对社会组织的领导,做到成熟一个建立一个、建立一个巩固一个、巩固一个带动一批。只有加强党对社会组织的领导,社会组织发展才能走向更为健全的道路,社会组织参与社会治理才可以获得更好的引导和支持。

四、社会组织参与基层社会治理的保障监督体制有待加强

社会组织参与基层社会治理需要完善的保障监督机制,如此社会组织才能有明确的定位、政府才能给以有效的扶持和监督,进而才能保证整个社会治理的顺利进行。然而,我国社会组织参与基层社会治理缺少完善的保障监督机制。

一方面,社会组织参与基层社会治理保障机制不健全。当前社会组织发展还面临诸多的困难,因此,社会组织参与基层社会治理就离不开构建相应的保障机制,需要政府采取一系列的扶持政策,推进社会组织参与到基层社会治理之中。但总的看来,目前的社会组织参与基层社会治理的保障机制还有待完善。具体表现为:一是社会组织所能享受到的税收优惠有限。以我们在温州地区的调查为例,温州社会组织在税收方面享受的优惠政策很少,而且税收标准不统一,政策不明确。据对温州经济技术开发区滨海园区社区卫生服务中心调查,该单位以前归市地税局管理时不需交营业税,转到开发区地税局后,一年交

---

① 马长山.法治进程中的"民间治理":民间社会组织与法治秩序关系的研究[M].北京:法律出版社,2006:170.

了 20 多万元的税金,龙湾区七彩阳光幼儿园反映教育类民办非企业单位税务登记不统一,苍南县灵溪镇七色花幼儿园反映苍南县幼儿园都没有正规收据和发票,其单位都是拿公立幼儿园财政收据复印件进行收费。甚至温州市三个区教育类民办非企业单位收税标准都各自不同,而 11 个县(市、区)的税收政策也是大相径庭,造成目前温州市民办非企业单位财税管理问题比较突出。二是财政资助政策有待进一步提升。从国际上来看,政府向社会组织提供资助是鼓励社会组织发挥作用的一种重要手段。政府资助最常见的做法是政府采购,即将面向社会组织的公共服务和福利提供列入政府采购预算当中。政府购买社会组织公共服务是指将原由政府直接举办的、为社会经济文化发展和人民日常生活提供服务的事项交给有资质有能力的社会组织来完成,并根据社会组织提供服务的数量和质量,按照一定的程序和标准进行评估后支付服务费用,是一种"政府立项、政府采购、合同管理、民间运作、评估兑现"的新型政府提供公共服务方式。通过建立政府购买社会组织服务制度,探索建立政府提供公共服务新机制,对促进政府职能转变,提高公共服务的效率和质量,降低政府行政成本,不断满足人民群众对公共服务的需求,具有非常重要的意义。尽管我国已经于 2002 年通过了《政府采购法》,且已经有了政府向社会组织委托管理和采购服务的实践,但是,目前很多地方社会组织向社会提供的公共服务还没有被纳入政府采购的范围之内。也有些地方还停留在书面和口头,没有得到真正落实。以温州为例,早在 2011 年,温州市政府颁布了《温州市人民政府办公室关于政府购买社会组织服务的实施意见》,该文件对政府购买社会组织服务的总体要求、准入机制、购买方式、购买领域、职责分工等情况对进行了规定,但从目前的实施情况来看,由于缺少相应的配套措施,落实起来存在不少困难,尤其是经费问题难以得到有效解决。

另一方面,社会组织参与基层社会治理工作缺少完善的监督机制,尤其是评估机制。民政部门是社会组织的登记管理机关,承担着艰巨而繁重的监督管理重任,但由于缺少规定编制,管理力量严重不足。目前,我国社会组织快速增长,年增长率高达 8% 以上。同时,还存在大量未经登记的基层社会组织。例如,温州社区民间组织 1 000 余个,村级老年协会 5 000 余个,并在继续增加。然而,业务主管单位仅 70 余个,任务十分繁重。为此,许多地方高度重视社会组织的监管工作,如上海市专门设置了一个副局级单位——社团管理局,编制定为 86 人,其中执法人员 30 人,北京、天津和山东青岛也都进行了类似的设置。但是,也存在大量类似温州社会组织管理力量严重不足的现象,温州市民间组织管理局行政编制人员(具有执法资格)仅 2 名。特别是各县(市、区)管理力量尤为薄弱,大部分县(市、区)没有单独设立社会组织管理科室,全市 11 个县(市、区)3 748 个社会组织只有 21 名工作人员,其中专职的只有 7 人,兼职的 14 名,这与工商部门的工作人员的比例约为 20∶1,差距甚大。可见,我国社会组织的监督方式单一且尚未形成完善的监督机制,目前对社会组织的监督主要通过三种形式:行政监督、自我监督和社会监督。行政监督主要是进行年度检查,包括税务、财务、资产管理等。自我监督主要是内部监督机构和组织成员进行的相关监督。社会监督是由专门的评估机构对社会组织按类型进行基础条件、工作绩效和组织建设等方面的评估,这一形式尚不成熟。另外,对于财务透明、工作流程等内容的监督还存在一定的混乱现象。

评价是助力,也是推动器。社会组织的评估不仅有利于推进社会组织自身的健康发展,同时对于推进社会组织参与社会治理具有重要的作用。其实,为了加强对社会组织的评估,民政部于 2011 年 12 月就通过了《社会组织评估管理办法》(以下简称《办法》),《办法》对评估原则、评估机构和职责、评估等级管理等都作了规定;2015 年 5 月,民政部又通过了《民政部关于探索建立社会组织第三方评估机制的指导意见》(以下简称《意见》),《意见》明确指出了积极培育和规范社会组织第三方评估机构,并进一步提出要推进社会组织第三方评估信息公开和结果运用。在实践中,近年来社会组织评估得到越来越多的重视,评估也日趋规范化,但总的看来,与当前推进社会组织参与社会治理还存在不相适应的地方,主要表现为三个方面:

第一,评估主体有待培育。就当前社会组织评估委员会委员的构成来看,评估委员会由政府部门、科研机构和大专院校、社会组织、会计师事务所、律师事务所等机构工作人员构成。这样一种多元化、专业化的委员构成,保证了评估的权威性。但是,从评估委员会成员构成比例看,政府部门工作人员在评估委员会委员中构成比例较高。"评审委员以管理者居多,均为一人多岗,日常管理事务较多,工作精力和时间难以集中,造成评估意见的质量不稳定。"[1]除了由政府部门主导开展评估外,社会组织评估开始出现委托第三方机构评估的积极探

---

[1] 潘旦,向德彩.社会组织第三方评估机制建设研究[J].华东理工大学学报(社会科学版),2013(1):16-22,43.

索,但目前仍缺乏专业的第三方评估机构。在现有社会组织评估体系中,如何建立"政府指导、社会参与、独立运作"的社会组织综合评估机制值得继续探讨分析。

第二,评估能力和方法有待提升。总的看来,目前我国社会组织的评估还处在初期阶段,评估专业人员还很缺乏,需要借鉴、学习国外先进的评估理论、评估指标和评估工具,结合我国社会组织和公益项目的实际情况进行本土化工作,同时大力培养包括组织评估、项目评估、财务评估等方面的评估专业人员,使评估活动有专业化和职业化的人员支撑。就评估方法来看,目前评估方法的专业化也有待提高,以第三方评估为例,"各个机构的评估关注点也是不同的,如学术机构的评估偏重于宏观评估;而专业公司的评估则更注重投入与产出,难以体现社会组织参与社会治理所带来的社会效应"[1]。

第三,评估结果未能有效利用。由于政府、企业、基金会等资助机构对社会组织及其项目评估重视不足,没有充分利用评估结果,使得评估这一机制没有效发挥出激励、监督、促进竞争的应有作用。评估结果没有充分利用主要体现在两个方面:第一,评估结果没有以合适的方式反馈给被评估的社会组织,多数资助机构没有构建规范和固定的评估信息发布平台;第二,评估结果对于社会组织的"后续"影响不明显。

---

[1] 潘旦,向德彩.社会组织第三方评估机制建设研究[J].华东理工大学学报(社会科学版),2013(1):16-22,43.

第八章　国外 NGO 在社会治理中的作用及其启示

相对于我国的统一概念——社会组织，国外则有不同的称谓，如非政府组织、非营利组织、第三部门，等等。考虑本质属性相同，也为了论述研究的便利，文章统一称之为国外 NGO。

国外 NGO 在本国发挥作用的同时，有一部分也为世界上其他国家和地区提供援助和支持。近年来，有一些不良 NGO 借助自身平台开始从事文化渗透、干涉他国内政等非法活动，如在香港修例风波中表现恶劣的美国国家民主基金会、美国国际事务民主协会、美国国际共和研究所、人权观察、自由之家。尽管如此，大多数国外 NGO 自身的发展路径以及在社会治理中的作用还是值得我们批判地借鉴和参考。

第一节　国外 NGO 在社会治理中的作用

19 世纪以来，在西方国家，为了弥补政府在社会管理和社会服务方面的不足，拓展公益性服务的渠道，社会组织发挥很大的作用和影响，积累了大量的实践成果和较为成熟的运作经验。比如，德国早在 1922 年就于《帝国福利法案》中，以法律条文的形式明确了公共机构与私营机构提供社会服务享有同等地位，匈牙利通过专门的补助基金扶植社会组织，美国通过社会组织帮助弱势群体，澳大利亚政府通过项目合作为社会组织的发展提供机会，等等。

发展至今，发达国家的社会组织更是在其社会中占据举足轻重的地位。以美国为例，"目前，美国共有 160 万非营利组织，年度总支出占 GDP 的 9%；其雇员约 1 100 万，占全美支薪雇员的 7%，其中志愿者就有 630 万。仅纽约市就有

8 000 多个 NGO,年度支出约 990 亿美元"[1]。在美国人的生活和工作中,随时随地都会与社会组织打交道。各类组织不仅在教育、科学、文化、卫生等方面提供服务,还为人们日常生活提供众多类型的服务。如"美国公共卫生协会制定了放学后无人照料的小学生课后活动的规范,美国学校食品服务协会制定了中小学生在校的午餐制作规范,全国房地产经纪人协会(National Association of Realtors)制定了房地产职业道德规范操作,等等"[2]。总之,美国多种多样的社会组织服务为人们生活提供了极大的方便,社会志愿活动也已渗透到社会的方方面面。"根据美国全国非营利组织协会的数据,美国人道服务类 NGO 占 30%,教育类占 17%,健康保健类占 13%,文化艺术类占 10%,公共服务类占 5%,宗教团体类占 5%,环境保护类占 4%,社会科学调查研究类占 1%,其他占 15%。"[3]

其他国家也积极推动社会组织参与社会治理。如在新加坡,社会组织从性质上可分为官办和民间两种。官办社团是指政府为了某项事业的需要由自己出面组织的团体,最典型是新加坡人民协会(简称"人协")。另外,在基层社区的志愿组织也有很多是由政府发起成立的,接受政府的资助和指导,如华社自助理事会等,专业团体有新加坡癌症协会等。民间社团是指由人民志愿组合的组织。一方面,传统的民间社团继续发展,在维持传统功能的同时,开发出更多的慈善及社会服务功能;另一方面,新兴的现代服务性社团也层出不穷,但大多集合在新加坡社会服务全国理事会下,分布在社会服务的各个领域,如社区服务、医疗服务、儿童和青少年服务等。[4]

总之,在现代社会,政府与社会相对分离,各国非政府非市场的社会组织方兴未艾,它们在社会生活中扮演的角色日益重要,由此,也悄然改变了社会治理的格局,政府垄断公共服务的单中心格局已经被打破,多中心治理的公共服务体制正在成为现实,而非政府组织是其中一支举足轻重的力量。在现代创新社会治理中,尽管其在各个国家和地区发挥的作用有大小之分,但总的来看都在发挥着作用,尤其是在一些发达的国家和地区,如欧美国家和亚洲的日本。当然,在一些发展中国家也起到了举足轻重的作用,如印度和东南亚等国。创新社会治理涉及整个社会的方方面面,国外 NGO 作用的发挥亦是如此。

---

[1][2] 周耀红.中国中介组织[M].上海:上海交通大学出版社,2008:35-36.
[3] 马立,马西恒.中介组织与社会运行[M].上海:上海交通大学出版社,2012:37.
[4] 马立,马西恒.中介组织与社会运行[M].上海:上海交通大学出版社,2012:56.

为了研究的方便,专家学者们从不同的角度对此进行了划分,美国丹佛大学教授艾里克(Erik B. Bluemel)把 NGO 在全球治理中的作用分为三个方面:"政策制定,包括议程设置、规则制定、普遍参与和游说;管理责任,包括标准制定、培训和信息提供、其他准公私合作行为;执行功能,包括仲裁、调解和监督"[1]。在此,结合我国正在进行的"五位一体"中国特色社会主义建设,笔者将从经济、政治、文化、社会、生态五个方面列述国外 NGO 在创新社会治理体制中的作用。

一、国外 NGO 在经济领域中参与社会治理

经济的快速发展是整个社会发展的基础。然而在现代化的进程中,经济的发展也面临着诸多难题,出现了市场失灵、契约失效、GDP 下滑等现象。此时,应运而生的 NGO 发挥的重要作用,促进了经济的快速发展。综合来看,NGO 在经济发展中的作用主要有如下表现:

第一,提供了大量新的就业岗位,缓解了就业困难。

在非政府组织产生以前,各国的就业主要集中在三个领域:其一,企业;其二,政府;其三,自营(包括农业)。其中,工业化以后企业中的就业人数占绝大部分。在市场失灵,尤其是在经济下滑或是在经济转型的情况下,出现了种种失业现象,如摩擦性失业、结构性失业、周期性失业、技术性失业等。这些给各个国家和地区带来了严重的挑战。有效的解决失业问题,促进经济的快速发展,是各国政府在社会治理中必须要解决的重要课题。在解决这一课题的过程中,NGO 发挥了重要的作用,它提供了大量新的就业岗位,有效地缓解了就业压力。

根据调查显示,"德国 NGO 提供的就业岗位占总数的 5.9%"[2],"2007 年大约提供 300 万个岗位"[3]。"在俄罗斯,2002 年在 NGO 就业的人数中,仅在社区和宗教组织这两类组织就有 50 多万,占俄罗斯当时总比例的 0.8%"[4]。在美

---

[1] Erik B. Bluemel. Overcoming NGO Accountability Concerns in International Governance[J]. Brooklyn Journal of International Law, 2005, 31(1): pp.160-178.

[2] Lester M.Salamon, S.Wojciech Sokolowski. Global Civil Society: Dimension of the Nonprofit Sector, Vol.2[M]. Bloomfield: Kumarian Press, 2004.

[3] Wissenschaftszentrum Berlin fur Sozialforschung. Bericht zur Lage und zu den perspekttiven des burgerschaftlichen Engagements in Deutschland[R]. Berlin, 2009, S.19.

[4] 余南平.俄罗斯非政府组织在社会经济发展中的作用[J].俄罗斯中亚东欧研究,2007(1):18.

国,NGO在就业中的作用更加突出。根据美国统计局数据,"1997年至2001年,美国NGO就业年增长率为2.5%,均高于企业(1.8%)和政府(1.6%)。2001年直接从事NGO就业的人数将近1 300万人,占美国总数的9.5%"[1]。"自1995年至2003年,美国NGO就业以11%的速度递增,新增就业机会中有29%来自NGO。"[2]"其中,马里兰州更是有85%的人口从事NGO工作,居于全国最高水平。"[3]"2002年日本NGO的就业人数约为1 332 000人,占国内就业总人数的2.04%。"[4]此外,国外的NGO在就业数据的调查统计、就业培训、就业指导等方面也发挥了积极的间接作用。

第二,平衡利润分配,促进市场主体——企业的健康发展。

在经济发展的过程中,由于市场主体——企业占据了一定的优势,在利润分配上也拥有了太多的主动权。如此,在一定程度上导致了不公平问题,主要表现为:从一定程度上进行行业垄断,由于信息不对称出现"契约失效",过度追求利润而忽视相应的社会责任等。凡事都有两面性,这些情况反过来也损害了企业自身的利益,影响了经济的正常发展,阻碍了有效的社会治理。此时,NGO作用的发挥,主要通过如下三种途径很好地解决了类似的问题。

其一,代表公众,以整体的力量与企业进行对话,保证信息对称,力求公平交易,避免"契约失效"。信息不对称导致"契约失效",且单凭市场机制难以解决。美国法律经济学家亨利·汉斯曼于1980年在《非营利性企业》一文中指出,NGO的"非分配约束"(指NGO不能把获得的资源分配给该组织实施控制的个人,包括组织成员、管理人员等)可以有效约束生产者和消费者的机会主义行为,进而最大限度避免"契约失效"。

其二,监督企业行为,对企业施加一定的压力,让企业更好的承担起相应的社会责任。在NGO的努力下,日本企业结合自身发展战略,积极承担起相应的社会责任和义务,甚至设立专门部门——CSR(Corporate Social Responsibility)。根据材料显示,松下公司2001—2006年对青少年培训的投入金额高达700万日元。松下公司还与从事青少年教育的国内外NGO协作,创办"松下少儿学

---

[1] Moore, Cassie J. Nonprofit Organizations Are Hiring Workers at a Faster Pace Than Government Businesses [J]. Chronicle of Philanthropy. 6, 2004, 17.
[2] [美]莱斯特·萨拉蒙,等.从数据看非营利组织行业就业的增长[J].[美]每月劳工评论,2005(9).
[3] 李培林,徐崇温,李林.当代西方社会的非营利组织[J].河北学刊,2006(3):74.
[4] [日]内阁府.国民经济计算年报[R]//内阁府经济社会总和研究所.民间非营利团体实态调查.

校",鼓励青少年参与各项"在学校体验不到"的学习活动。该活动20世纪80年代末开始于美国,至今已在全世界3 000多所中小学中开展,参加人数达15万人以上。①

其三,帮助弱势群体,增加其收入,保证社会财富呈"橄榄型"分配、公众与企业和谐共生,促进企业的健康发展。国外NGO还积极代表弱势群体进行利益表达,争取社会财富的分配比重。这样避免了社会财富的"哑铃型"分配,从一定程度上缓和了社会贫富矛盾,保证了公众与企业的和谐共生,更促进了企业的健康发展。在德国,服务于大众利益的社团组织发挥了极其重要的作用,极大促进了德国社会的可持续发展。如,帮助解决失业、弱势群体、无家可归者与环境等问题,因而得到德国宪章的大力支持、促进与保护。这些社会组织享有德国政府给予的特别利益,通常是以减免税收的形式体现。

第三,创造新的社会财富,加速GDP的增长。

在经济发展过程中,GDP是一个主要的标志。单从所占比重上来看,对GDP贡献最大的是企业。然而,随着规模不断的发展壮大,NGO也创造了越来越多的社会财富,为GDP做出了重要的贡献。

调查显示,"2002年俄罗斯NGO提供的家庭类产品约占当年GDP的1.2%,2001至2002年期间,俄罗斯NGO的产出增长率约为110%,远高于GDP的增长率(55%)"②。如美国,"NGO创造了GDP的12%,是美国GDP的重要组成部分"③。再如德国,按照支出法计算,1995年NGO创造的价值(700亿欧元)已经占到德国GDP的3.9%,含志愿服务价值的NGO所创造的价值约达到德国GDP的5.8%,2004年这一比例为5.7%。"2004年,NGO的支出估计达到了1 250亿欧元,相当于当年德国GDP的5.5%。"④还如,"BRAC(the Bangladesh Rural Advancement Committee,孟加拉国NGO)在2004年的开支为2.45亿美元(其中77%为自营收入),所操作项目惠及全国64个地区、近1亿人,对GDP的贡献率达到1.14%"⑤。

---

① 资料来源:http://pana-sonic.co.jp/support/sitemap.html/2010-03-10。
② 余南平.俄罗斯非政府组织在社会经济发展中的作用[J].俄罗斯中亚东欧研究,2007(1):15-21,95.
③ 陈功."非营利组织"也是一种产业[J].中国报道,2014(10):95.
④ 张网成,黄浩明.德国非营利组织:现状、特点与发展趋势[J].德国研究,2012(2):4-15,24.
⑤ 全球NGO排名 用创新改变世界[EB/OL].(2013-04-24).http://hope.huanqiu.com/exclusivetopic/2013-04/3867545.html.

二、国外 NGO 在政治领域中参与社会治理

政治建设是一个国家社会治理的重要组成部分,而且在整个社会治理过程中往往起着主导性作用。按照现代社会治理理论的观点,在社会治理进程中政治建设要努力把握好如下几个方面:转型职能,建设服务型政府;创新机制,推进政治民主化;依法治国,提高政策执行力;等等。根据研究发现,这些目标的实现都离不开 NGO。国外 NGO 同样在社会治理之政治领域中发挥了重要的作用。

从理论上看,国外学术界高度评价了 NGO 在政治领域创新社会治理中的作用。威尔(Weir)在《协同治理与公民赋权》中指出,"传统的民主治理已面临着严重的危机,而广泛的公民参与模式(通过 NGO)可以有效地缓解甚至避免这种危机"[1]。朱莉·费希尔(Julie Fisher)指出,"NGO 的发展不是民主的充分条件,但却是民主的必要条件"[2]。萨拉蒙教授则指出,"几乎所有的美国重要的民权运动、环境保护等运动,都扎根于 NGO 领域。此时那些相对传统的政治参与形式正在逐渐衰落"[3]。综合来看,国际 NGO 在政治领域的作用主要有两个方面的表现。

一方面,反映民众诉求,代表民众参与政策的制定,推进了民主化进程。NGO 在这一方面主要通过三种方式实现政策制定的参与。其一,组织、激励、调动民众的积极性。"NGO 鼓励民众通过参与 NGO 的各种活动,改变以往消极、依赖、被动的性格,增加自主、自治、自理的经验,增添参与民主的自觉性。"[4]其二,通过游行、游说等对决策者施加影响甚至压力。"在印度,几乎所有的 NGO 都利用自身的影响力,使用各种方式——包括劝说、提示、游说、竞选、公开呼吁、互联网等来影响政府的决策,反应底层民众的呼声。"越南 NGO 在推动政府施政透明化、新闻报道公开化和国会选举改革方面做出了有目共睹的努力。[5]其三,直接领导民众同不民主行为做斗争。如 20 世纪 70 年代,"针对一些部门在环境问题上的不民主行为,美国环境保护基金会和自然资源保护协会就

---

[1] Weir. Collaborative Governance and Civil Empowerment[J]. Perspectives on Politics, 2010, 8(2):595-598.
[2] [美]朱莉·费希尔.NGO 与第三世界的政治发展[M].邓国胜,赵秀梅,译.北京:社会科学文献出版社,2002:168-169.
[3] Lester M. Salamon. Rising of NGO[M]. New York: Foreign Affair, 1994:7-8.
[4] 单美英.非政府组织的政治功能分析[J].兰州学刊,2003(6):45.
[5] 张艳玲.东南亚非政府组织的功能研究[D].上海:上海师范大学,2014:20.

曾在636个相关案件中充当原告"[①],"这种通过诉讼获得在法庭上发言的机会。诉讼于是补充了立法,有时还比立法更重要,成为制定公共政策的一种方式"[②]。

另一方面,积极有效地对政府的工作进行监督,提高了政策执行力。监督是指为了达到预期目标,对全程或某一环节进行监视、督促的管理过程,主要包括内部监督和外部监督两种类型。现代治理理论认为,在政府工作中,NGO作为第三方的外部监督对于杜绝腐败、提高执行力等具有重要意义,且已经发挥了重要的作用。通过研究发现,国外NGO对政府工作进行的监督主要表现为两种类型。其一,维护国家法律尊严型监督。这种类型主要是监督政府工作中是否严格遵守国家法律法规、严格遵守相关办事程序等。例如,总部设在德国柏林的"透明国际是一个专门从事经济、财务监督、审查、反对经济腐败的非政府组织。它不仅监督欧美国家政府的腐败行为,而且也监督发展中国家的政府腐败行为。目前透明国际每年都发表年度全球腐败报告,从各个领域、各个角度全方位透视腐败行为的表现及深层次原因"[③]。再如,"菲律宾NGO可对全国的选举进行监督,同时还拥有一些获得有关腐败和不平等的信息和资料的途径。已经在引导平行的'快速记票'和揭露发生的广泛的舞弊行为中起到了主要作用,其中棉兰老地区的NGO通过进行选民教育,促进了政策选择和防止潜在舞弊、制止选举中的暴力行为"[④]。其二,维护社会公众权益型监督。这种类型的NGO主要是监督国家的相关法律法规是否侵害了公众的合法权益,如税收政策、教育政策等。在印度,卫生类NGO在17个邦有3 000个组织成员,它们在政府的药品政策中起到关键作用,保证了普通印度民众能使用上质量标准严格、价格公道的药品。由部分NGO发起的"全国居住权运动"利用自己广大的社会动员力和影响力,同政府就住房政策进行协商,极力为城市的低收入者和贫民区的人们争取住房权利。[⑤]再如,"成立于1972年的自雇妇女协会(Self Employed Women Association)主要成员都是贫困、自雇的妇女。该组织通过经济援助等方式大大提高了贫困妇女的经济能力和经济地位,有时亦会联合其他NGO在全国范围内发起呼吁修订一些不合理的法案,维护了广大妇女的合法

---

① 王树盛.利益集团在法院[K].美国研究参考资料,1990(12).
② [美]詹姆斯·M.伯恩斯,等.美国式民主[M].谭君久,等译.北京:中国社会科学出版社,1993:41.
③ 王守杰.发达国家的非政府组织研究[D].上海:华东师范大学,2006:39-40.
④ 张艳玲.东南亚非政府组织的功能研究[D].上海:上海师范大学,2014:31.
⑤ 袁帅.NGO对印度社会稳定的建设性作用[D].昆明:云南大学,2010:34.

权益"①。

三、国外NGO在文化领域中参与社会治理

文化领域是社会治理的主要内容,尤其是主流文化建设。在文化建设中,政府发挥着不可替代的作用。然而,近年来某些"政府失灵"的事实表明,在现代的文化建设中需要发挥NGO的作用,而且事实也证明NGO具有不可替代的优势。美国学者戴维·奥斯本(David Osborne)和彼得·普拉斯特里克(Peter Plastrik)在论述组织文化发展战略时指出,"优化文化范式的改进可以有创造新经历、撼动心灵和赢得心智三种途径,这些途径实施的关键是提供一种新愿景和使命"②。无疑,新型NGO具有志愿性特征,符合这样的需求。此外,NGO参与文化建设时,还具有大众性、灵活性、多样性等特征,有提供一定的平台、资源等能力。结合国外的具体实践,NGO在文化领域创新社会治理中的作用主要有三种表现:直接参与教育、科研事业;弘扬国家主流价值观,从事相关文化遗产保护;从事文化产业经营,促进文化产业的发展。

第一,直接参与教育、科研事业,发挥补偿性作用。

教育是社会发展的基石,科学技术是第一生产力,它们是一个国家进行文化建设的主要内容。从历史的角度来看,政府一直在教育和科研中发挥着首要作用。现代社会以来,教育事业呈多样化发展趋势,而且不平衡现象越发明显。在这种情况下,单靠政府的力量难以有效地满足教育事业的需求,解决现有的矛盾。而NGO直接参与教育、科研事业,在其中发挥了重要的补偿性作用。

在教育上,NGO主要发挥两点作用:其一,为教育提供补偿性资源。美国的一些基金会为偏远地区建设了上千所学校。2017年,柬埔寨非政府组织项目金额近10亿美元,其中,美国资金投入最大,占项目总金额约40%,这些资金被用于教育、医疗等多个方面。例如,美国NGO成立的"斯蒙泰利孩子的家园"(Seame-trey Children's Village)是一所儿童学校,提供柬埔寨语和英语教授的8门课程,开展丰富的课外活动,学校还为13个月以上的儿童提供双语看护。其二,优化教育体制改革。例如,20世纪80年代以来,"以美国工程与技术鉴定委员会(ABET)和美国工程教育协会(ASEE)等为代表的NGO在美国工程教育

---

① 资料来源:http://www.sewa.org/。
② [美]戴维·奥斯本.摒弃官僚制:政府再造的五项战略[M].谭功荣,等译.北京:中国人民大学出版社,2002:266-271.

改革中扮演了重要角色"[①]。从20世纪90年代中期开始,ABET对改革的相关标准进行了系列研究——形成《改革的视角》《保持变革》等成果。再如,"2008年卡耐基教学促进基金会的研究成果——《培养工程师:为领域的未来而设计》在关于课堂和实验室的报告有效地弥补了《2020工程师》《变革世界的工程》两个报告的不足"[②]。这些努力不仅优化了相关教育改革,还对学校政策、教师水平、学生学习等方面产生了积极的作用。[③]

在科研上,NGO主要是直接通过资助发挥作用。例如,仅洛克菲勒基金会社会科学部,"1939至1950年期间,其在政治民主、经济学和经济史、人际关系等社会科学领域,资助研究经费就高达2 100万美元"[④]。再如,卡耐基基金会,"在1947至1957年先后共出资87.5万美元建成哈佛大学俄罗斯研究中心,此后,还陆续为其他大学捐赠了各种研究中心"[⑤]。罗尔斯也在其《正义论》的序言中写道:感谢肯德尔基金会给予我在资金等资源上的支持。此外,像英国、德国、法国等很多的科研机构都受到过NGO的大量资助。

第二,弘扬国家主流价值观,从事相关文化遗产保护。

国外NGO在文化建设中,对于国家主流价值观的倡导、宣传甚至捍卫发挥了重要作用,包括对国内和国外两个方面。例如,美国NGO不遗余力地推动着美国价值观的践行。检索人民网,据不完全统计,"美国有超过200万个NGO,它们已经成为推动、践行美国价值观的重要参与者,甚至在某些领域成为价值观的倡导者和捍卫者"。再如,清华大学教授王名在《日本非营利组织》中指出,日本NGO在工作中一直秉承倡导忠、诚、孝、和、勇等主流价值观思想。[⑥]在对外文化的交流和宣传中,国外NGO积极参与对外文化交流,弘扬本国价值观,提升了国家文化软实力,为国家树立良好的国际形象发挥了重要的作用。例

[①] 李江霞.美国非政府组织在工程教育改革中的角色探析[J].高等工程教育研究,2013(1):134-138.

[②] [美]卡耐基教学促进基金会.培养工程师:谋划工程领域的未来[J].国际工程教育前沿与进展,2008(6).

[③] Prados J W. Quality Assurance of Engineering Education through Accreditation: The Impact of Engineering Criteria 2000 and Its Global Influence[J]. Journal of Engineering Education,2005(94):165-184.

[④] Dowie, M. American Foundation: An Investigative History[M]. Cambridge: The MIT Press, 2001.

[⑤] 胡钦晓.美国私人基金会支持大学科研的发展特点分析[J].现代大学教育,2012(5):35-41,112-113.

[⑥] 王名.日本非营利组织[M].北京:北京大学出版社,2007.

如,法国最大的对外文化交流机构——"法语联盟"(Alliance Francoise),"遍布133个国家,在全球拥有1 070余所分支机构,注册学生45万,每年参与人数600余万人次,其在中国北京、广州、上海等11座城市设有培训中心,注册学生超过2万人"①。德国最具实力的文化NGO——歌德学院(Goethe-Institute Peking),"目前在全球81个国家设有147个分院,在中国的北京和香港地区等地区亦有其开设的分院"②。"日本从事教育活动的NGO法人数量为17 101家,占NGO法人的46%,它们也积极从事于国外的教育活动。"③

国外NGO积极从事文化建设中的相关文化遗产保护工作。例如,"法国从事文化遗产保护的NGO有近两万个,占法国NGO总数的12%"④。它们积极推动相关立法,或是直接从事一定的保护工作,每年投入金额高达100亿美元。再如,"国际古迹遗址理事会(ICOMOS),在全球设置近120个委员会,有20多个针对各个主题的国际科学委员会,专门从事文化遗产的研究和保护工作"⑤。

第三,从事文化产业经营,促进文化产业的发展。

文化产业的经营是文化建设的有机组成部分。以往,文化产业的经营主要是商业部门的工作,当然这存在很多弊病,因为商业部门是逐利性的。NGO产生后,其通过与政府的合作,积极从事文化产业的经营活动,并取得了良好的效果。由于NGO具有非营利特征,它能很好的发挥政府和商业部门的中间人作用,并能很好的发挥文化产业服务公众需求的功能。例如,美国的各种文化中心、艺术基金会、旅游管理局、电影管理办公室等NGO,都发挥着枢纽型的作用。"它们不是沿袭政府的行政管理方式,而是通过项目推介、资金支持、购买服务、法律维护等方式开展工作。"⑥如此一来,便有效地弥补了政府和商业部门在文化产业经营中的不足,促进了文化产业的发展。

四、国外NGO在社会领域中参与社会治理

随着社会的发展,市民社会得到了快速的发展壮大,其社会性需求也变得

---

① 资料来源:http://intra.afchine.org/。
② 资料来源:https://www.goethe.de/de/index.html。
③ 田香兰.日本民间非营利组织的发展现状、法律环境及社会贡献[J].日本问题研究,2013(2):70-71.
④ 张国超.非营利性组织参与我国文化遗产事业的问题与对策[J].江汉大学学报,2011(3):19-22.
⑤ 资料来源:http://www.icomos.org/fr/。
⑥ 寒恺.美国的非营利组织及其在文化经营管理中的作用[J].前线,2009(8):55-57.

十分繁杂。满足社会需求是建设和谐社会的关键,也是社会治理的重要任务。通过研究发现,国外 NGO 通过政府购买服务、提供志愿性工作、参与应急救援等方式在社会建设中发挥了重要的作用,促进了社会和谐,创新了社会治理。

第一,承接政府购买服务,协助政府进行社会性工作。

政府在提供公共服务的过程中,很难摆脱传统的官僚主义积弊,对社会需求和发展机遇反应迟钝,而企业内在的逐利性使其难以以社区成员利益最大化和公共服务有效性为目标。[1]这时 NGO 通过购买的形式提供公共服务可以很好地解决这些难题,而且还大大提高了社会资源的实际利用率。

国外 NGO 通过种种方式与政府建立了良好的合作关系,有很多成功的案例。例如,"美国政府的首要选择就是通过 NGO 提供相关服务和解决社会难题"[2]。20 世纪 60 年代以后,"美国政府开始热衷于兴办各种社会公共服务项目,但并不直接生产和提供公共产品和服务,而是通过项目招标方式与符合条件的 NGO 签订服务外包的合同,由 NGO 来进行公共产品的生产和供给"[3];"1988 年,马萨诸塞州政府的 15 家机构向 1 200 多个 NGO 购买酒精中毒康复治疗、家庭危机干预、日间照顾等服务,约有 200 多种服务项目被政府纳入社会服务的购买体系中,并且他们通过 NGO 不断拓展社会服务的范围"[4]。

第二,提供志愿性服务,满足社会中的多样性需求。

提供志愿性服务是 NGO 的主要工作,尤其是专业的志愿组织。面对复杂的社会需求,政府难以有效地进行全面解决,尤其是一些社区性需求。NGO 的服务具有多样性、具体性的特征,能够很好的满足这些需求。另外,NGO 提供志愿性工作对于社会风气的提升、社会公德的弘扬也具有积极的意义。

1999 年一份关于"美国义务捐献和志愿者行动"的调查显示,"美国的成年人中,将近 56% 的人加入了志愿者行列,1.09 亿志愿者贡献了 199 亿小时,相当于 900 万全时工人一年的工作量;志愿者平均每周工作 3.5 小时;其中 39% 的志愿者会定期参加志愿工作,每一周、两周或每月的固定时间做同样的服务"[5]。再以"德国平等福利联合会为例,它有 15 个州平等福利联合会,每个州联合会下设县级服务站,全国共有 280 个,每个县服务站又有若干成员组织。目前,德国平等福利联合会在全国共有 10 000 个活跃在卫生健康与社会服务领

---

[1] 曾莉,刘隽.非营利组织在社区治理中的角色困境[J].理论学刊,2007(6):64-66.
[2][4][5] 侯玉兰.非营利组织:美国社区建设的主力军[J].北京行政学院学报,2001(5):13-17.
[3] 宋文辉.美国政府与非政府组织跨部门的合作关系[J].党政研究,2014(6):96-101.

域的成员组织、机构及工作小组"①。1995 年期间,德国 NGO 的服务时间长达 23 亿小时,2009 年调查显示,"14 岁以上的德国人中有 36% 参加了志愿服务,人数达 2 300 万"②。近年来,美国 NGO 塞瓦基金会(Seva Foundation)与当地医院和机构合作加强基础设施建设,提高视力护理服务的质量,为眼疾患者提供低价药物和手术治疗。③

第三,参与应急性救援,协助政府治理公共危机。

地震、海啸、飓风等自然灾害和恐怖事件、疾病传播、群体性动乱等非自然灾害都容易引起公共危机,这对社会的发展和治理埋下了潜在的隐患。面对这些问题,各国政府都会全力予以解决。在这一过程中,NGO 也起到了重要的作用,积极参与应急性救援,协助政府治理公共危机。

例如,2005 年登陆美国的卡特里娜飓风,给美国造成了严重的损害。在这一次危机的治理中,美国红十字会发挥了重要的作用。在飓风形成前,红十字会提前准备好一些可能需要的应急物资(帐篷、食物、衣服等),并向有关部门提供一些有价值的信息。飓风到来后,美国红十字会积极投入了救援工作,提供了多样性的应急工作,主要是与相关 NGO 合作、制订救援计划、抢救生命、分享救援信息等。在灾后重建时,红十字会奉献了自己 45% 的资金,筹备了 3 000 万美元用于重建,同时还对当地的 NGO 进行人才培训。④2011 年 3 月 11 日,日本当地时间 14 时 46 分在东北部海域发生了里氏 9.0 级的地震,此次地震引发了海啸,给日本造成了重大人员伤亡和财产损失。地震发生后,日本各地 NGO 积极赶赴灾区参与救援,在当地民众的配合下开展救助工作,包括救人、修路、修房等,为减少损失和挽救生命做出了重要的贡献。截至 2012 年,"参与救灾的志愿者达 94 万人次,筹集救灾款达 4400 亿日元"⑤。

五、国外 NGO 在生态领域中参与社会治理

从世界范围内来看,生态文明建设是在第二次世界大战后,各国发展中环

---

① 资料来源:http://www.der-paritaetische.de/?id=8。
② TNS Infratest Sozialorschung. Hauptbericht des Freeiwilligensurveys 2009 [R], Muchen, Oktober, 2010.
③ 尹君,李晓露.美国非政府组织在柬埔寨的活动及其对澜湄合作的影响[J].学术探索,2020(3):79-86.
④ 资料来源:www.redcross.org/www-files/Documents/pdf/corppubs/KatrinaSYear.pdf。
⑤ 李薇.日本发展报告 2012[R].北京:社会科学文献出版社,2012:7.

境遭到严重破坏时才被提上议事日程的。从人类可持续发展的角度来看,生态文明建设是我们当前的重要任务,是社会治理的重要部分。由于政府行动的滞后性、商业部门的逐利性,NGO 在这一领域发挥了重要的作用,尤其是环保型 NGO。结合国外的具体实践,NGO 在生态文明建设主要通过三种途径积极努力着:宣传环保思想,推动环保政策的制定和修订;从事环境保护的监督,与非环保行为做斗争;为环保事业提供一定的资金、技术、人才等方面的支持。

第一,积极宣传环保思想,推动环保政策的制定和修订。

对于环保问题,一开始只有少数人意识到,之后才有了环保技术、环保制度、环保思想的广泛传播与认可。在这一过程中,环保型 NGO 发挥了重要的作用。在 NGO 和各个方面的共同努力下,环境得到了很大的改善,尤其是欧美等发达国家。在宣传方面,NGO 通过横幅、网站、演讲会、电子邮件等方式积极努力着,对于提高公众、政府、商业部门的环保意识发挥了重要的作用。例如,地球之友、世界自然基金会等都积极通过举行环境保护集会、演讲、展览、信息交流、进行学术研究等各种活动来提高公众、政府和商业部门的环境保护意识。再如,总部设在荷兰阿姆斯特丹的绿色和平组织(Greenpeace)2006 年 7 月就以庞大的电子邮件压力迫使麦当劳停止销售用亚马孙森林地区产的大豆所饲养的鸡肉食品。经过努力,餐饮业对此高度重视,麦当劳也做出了积极的响应。"现在,麦当劳以及其他大型的食品零售商正与绿色和平组织一道建立'森林零破坏计划',该计划将有助于制止亚马孙地区普遍存在的土地兼并、环境保护、社会公正等问题。"[1]2007 年,他们还成功游说中国最大的家居建材零售商百安居承诺在中国不销售任何可能来自非法采伐的木制品,并保证到 2010 年其在华所销售的全部木制品来自经过认证的可持续的森林资源。

在政策方面,NGO 主要通过各种压力促成环保政策的制定和修订。环保政策的制定和修订是环境保护的有力举措。在这一方面,环保型 NGO 不仅在本国、本地区发挥了积极的作用,还通过联合的方式促成了环保国际公约的形成。例如,"1992 年 7 月,美、加、墨三个国家近 60 个环境 NGO 向贸易谈判代表发出了一封信,将环境保障条款写入《北美自由贸易协议》。在国际范围内,1988 年,国际环境 NGO 阻止了对南极进行矿物资源活动的《矿物公约》的生效"[2]。

---

[1] 资料来源:http://www.Greenpeace.org/。
[2] 丛霞.环境非政府组织的地位和作用[D].青岛:青岛大学,2005:22.

第二,积极从事环境保护的监督,与非环保行为做斗争。

因为环保型 NGO 具有专业性的特征和可以实时关注环境问题的优势,在很多情况下,它们积极从事环境保护的监督,并与非环保行为作坚决斗争。在它们的努力下,很多环境得到了保护,其做法也起到了很好的示范作用。环保型 NGO 主要通过向相关秘书处提交具体单位履行条约的报告、提出申诉等多种方式进行监督。如,"在《迁徙物种公约》《控制危险废物越境转移及其处置公约》《国际热带木材协定》的实施过程中发挥了很好的监督作用"[①]。近年来,"东南亚大量的环保 NGO 在国际社会的支持下,努力和破坏环境的各种行为和势力作斗争"[②]。

第三,为环境保护事业提供一定的资金、技术、人才等方面的支持。

NGO 还积极为环保提供资金、技术、人才支持,其帮助范围不仅包括本国,还包括其他国家和地区,为全球的环保事业做出了重要的贡献。例如,"美国大自然保护协会 1997 年与云南省签署合作备忘录,共同开展'滇西北保护与发展项目'研究,从事生态与自然保护工作,并设立常驻机构云南办事处,至 2004 年已投入项目经费 350 万元"[③]。总部位于华盛顿的森林趋势(Forest Trends,成立于 1998 年),2001—2003 年资助并支持中国有关部门成功主办"可持续林业发展""中国林业政策国际论坛""中国林业融资"等国际会议,利用其掌握的广泛、丰富的世界级专家人才等资源,为中国与世界对话、交流做出贡献。[④]

国外 NGO 虽然在社会治理中发挥了积极的作用,但是在很多方面也产生了不良的影响。一些社会组织打着支援的旗号去干涉他国内政、肆无忌惮地掠夺他国资源等。即使是在其本国内部,有时也起着反面作用。

由于西方国家普遍实行三权分立,办事效率低,而且中央政府和地方政府各自为政,缺乏强大而又统一的领导,导致政府的执行力严重不足。正是因为西方国家普遍是"大社会、小政府",西方国家对社会组织缺乏有效监管,社会组织想怎么聚集就怎么聚集,都只把自身利益看得很重,政府软弱无力,很难对社会紧急情况进行快速而又有效的控制。如韩国邪教新天地会教徒众多,他们根

---

① 杨威.全球环境治理中的国际环境非政府组织[D].北京:外交学院,2010:18.
② 中国现代国际关系研究院课题组.外国非政府组织概况[M].北京:时事出版社,2010:268.
③ 马国芳.国际非政府组织在云南发展状况研究[J].云南行政学院学报,2004(2):57-61.
④ 陈珂,刘义,等.国际非政府组织对西部生态环境建设的作用分析[J].沈阳农业大学学报,2006(2):187-189.

本不会去考虑新冠疫情的严重性，一如往日继续搞大型聚会，韩国的新冠确诊病例大多是因为新天地会聚会造成的。总之，西方社会是自由竞争的社会，遇到紧急情况很难做到充分合作。社会组织会过分看重个人利益和局部利益，难以在重大灾害面前及时引导群众不计个人得失，让社会快速应对灾害。

第二节 国外 NGO 在参与社会治理的若干启示

综上所述，许多国家积累的培育和管理社会组织的成熟经验，极具参考和效法价值。鉴于此，我们要以开阔的胸襟，学习、借鉴国外社会组织发展和运行的成功经验和实践成果，以他山之石，攻我之玉。

在学习借鉴国外社会管理先进理念及成功经验的过程中需要特别一提的，是国际视角下的理论研究成果的积极汲取。虽然这些成果都是立足于各自国度不同发展阶段的社会管理实践，但其中某些普遍性的东西体现了当前社会治理的一般法则，在我国同样有指导价值。这些研究成果得以在全球范围内（包括中国）广泛传播并产生巨大影响，已有力地证明了这一点。反思总结我国正在进行的社会管理创新实践，加大理论指引力度，始终是要补上去的重要一课。而这种"拿来主义"就是弥补这一缺憾的切实举措。具体来说，包括以下几点。

一、完善社会组织的法律框架

通过法律对社会组织发展支持是国外主要国家的普遍做法。国家对社会组织的正式法律政策可上溯到 1601 年英国的《贫困法》。之后，社会组织法律不断完善。总的看来，英国社会组织的法律形式主要包括以下两种形式：一是非法人组织形式。非政府组织可以由三人以上根据自己意愿自行设立，有自己的章程即可，无须注册。但这样的组织没有法人地位，法律对它们也没有特别的管制要求，此类组织不能拥有财产，只能将财产置于某些会员名下。这意味着组织一旦破产，必须由其本人担负起偿还债务的责任。二是法人组织形式。社会组织也可以通过一定程序成为法人组织，有三种形式可供选择。大多数社会组织采取有限公司的形式，即在商务部的公司局登记注册为有限责任公司形式即可。

在美国，并没有一部专门针对非政府组织的法律，宪法中也没有明确载明公民有结社自由。但美国人普遍认为,公民结社形成各种社会组织是人的一种天然权利。美国对社会组织的管理主要通过公司法、一系列与税收相关的州政府和联邦法令来进行。第二次世界大战后,美国的社会组织快速发展,美国律师协会1952年制定了《非营利法人示范法》。目前,该法已经被大多数州采纳。1996年,《美国统一非法人非营利社团法》由统一州法全国委员会通过。

在新加坡,新加坡的法规沿袭英国的法律。民间组织可依据不同的法律注册,如《社团法令与条令》《合作社法》《慈善法》。其中最重要的是1967年1月颁布的《社团法令与条令》。该法令的主要内容包括:社团释义、登记官的任命及其权力、拒绝登记的情况、年度登记的公布、社团的终止、社团提供信息的规定、不能担任社团高级职员情形的规定、社团标志旗帜的使用、非法社团及其罚则等,对社团活动规范进行了严格的规定。不过,从2004年9月1日起实施社团自动注册方式,为那些不太可能引起法律、治安与保安问题的社团进行快捷注册。

总的看来,除新加坡外,在大多数国家,登记与否并不是非政府组织是否合法的前提。通常的做法是:非政府组织进行登记和取得法人地位是获得税收等优惠资格的前提条件,非政府组织要获得税收优惠,就必须经过复杂的申请、验证,获得相应的法人地位,进而才能享受相应的税收优惠。因此,"各国都在具体的法律当中形成了明确的法人形式以供社会组织的设立者进行选择"[①]。

二、提升社会组织参与社会治理能力

从发达国家大多数立法和制度建设目的来看,几乎都是促进社会组织发展的,主要是希望这些组织在政府、市场能力之外以及政府、市场弱势的地方,更好地发挥作用。

第一,通过各种方式,拓展社会组织的资金来源。资金不足是社会组织普遍失灵的重要原因。因而,要想实现政府与社会组织共同治理社会,政府必须以不同的形式向社会组织提供资金。"第一种方式是提供补助。补助一般分为两种形式,其一是政府向非营利组织提供直接拨款,其二是非营利组织通过公开的招标拨款申请过程获得补助。西欧各国社会组织可以获得的公共资金的比例各不相同,较低的是20%(瑞典和挪威),较高的几乎占70%(荷兰和爱尔

[①] 褚松燕.中外非政府组织管理体制比较[M].北京:国家行政学院出版社,2008:229.

兰);中欧和东欧的一些国家,社会组织从政府所获得的资金在20%至30%之间。"①另外一种方式是以竞争为基础,即经过一系列选择程序进行分配的。选择的标准通常包括:组织成果、组织历史、组织职责和组织权限等。选择过程的关键是明度和公开,拨款可以是一次性的、短期的或是长期的。

第二,完善社会组织的内部治理机制。相对于政府组织和营利组织的等级、集权式体制,社会组织一般采取的是非等级的、分权的网络式组织体制。当然,在具体的内部治理机制上,各国做法也有所差异。在美国的社会组织中有一个很重要的组织——董事会,董事会的职务就是掌控整个社会组织的运作及决策。董事会的成员必须负起法律责任,不管基金会做任何决定,进行任何活动,他们都要负责。这就像在一般的公司中,如果公司做了不法的事,负责人要进监牢,在社会组织中的董事会也是如此。所以,董事会要同时严格掌控资金的流向和来源,绝对不能有自肥条款,或资金进入私人口袋的现象等。董事会受到严格监视,他们必须提供清楚的资金决策。

在英国,对社会组织的内部治理机制也有较为明确的规定。主要表现为:一是理事的责任和义务。在社会组织中,理事负责组织的营运和法律责任。理事间应互相合作,不得企图单独控制组织,或谋求自身的利益,共同遵循所设立的组织管理办法(或章程),追求组织最大的利益。在运用组织的收入方面,理事应确定经费运用在组织所设立的范围内,并确保无欺诈或私人谋利的情况发生。管理组织的财务时,理事要确认银行账目是交给两人以上管理,而每一种账目都有翔实的记录。最重要的是,组织所有财产都必须交由理事控制。理事还要注意一些投资事项,必要时寻求专业的协助,同时要避免冒风险。"公开对大众募款时,理事必须说明款项的用途和募款活动所花费的费用,事先认可所有以组织名义公开募款的活动,必须监督不得有强迫募款的情况发生。"②二是会员权利。在法律上,会员系指遵守组织管理办法并享有规定的权利的人或组织,因此,在社会组织管理办法中必须明确规定会员审核标准、不同性质的会员结构、会员大会,同时必须规定会员条款、权利与义务、终止会员身份等事项。通常会员包括有投票资格或不具投票资格的会员。

---

① Nilda Bullain, Radost Toftisova. A Comparative Analysis of European Policies and Practices of NGO-Government Cooperation[R]. Final Report, 2004:22-26.
② 马立,马西恒.中介组织与社会运行[M].上海:上海交通大学出版社,2012:43.

三、制定扶持社会组织发展的措施

西方资本主义国家为促进社会组织参与社会治理,采取了一系列的扶持措施,总的看来,其措施主要包括:

第一,财政扶持。在非政府组织管理相对完善的国家,选择对什么领域、什么类别的非政府组织进行鼓励,一种最为直接的方式就是政府的财政资助导向,因此,财政资助的领域以及力度直接反映政府的政策导向,对某类社会组织的资助力度越大,说明支持度就越大。反之,得不到政府资助的社会组织除非能够通过自身的经营、服务活动和其他筹资渠道获取足够的收入,否则就会处于比较艰难的生存境地。总体上看,各国普遍的做法是对公益类社会组织予以财政资助,而对互益类社会组织很少资助。以德国为例,"《德国联邦社会援助法》要求德国政府组织的主要活动领域是社会福利服务,主要集中在社会服务、卫生保健和教育事业方面。社会福利服务类非政府组织的就业份额占到全部社会组织的4/5"[①]。

第二,税收优惠。世界各国基本上有相应的税收优惠政策促进社会组织的发展。社会组织的税收优惠政策主要包括两个方面:一是对社会组织本身的税收优惠政策,二是对于向非营利组织捐赠的单位与个人的税收优惠政策。如,美国的基金会,每年只要捐出5%的资产,基金会可以不必缴纳所得税或增值税,它们只需缴纳一项"联邦基金会税"(federal foundation tax),这通常只是它们财产的1%—2%。还有的国家,例如英国和日本,采取自动赋予制,即社会组织在获得相应的法人地位的同时自动获得免税资格。当然,社会组织无论是自动获得免税资格,还是依申请获得免税资格,都需要满足所在国家规定的法定条件。一般地,免税资格仅限于"公益目的"或"慈善目的"。

第三,以购买公共服务的方式扶持社会组织。以购买公共服务的方式扶持社会组织是近年来发达国家的普遍做法,也逐渐成为政府资助社会组织的主要方式。购买公共服务既包括政府将现有的部分职能转移给社会,又包括从社会购买政府目前还没有提供的服务。其购买服务的领域主要有市政服务、社区公共服务、非基础性教育和医疗卫生服务、行业性公共服务、技术性与中立性公共服务以及其他适宜向市场购买的服务。公共服务通常采取"公开招标、

---

① 褚松燕.中外非政府组织管理体制比较[M].北京:国家行政学院出版社,2008:232.

合同运作、项目管理、评估兑现"的方式外包给社会组织。英国、美国、日本、德国等国家大都如此。例如英国,政府每年提供给社会组织的财政资源共约33亿英镑。

此外,还有的国家采用顾客用政府颁发的票券来购买公共服务。地方政府有义务向所有市民提供公共服务的各种票券。这种票券制度在法团型的福利国家十分盛行,例如,德国在就业管理中发放就业券,由工会、雇主协会以及政府的代表组成的管理委员会对于就业券发放的数量,相应的政策进行协商,同时政府负责对提供者的服务质量进行监督和评估。

四、构建对社会组织的多元监管格局

从实际情况来看,各国都比较重视通过登记管理、税收、审计、检察、司法等多个部门形成依法监管社会组织的合力,构建起一个主体多元的监管体系。当然,对于不同国家由于国情不同,其具体的做法也有所差异。

美国等国主要依靠税务机关、登记机关、审计机关、司法机关等多个部门进行相应监管。美国以税收管理为重点,税务机关通过财务报告、信息公开、财务抽查等途径,对社会组织的免税资格进行认定和更新,如果发现被抽查组织存在问题,将依据具体情况采取罚款、取消免税资格等处罚措施对组织存在的问题做出处理。

英国、日本和新加坡政府十分重视发挥登记管理机关的日常监管权责。英国慈善委员会是直接向议会负责的免税慈善组织的独立监管机构。慈善委员会不仅负责慈善组织的登记,还通过年度报表制度、审计与独立财务检查制度、公益募捐管理制度、访问制度、质询调查制度等手段对慈善组织进行日常监管。日本的做法是由业务主管机关负责日常监管,在政府各个部门中的业务主管机关除了对社会组织的登记进行审批外,还通过年度报告制度、现场检查制度、行政处罚等进行日常监管。新加坡的做法是充分发挥社团注册管理机构的监管作用。新加坡社会组织注册局在监管方面的主要职权有:"①命令自动注册的社团更改名称和章程,或者指示它通过普通程序重新申请注册;②命令任何注册社团提供其资料、文件、账目和账簿;③只要有理由相信该地点被用来进行非法活动,就有权进行搜查。社团注销则需由内政部长批准。"[①]

---

① 资料来源:http://www.njsmj.gov.cn/www/njcom/view_a390704168753.htm。

第三节 国外 NGO 在参与社会治理的几点教训

尽管国外 NGO 在自身的发展以及在参与社会治理的过程中做出了许多贡献，为我国社会组织参与社会治理提供了很好的参考和借鉴，但是国外 NGO 参与社会治理过程中，也存在许多的不足，如 NGO 自身的发展、实际的作用等方面也存在着一定的问题，这些问题和不足需要我们引以为戒。

一、自身质量参差不齐而难以胜任本职工作

国外 NGO 的发展有着特殊的历史背景，它们是在政府难以满足社会发展需要的情况下，政府主动让其诞生并自行发展的。在这种情况下，西方政府没有给 NGO 的产生和发展设置过多的限制和进行相应的规划。相对于我国社会组织有着较高的准入门槛和严格的审批流程，西方不少国家对 NGO 法人的身份、注册的金额、组织的人数、组织的宗旨等内容都没有统一的要求。如此一来，西方 NGO 总体上质量是难以保证的，部分 NGO 是不合格的，或者是说它们根本上也没有衡量合格与否的标准。即便是西方 NGO 成立后，因为自己享有高度的自治权，自己的发展模式、发展思路完全由自己掌控，政府没有给予有效的规划和指导，使得一些 NGO 没有取得太大的发展，部分甚至是处于"破产"的边缘。

二、与政府关系存在异常且违背公益性原则

从理论上来看，NGO 是为了弥补政府失灵和市场失效而出现并发展的，NGO 与政府、企业之间关系是平等合作的关系。NGO 本质上是非营利性和公益性的。西方的部分 NGO 为了实现经济利益的最大化，或是鉴于政府的压力，它们逐步与政府开始"联姻"，形成了一种不正常的关系。这类 NGO 有着明显的意识形态性，特别是跨国性 NGO 与政府"联姻"后，借助其隐蔽性、灵活性、渗透性、跨国性的特点，开始作为西方输出所谓民主的载体。近年来，美国政府与国会将通过立法形式明确其部分 NGO 在对华战略实施过程中的地位，并将通过增加资金支持等方式，进一步发挥 NGO 在对华意识形态与地缘政治对抗、经济与科技竞争中的作用。例如，他们支持部分 NGO 通过破坏"一带一路"建设，

积极参与对华经济战、科技战。

西方部分 NGO 片面强调自身宗旨，缺少宏观视野，甚至与政府的治理背道而驰。政府、企业、NGO 共同的目标应该是要共同推进社会治理，推进社会治理向着善治的方向发展。因此，不管是通过沟通协调确定自己的发展宗旨，还是独自确定自己的宗旨，NGO 的宗旨都应该与政府的理念保持同一方向，要站在宏观视角与政府、企业一道共同完善社会治理工作，实现社会公众的利益最大化。然而，有一些 NGO 无视宏观大局，片面强调自己的宗旨理念，不仅不能很好地解决问题，反而激化了社会矛盾，增加了社会治理的成本。

三、插手地区事务而影响地区和谐稳定

西方 NGO 也包括国内 NGO 和国际 NGO。在经济全球化的进程中，西方国家的一些国际性 NGO 开始走出国门，到其他国家和地区发展服务。这些 NGO 有的确是本着服务的宗旨在遵守所在地法律法规和风俗习惯的前提下开展相应的工作，为这些国家和地区的发展和繁荣稳定做出了重要的贡献。然而，其中也有一些 NGO 或是为了追逐自身经济利益最大化，或是因为已与政府"联姻"的关系，它们的所作所为不仅没有促进这些国家和地区的发展，反而影响了这些地区的和谐稳定。

以自身经济利益最大化的 NGO 往往会通过形式上的些许服务以赢得认可和支持。事实上，它们的目的是追求背后更大的利益，甚至是不惜浪费、占有所在地的资源和人民的合法权益。有的还会挑起地区矛盾和争端，自己从中坐收渔翁之利。已与政府"联姻"的 NGO 往往具有强烈的意识形态性和强烈的政治目的，充当霸权主义的马前卒、扮演政治斗争的急先锋。从这个角度来看，它们本质上已经变异，不再是公益性和志愿性的组织，而是政治性的组织。

第九章　社会组织参与基层社会治理的路径探索

社会治理的创新之处在于政府与社会、公民的共治。政府的转型和社会的转型是一个问题的两个方面,二者相互依存。如果疏漏了对社会的培育,政府的转型就会受到制约,难以顺利地进行。马克思社会建设思想中国化的过程也是政府与社会、政府与公民及社会组织不断调适、不断合作进行共治的过程。我们党和政府早已认识到社会组织在社会治理中的作用,党的十八大指出,"加快形成政社分开、权责明确、依法自治的现代社会组织体制",同时强调要"引导社会组织健康有序发展,充分发挥群众参与社会管理的基础作用"。随后,党的十八届三中全会指出:"正确处理政府和社会关系,加快实施政社分开,推进社会组织明确权责、依法自治、发挥作用。"党的十九届四中全会所提出的"构建基层社会治理新格局"中明确强调要"发挥群团组织、社会组织作用,发挥按行业协会商会自律功能……夯实基层社会治理基础"。2020年3月31日,习近平总书记在《湖北省考察新冠肺炎疫情防控工作时的讲话》中强调,"要夯实社会治理基层基础,推动社会治理重心下移,构建党组织领导的共建共治共享的城乡基层治理格局"。由此可见,对于发挥社会组织在社会治理中的作用是党和政府早已提出的思想。本章重点探索社会组织参与社会治理的主要路径,下面将从宏观和微观角度展开论述。

第一节　坚持马克思市民社会理论为指导,创新社会治理理念

从历史角度看,"治理"一词的内涵是不断发展的。它源于拉丁文和古希腊语,原义为控制、引导和操作。长期以来,它与统治交叉使用,并主要用于与国家的公共事务相关的管理活动和政治活动中。20世纪90年代以来,西方政治

学家和经济学家赋予其新的含义,不仅涵盖的范围超出了传统的经典意义,而且含义也与统治相去甚远。从目前来看,治理与统治的区别主要在于:统治的权威一定是政府,统治的机构一定是社会的公共机构,其权力来自政府授权;而治理需要的权威并非政府机关,公共机构、私人机构、公共和私人的合作机构都可以是治理机构。在对治国理政的认识上,从历史上的国家统治到国家治理,虽一字之差,却是质的飞跃。

一、要树立社会治理主体多元化的理念

马克思市民社会理论的研究立足于"物质生产关系"。现代社会的"物质生产关系"经过不断细分,已有原来的"政府"和"社会"的二重关系向"政府""市场""社会"三重关系转变。现代社会组织是社会发展的结果,是由市民社会的内部分工而创造出来的。马克思认为,公社就是"人民群众把国家政权重新收回,他们组成自己的力量去代替压迫他们的有组织的力量;这是人民群众获得社会解放的政治形式"[1]。随着社会的发展,市民社会的自治程度会越来越高,而政府的行政权力会相对减弱,直至终结。当前,社会组织的发展就是扮演着这样的角色和作用,这也是我国当前完善国家治理体系和治理能力现代化的必然趋势。结合马克思强调的"社会是许多力量融合为一个总的力量而产生的新力量,要坚持整体性原则",不难明白,社会治理的主体绝不仅仅只有国家或者政府,恰恰相反,随着社会的发展,社会组织同样是社会治理的重要主体。列宁指出,社会主义建设必须调动一切可以调动的力量参与其中并重视他们的利益诉求。必须明白,治理不再是政府一家唱独角戏,而是政府、市场与社会协同共治的模式,我们应该把握各治理主体的共同发展。对此,有学者就指出,"治理是各种公共的或私人的个人和机构管理其共同事务的诸多方式的总和"[2]。

多元化的治理要努力创造三个条件:有限政府(服务型政府)、完善的市场和成熟的社会组织。治理的目的是指在各种不同的制度关系中运用权力去引导、控制和规范公民的各种活动,以最大限度地增进公共利益,即是实现善治[3]。

---

[1] 马克思恩格斯选集:第3卷[M].北京:人民出版社,2012:140.
[2] 石路.政府公共决策与公民参与[M].北京:社会科学文献出版社,2009:41.
[3] 所谓"善治",就是促使公共利益最大化的社会管理过程,其含义更强调通过民主参与促使国家与社会良性互动。

在经济建设上,强调市场的决定性作用;在民主政治建设上,强调人民主体地位;在社会建设上,强调重视社会力量,积极支持社会组织发挥在社会建设中的作用;在文化建设上,强调文化开放融合;在党的建设中,"要坚持党的群众路线,建立社会参与机制";等等。

我们必须看到,随着经济社会的不断发展,群众对社会治理的需要与政府治理滞后的矛盾逐渐突出,由政府组织"包揽"公共产品的提供和对社会生活领域治理的传统模式容易导致政府经常处于社会矛盾的"风口浪尖"之上,这就要求政府要适时地转变政府职能,将部分政府"管不了、管不好"的治理职能交由能担此重任的社会组织承接,逐步解决"政府失灵"和"市场失灵"的问题。这就要求政府站在推进国家治理体系和治理能力现代化的高度认识创新社会治理过程中社会组织的作用,切实深化政治体制改革,努力把社会组织作为政治民主化、科学化、公开化、程序化和制度化的重要内容,作为推进创新社会治理极为重要的方面。

案例

多元协同,共同推进"无废城市"建设

"无废城市"建设是生态文明建设领域的一项重大改革任务,习近平总书记亲自审定工作方案,国务院办公厅于 2018 年 12 月专门就开展试点工作下发通知。浙江省委、省政府于 2020 年初出台工作方案,7 月 24 日召开"无废城市"建设工作视频会议,正式吹响全省全域"无废城市"建设的攻坚号角。"无废城市"的创建既是对温州市当前生态文明建设的强力补充和支撑,又是温州市深入融合长三角一体化发展、建设"温州都市区"的重要内容,是协同推进经济高质量发展和生态环境高水平保护,打造"宜居城市"和"花园城市"的必然要求。

温州市生态环境局以习近平新时代中国特色社会主义思想为指导,坚持多元治理理念,积极推进治理体系治理能力现代化,借助"无废城市"建设重大平台,首次牵头抓总全市固废治理任务,把部分政府"管不了、管不好"的治理职能交由能担此重任的企业和社会组织承接,逐步解决"政府失灵"和"市场失灵"的问题,推进了"无废城市"建设。目前,温州市生态环境局针对温州市固体废物产生、处理和监管存在的问题,认真查找原因,找出差距,结合温州市自身民营经济发达的发展特点,努力构建政府引领、企业主体、公众参与的共建共享机制，初步形成了权责明晰、分工协作、齐抓共管的治理格局。

截至目前，温州清流环境资源利用有限公司废乳化液技改项目、新广环保科技有限公司皮革下脚料回收加工利用项目、瑞安华峰危废集中处置利用扩建项目、温州卓策资源再生利用有限公司等危废项目建成投用，温州市2020年度共新增危险废物利用处置能力14.17万吨。乐清市飞灰填埋场已完成工程建设，目前已启动环保督察销号程序，瑞安天泽大有污泥处置项目和平阳微水一般固体废物无害化资源化利用项目已建成，进入试运行阶段，永嘉县、平阳县和文成县生活垃圾焚烧项目垃圾已进库并开始点火试运行，乐清市、龙港市、永嘉县、平阳县、苍南县和泰顺县餐厨垃圾处置项目均已进料试运行，文成县、泰顺县和瑞安市农村生活垃圾资源化利用项目均已建成投用，乐清市明隆新墙材利用处置项目已建成并投入生产。一般工业固体废物综合利用率已达到99.10%，秸秆综合利用率已达到95.98%，畜禽粪污综合利用率已达到98.72%，废旧农膜回收处理率已达到88%；处置设施相关指标中，生活垃圾无害化处理率已达到100%，医疗废物安全处置率已达到100%，病死猪集中专业无害化处理率已达到96.20%；收运体系相关指标中，"生活垃圾分类覆盖面"中城市覆盖面已达98.31%，农村生活垃圾分类覆盖率已达到93.65%，医疗废物收集处置体系覆盖率已达到100%，实验室废弃物集中统一收运覆盖率已达到96.80%，农业废弃物收储运体系覆盖率已达到96.70%。

资料来源：温州市生态环境局。

二、要树立社会治理主体平等合作的理念

治理的核心有两点：横向上多元主体并存；纵向上权力上下互动。社会治理主体纵向的上下互动就必须以平等合作的理念为前提、指导。一方面，从主体之间的关系上看，平等合作的理念强调国家、社会与市场各归其位、各尽其责。马克思认为，"社会组织"发展的最终形式是"自由人的联合体"，"政府权力要交给社会的负责的公仆"，"联合体"中每个人自由全面发展，且能高度自治。列宁也认为，要实行充分的民主，要让政权接近劳动群众。为此，要破除政府是唯一主体的传统思想观念，认识到在复杂的社会环境中，政府不仅要向服务型

政府转变,不断提升自身的服务理念,而且要保证国家、社会与市场各归其位、各尽其责。

另一方面,从权力运行方向上看,社会各治理主体的平等合作强调自上而下、自下而上的"双向互动"。这就要求党和政府在推进社会治理过程中,支持和引导各方和人民群众依法有序参与社会治理,真正把群众的积极性充分调动起来并合理发挥。同时要求政府工作人员在思想观念上破除"官本位"观念,改变社会组织工作是社会边缘或者补充性的工作的传统思维。同时要求我们借鉴有关发达国家的成熟做法,彻底改变党和政府直接的管理控制、规划干预、随意插手民间组织事务和活动的不良体制;取消具有严密监控色彩的"双重管理"方式,建立扶持和鼓励导向的民间组织管理模式。

总之,新时期要坚持马克思市民社会理论为指导,坚持从政府和社会关系不断走向良性化的角度,强调政府从全能政府向有限政府转变,从管制型政府向服务型政府转变,从权力政府向责任政府转变;社会从被管理对象向依法自治、合作共治的主体上转变,以实现政府治理和社会自我调节、居民自治良性互动。这种转变实质是一场政府改革和一次社会重建。从这个高度看待社会治理中,社会组织的作用要求我们在具体工作实践中积极采取措施,扶持社会组织的发展,积极为社会组织参与社会治理创造条件。

第二节 完善社会组织的准入机制,创建良好的社会治理生态环境

一、完善社会组织的准入机制

社会组织参与基层社会治理要以社会组织的准入(诞生)为前提条件。当前,我国也在积极推进国家治理体系和治理能力现代化,这就需要一定数量的社会组织来承担其中的主体责任。完善社会组织的准入机制,培育更多的社会组织是一项必须要做的工作,而且要从两个方面进行把握。

一方面,要降低我国社会组织的准入门槛。我国《社会团体登记管理条例》的第十条和第十一条规定了我国社会组织成立的条件和所需材料,如需要30人以上、固定的名称住所、3万或10万以上的活动资金、筹备申请书、业务主

管单位的批准文件和相关证明,等等。《基金会管理条例》的第二章第八条规定,全国性公募基金会的原始基金 800 万元以上,地方性的 400 万元以上,等等,原始基金必须为到账货币资金。另外,我国社会组织注册时实行双重管理,"即业务主管部门和登记管理机关对经核准登记的社会团体负责日常管理"①。这些标准表明我国社会组织的准入门槛较高。国家应该尽快修订《社会团体登记管理条例》等行政法规,尽快制定、完善社会组织直接登记的标准和办法。具体来说,就是要降低社会组织的准入门槛,让更多的社会组织参与基层社会治理。对符合条件的社会组织,要加快审核办理程序;对不符合条件的社会组织也要按照不同类别进行一定的指导和管理。另外,还要适当降低社会组织参与基层社会治理的门槛,包括参与标准、参与途径等,让更多的社会组织参与其中,在参与中发展,在参与中完善。

另一方面,要切实转变政府职能。政府职能是指政府承担的公共事务的范围。政府职能转变意味着政府职能范围的重新调整,包括政府应该履行的职能。政府职能主要包括两大类,即政治统治职能和公共管理职能。政府职能的转变是社会组织准入和降低门槛准入的重要条件。在人类社会相当长的时间里,政府职能的重点是政治统治职能,这与当时低下的生产力水平有关。20 世纪以来,国家对社会生活的全面广泛的干预,致使政府日益成为社会的核心机构。随着社会的发展,政府的政治统治职能逐渐弱化。马克思也指出,"旧政府权力的纯粹压迫机关应该铲除,而旧政府权力的合理职能应该从妄图驾于社会之上的权力那里夺取过来,交给社会的负责的公仆"②,"把靠社会供养而又阻碍社会自由发展的国家这个寄生赘瘤迄今所夺去的一切力量,归还给社会机体"③。在我国,1985 年党的十二届四中全会首次提出转变政府职能的要求。随后,"职能转变"逐步成为行政管理体制改革的核心内容。对此,党的十八届四中全会更是指出,"必须切实转变政府职能,深化行政体制改革,创新行政管理方式,增强政府公信力和执行力,建设法治政府和服务型政府"。

就社会组织参与社会治理角度来看,政府机构改革和政府职能的转变是社会组织参与社会治理的必要条件,而社会组织参与基层社会治理也有利于政府职能的转变。为此,在当下政府转变职能中,尤其需要做到:要改变政府的管理

---

① 贾西津.国外非营利组织管理体制及其对中国的启示[J].社会科学,2004(4):45-50.
② 马克思恩格斯选集:第 3 卷[M].北京:人民出版社,2012:100.
③ 马克思恩格斯全集:第 3 卷[M].北京:人民出版社,1995:57.

权限,由"无限政府"向"有限政府"转变,建立有限政府的新观念,克服无所不包的行为习惯,自觉地改革行政管理体制,让渡部分职能。这是从根本上实现政企分开,促进社会组织参与社会治理的一项基础性工作。也就是政府职能要进行适当收缩,能由市场承担的尽可能由市场去做,能由社会解决的问题尽可能交给社会去办。党的十八届三中全会在指出转变政府职能的举措中就强调要"进一步简政放权,深化行政审批制度改革,最大限度减少中央政府对微观事务的管理"。

同时,强化政府的服务职能,建设服务型政府,避免政府职能的缺位。具体来说,需要着力做到:一是转变行政观念,树立公共服务型政府的观念。传统的管制型政府存在着官本位、政府本位的思想。建立在这样的政府治理模式下的社会管理背离了以人为本的宗旨,在实践中不仅导致难以真正做到为民服务,而且也使得社会管理领域的突出问题。建设服务型政府最重要、最基本的前提就是要进一步解放思想、更新观念,要按照服务型政府的规范要求,树立公共服务型政府的观念。要牢固树立以人为本的发展理念。坚持民本位、社会本位的思想,突出服务理念,努力实现社会公共利益的最大化,着力解决人民群众最关心、最直接、最现实的利益问题,把发展的目的真正落实到满足人民群众需要、提高人民群众生活水平上。二是更加注重和强化政府的公共服务职能。为社会提供有保障的公共产品与有效率的公共服务是服务型政府建设最核心、最重要的职能。为此需要强化政府在公共服务中的主体地位与责任,加快服务型政府建设步伐,为公共服务的全面、协调、可持续发展提供政府保障。这就要求我们明确政府公共服务职能的任务范围和行为边界,尤其是基本公共服务要得到保障,大力加强义务教育、公共卫生、基本医疗、社会保障等方面的建设,努力使全体人民"学有所教、劳有所得、病有所医、老有所养、住有所居"。同时要弱化GDP增长的考核,更多地关注公共服务水平与公共服务覆盖面的考核,将基本公共服务绩效评价结果作为政府官员选拔、任用和内部激励的依据之一,对于不能很好履行基本公共服务职责的地方官员,要追究其相应的责任,切实保证低收入人群能够获得最基本的公共服务。三是创新政府管理和服务方式,实现管理与服务的有机结合。提高政府的公共服务能力和水平,需要按照行为规范、运转协调、公开透明、廉洁高效的要求积极创造条件,支持社会组织广泛地参与社会管理和公共服务,积极探索政社合作机制。政府作为公共服务供给的主体,并不排斥公共服务提供主体与方式的多元化。国际经验表明,多元化的参与主体与方式,有助于提高公共服务的总量与效率。在传统的行政管理体制下,政府长期扮演着"全能政府"的角色,容易导致政府职能越位和缺位并存,造成财政资源的浪费。这就需要充分发挥政府主导作用的同时,扩大社会,尤其是社会组织的参与面。进一步说,就是要建立探索政府与社会的合作机制和伙伴关系,充分发挥社会组织在提供基本公共服务方面的积极作用,把社会组织发展纳入公共服务体制建设中。

社会组织具有以下优势:第一,社会组织在某些公益性、社会性公共服务中有着独特的作用。例如,社会组织可以在医疗服务、孤寡老人服务、残疾人服务等方面发挥独特的作用。第二,社会组织的参与能够在一定程度上影响政府的公共政策,使政府的公共政策更贴近现实、贴近百姓,提高公共政策的有效性。第三,由于社会组织的草根性,信息在传递过程中的扭曲与失真程度比较低,有助于提高公共服务的投入效率。为此,需要政府为社会组织让渡更多的发展空间,动员更多的社会力量,参与基本公共服务的供给,发挥非政府组织在基本公共服务领域的特殊作用和资金、技术和服务等优势。

案例

激发社会力量,助力社会事业

2017年9月,国家体育总局与浙江省人民政府签署协议在温州市开展社会力量办体育试点。几年来,温州市坚持以人民为中心的根本宗旨,牢固社会治理理念,坚持先行先试,积极探索,厘清政府、社会、市场的边界,着力转变政府职能,破除阻碍体育社会组织办体育的体制机制障碍,积极引导体育社会组织举办体育事业和体育产业,努力走出一条举国体制与市场机制相结合的体育发展新路子。

第一,科学厘清政府、市场、社会"三个边界",充分激发体育事业发展活力。把试点工作纳入全面深化改革总体布局,研究出台21个配套政策文件,形成了一整套社会力量办体育政策体系。以政府购买服务为突破口快速放活市场,把赛事举办、体育培训等6项职能交由社会组织承接,并通过建立预算核定、过程监管、结果评价等制度提升项目绩效。推进体育社会组织——体育社团实体化、规范化、体系化建设。第二,全方位突破体制、政策、区域"三大壁垒",全面提升竞技体育水平。通过政府定标准、供场地、授牌子、派教练、给奖补等途径,支持体育社会组织参与人才培育。在运动员等级认定、参赛选拔、成绩奖励、培养输送等方面,实行民办与公办体校一视同仁的政策;支持体校等事业单位在职教练员到社会训练机构兼职;放宽政策限制,开辟注册通道,做到体育人才跨区域顺畅流动,努力为全国体育事业发展做出贡献。第三,精细抓好"百姓健身房"建设、运营、管理"三篇文章",全力优化群众性体育服务。在全国率先提出建设"百姓健身房"这一新载体,通过政府出器材、社会组织出场地,合力推动优质体育服务下基层、进社区,增强群众获得感、幸福感。第四,鼓励体育社团办体育产业,促进经济全面复苏。建成桃花岛冰雪运动中心、足球基地、威斯顿智体小镇、龙舟文化基地等一批重点产业项目,全年社会力量投入超过20亿元,其中,桃花岛冰雪运动中心入选全国体育综合体49个典型案例名单,并列入全国社会力量办体育改革试点现场推进会实地参观点。

温州体育改革试点经验在全国全省逐步推广。省委深改办《领跑者》2020年第1期专题刊发温州社会力量办体育改革经验。省政府将建设1000家"百姓健身房"列入2020年民生实事项目向全省推广。在全国青少年体育干部培训班上以《发挥社会力量优势 推动体教融合发展》为题作典型报告。试点以来,100多个省市体育部门来温州学习考察改革试点工作。

资料来源:温州市体育局。

二、创建良好的社会治理生态环境

马克思市民社会理论坚持认为:"市民社会决定国家。"可见,促进社会组织参与社会治理,需要营造良好的社会氛围,创造良好的社会治理生态环境,以此为社会组织参与社会治理提供良好社会土壤氛围。

一方面,要培育公民意识。"公民意识是指公民依据宪法规定的基本权利和义务对自己在国家政治生活和社会生活中的主体地位的认识。"[1]公民意识主要体现在公民广泛参与政治、经济、文化建设和社会生活的各个方面。根据列宁的"灌输理论",我们需要根据社会治理的需要培育公民意识。

在创新社会治理中,培育公民意识尤其要注重培育以下几方面的意识:一

---

[1] 秦树理.公民意识读本[M].郑州:郑州大学出版社,2008:4.

是公共意识。公共意识是公民对公共事务的认识态度。公共意识产生于公民对社会公共生活的利益感受,见之于发展公共事业、维护公共利益的行为。只有具备了公共关怀的情感,公民才会对所生活的社会共同体,对他人、对社会、对国家、对民族乃至对全人类产生关注、关心。二是参与意识。公民参与意识是公民以一种主人翁的心态,有序地参与管理国家事务和社会事务的意识。公民参与意识是公民意识的主要内涵,培养公民参与意识的最终目的就是鼓励公民有序地参与国家事务管理、参与处理社会公共事务。公民参与不仅包括参与决策,参与社会事务管理,也包括参与社会服务,参与社会治理。党的十八大报告就明确指出要:"加快形成党委领导、政府负责、社会协同、公众参与、法治保障的社会管理体制。"三是责任意识。责任意识是公民支配自己社会行为的基本价值观念,它是在社会实践过程中逐步形成的,是一个人的世界观、人生观、价值观在公社会中的具体体现。责任是权利的回报,公民享有权利,享受社会发展的成果,因而也分担社会建设的义务,履行相应的责任。从社会治理的角度来看,责任意识是一种社会责任,有助于公民更好地对他所处的集体和社会负责,更好地处理与集体、社会和他人的关系。四是法律意识。法律意识是公民对客观法律现象的主观反映,是人们关于法和法律现象的思想、观念、知识和心理的总称。简单地说,就是每个公民在一言一行之中,都要考虑一言一行是否合法、是否违法、违法的后果怎样、法律是怎么规定的,要明确自己有哪些权利和义务等。在全面推进依法治国的今天,社会领域呈现出越来越复杂的关系,这就更需要通过法律的途径解决社会关系,以法律处理复杂的社会矛盾。因此,增强人们的法律意识不仅是全面推进依法治国的需要,也是推进社会治理的需要。

　　公民意识的培养是当前国家迈向现代化过程中一项极为重要的任务,也是新时期社会治理的重要工作。公民意识的提高,不仅有利于增强人们的公共意识、参与意识、责任意识、法律意识,同时对于营造社会组织参与社会治理的社会环境氛围,对于促进社会组织参与社会治理的积极性和责任感都具有极为重要的意义。为此,要加大公民意识教育力度,不仅将公民意识纳入思想政治教育理论之中,更重要的是积极拓展参与国家政治经济生活,因为公民意识的发育归根结底是公民的自我建设,最佳途径就是让公民直接参与公共事务。在实践中,公民自愿组织起来参与基层生活,无疑会强化公民的公共意识、参与意识、责任意识、法律意识。

另一方面，要切实推进法治国家建设。马克思和黑格尔都认为市民社会需要一定的约束机制。法律在市民社会中具有重要的作用，法律不仅可以保障市民社会中人的所有权，也可以保障市民社会内部商品交换的平等和自由。列宁特别强调了社会主义依然需要依法治国，需要"用法令指明道路"。推进全面依法治国不仅是推进国家治理体系和治理能力的保障，进而实现"四个全面"战略部署的基本方略，同时对于规范政府与社会的关系，对于处理复杂的社会矛盾都具有重要的意义。对于社会组织参与基层社会治理来说，全面推进依法治国的推进无疑会进一步为其营造良好的社会生态环境。当然，法治社会的建设离不开社会组织的支持。社会组织在法治社会建设中，起着推动法治社会秩序形成、促进法治社会良性运行的作用。从静态角度看，社会组织在推动法治社会秩序的形成方面，可以参与法治制度体系的建立健全和完善，引导公民知法、信法，弘扬法治精神，倡导法治价值，形成法治生活方式；从动态角度看，社会组织在促进和保障法治社会良性运行方面，可以监督法治制度的实施，引导公民守法、爱法，养成法治思维和法治习惯。新形势下，推进全面依法治国尤其要做到以下几点。

1. 推进依法行政，建设法治型政府。党的十八大报告也明确提出，到2020年要实现"法治政府基本建成"。新时期推进依法行政尤其要注意做到：一是加强和完善行政执法，确保法律法规正确实施。行政执法是行政机关大量和经常性的管理活动，是全面推进依法行政、建设法治政府的重要环节。各级行政机关及其工作人员都要养成按法定程序办事的习惯，做出行政决定要符合法定程序，执法行为要遵守法定程序。同时要完善行政执法体制，要按照职权法定、权责一致的原则，清理和规范行政执法主体，明晰职责权限。二是完善行政监督机制，加强对行政权力的监督制约。加强对行政权力的监督和制约，实质是确保人民赋予的权力真正用来为人民谋利益，建设为民、廉洁、务实的政府。加强权力监督一方面要加大反腐倡廉的高压态势，另一方面要利用各种途径保证人民的民主监督权利。三是严格执行《中华人民共和国行政许可法》（以下简称《行政许可法》），促进政府职能转变和管理创新。《行政许可法》的公布实施是政府对经济社会事务的管理进一步走向制度化、规范化、法制化的表现。政府部门及其公务人员要严格执行《行政许可法》，提高依法行政水平。四是改善党对法治政府的领导。各级政府、各部门都要围绕建设法治政府这个目标，制定科学规划，把依法行政有计划、有步骤地推进。同时，领导干部要带头学法、守法、用法，要善于运用法律手段解决各种问题和矛盾,积极支持执法部门严格执法。

2. 推进司法改革,建立公正的司法制度。建立公正的司法制度最关键的是确保依法独立公正行使审判权检察权,为此,需要做到:一是改善党对司法的领导。我们应贯彻党的领导的宏观性,而不干预具体的案件的处理,改善党对司法机关的领导方式,禁止党组织和党员,特别是党的领导干部利用自己的地位和权力干涉司法活动。另外,必须强调一点的是,执政党也必须在宪法和法律范围内活动,法治国家要求树立法律的绝对权威,不允许有任何组织和个人凌驾于法律之上。二是健全司法权力运行机制。要优化司法职权配置,健全司法权力分工负责、互相配合、互相制约机制。鉴于当前取消审判委员会的条件尚不成熟,应当改善和规范其职能和结构,改变把审判委员会委员作为一种行政待遇的做法,按照职业化的要求,选任那些熟悉法律、具有丰富审判实践经验的法官担任审判委员会委员来讨论疑难案件的法律适用及其他审判工作的重大问题。

3. 加强法治工作队伍建设。法治工作队伍在党和国家公职队伍体系中,具有特殊的地位和作用。对此,党的十八届四中全会就指出,"建设高素质法治专门队伍,加强法律服务队伍建设,创新法治人才培养机制,着力建设一支忠于党、忠于国家、忠于人民、忠于法律的社会主义法治工作队伍"。为此要做到:一是完善法律职业准入制度,从源头上把好法治专门队伍的素质关。如,健全国家统一法律职业资格考试制度,建立法律职业人员职前培训制度,提升法治专门队伍的法律素养与专业水平。二是推进立法执法司法干部和人才跨部门交流。如,推动立法执法司法机关从基层选拔优秀法治人才,从其他党政部门选拔优秀人才到法治部门工作;推动立法执法司法机关有培养潜力的人才到其他党政部门任职,到基层艰苦岗位锻炼培养,帮助他们了解社情民意,提高解决实际问题的能力和水平。三是改革和完善司法人事管理制度。健全法院工作人员的分类管理制度,加强法官队伍职业化建设和其他人员的专业化建设,进一步提高司法队伍整体素质。

第三节 完善社会组织内部治理机制,提高其参与基层社会治理的能力

打铁还需自身硬。社会组织内部治理管理机制建设状况直接关系到社会

组织参与社会治理的能力,以及社会组织的公信力。这不仅需要外部的支持和保障,更需要社会组织自身的努力,完善社会组织内部治理管理机制。对此,应充分认识到社会组织内部管理的重要性,坚决摈弃社会组织系民间组织、规模小不是正规单位等错误思想观念。要努力从内部运营机制,尤其是财务管理机制和人才培养机制等方面完善社会组织内部治理管理机制。

一、建立社会组织内部运营机制

第一,建立透明的运营制度。社会组织特殊的结构,决定其整个运行过程应该保持公开透明,主要包括社会组织的决策、财务、目标、人事等重大事项的透明,社会组织应建立严格的办事程序和运行规则,以获得本组织全体成员、社会和公众的支持,促进社会组织的持续健康发展。透明运营的关键是,社会组织的各项活动必须严格按照运行规则和程序展开,重大事项预告,保证会员对重大事项和日常事务的参与权,让会员代表参与重大事务的决策,允许成员询问、反映和建议,做到会员参与社会组织运行的全过程;强化财务信息的透明,因为社会组织财务收支不透明将导致资金使用效率便无法公正评价,社会组织的廉洁、公平、公正度难以确立,社会组织必须制定严格财务报告、审计制度等;必须对重大事项进行公示,实事求是,保证信息的真实、准确,让社会组织成员充分了解本组织的人事任免、资金来源和会费收取及使用等重大事项信息;要充分利用现代电子信息途径,建立和完善信息渠道,方便成员和公众查询,增加社会组织运营的透明度,及时披露社会组织的目标、运营状况、活动等各类事项,以及国家法律法规、方针、政策的贯彻执行情况,并保证相关信息真实、准确和可靠,使成员和公众全面了解本社会组织运营情况。

第二,建立有效的内部保障。社会组织内部管理首先需要有一套严密、规范、完备的规章制度和运行规则,它是社会组织正常运转的基本保障。社会组织应依据相关法律法规、原则和本组织章程,针对不同工作内容和事项(如选举、财务、监督、审计、会议、激励等),制定系统、完整、有效的规章制度和工作运行程序等,保证社会组织整个机构的健康有序高效运转,实现社会组织内部管理的"法治化""民主化"和"高效化"。实现社会组织的内部管理效能,不但需要建立完备、系统、长效的制度,还需要构筑完善、有效的内部监督机制,强化社会组织内部管理的推力,促进社会组织的良性发展。需要有针对性地对重点岗位、部门、环节和纪律进行检查,及时发现和纠正问题,必要时可聘请社会监督员协助管理,鼓励组织成员、社会群众投诉,举报本组织内的违规不法行为。为实现监督机制的有效顺畅运行,社会组织可设立监督机构,成立独立的审计委员会和会员代表委员会,两部门实行合理的分工合作,各司其职,审计委员会专门对本组织的资金财务状况进行监督,其成员应由专业的会计财务人员构成,社会组织的会员、理事等且不得担任审计委员会的成员,保持其相对独立性。监事会在代表大会选举理事会的同时选举产生,监事会主要对理事会所做的决策、执行机构的执行落实情况、相关程序的履行情况以及社会组织内各项规章制度等其他事务进行监督。

第三,加强社会组织党建工作。我国社会组织是为了实现人的自由全面发展,根据发展的马克思市民社会理论,政府顺应历史潮流主动让权的产物。我国社会组织产生的目的包括弥补"政府失灵"和"市场失效",但是其终极目的始终是和政府、市场一道以实现人的自由全面发展。我国社会组织不管是在产生还是在发展的过程中都得到了政府的有效支持。在社会组织运营过程中,尽管在某些方面需要与政府进行博弈,但是我国社会组织的指导思想依然是马克思主义,这一点同我国的无产阶级人民民主专政和社会主义市场经济的本质具有高度的一致性、统一性。它是党和政府及其人民共同治理国家的主体之一,是我国国家治理体系现代化的重要体现。列宁指出,只有共产党才能"领导全体无产阶级的一切联合行动",要不断加强党的建设。为了保证我国社会组织的马克思主义属性和特色,要创新社会组织党组织设置形式,扩大党在社会组织中的组织覆盖和工作覆盖。按照"谁主管、谁负责"的原则,完善社会组织党建工作归口分级管理体制。一定要发挥党组织在社会组织中的政治核心作用,并通过社会组织党的建设发挥政治引领和示范作用。在社会组织登记注册时,业务主管单位和登记管理部门应要求具备建立党组织条件的社会组织同步设置党组织,并在年检时同时提交党组织活动情况。

二、规范社会组织财务管理机制

财务机制是一种经济机制,是指财务系统中各构成要素之间相互联系、相互作用的过程和耦合方式及其与理财环境的衔接形式和协调程度。社会组织在完善内部治理的过程中,需要规范其财务管理机制,以保障其健康、迅速发展进而更好地发挥其在社会治理中的作用。结合我国社会组织当前的财务现状,本文认为规范社会组织的财务管理机制要从如下三个方面着手。

第一，制定资金筹措机制。筹资机制是社会组织通过可能的渠道，运用不同的筹资方式取得组织生存和发展所需资金，是财务运行机制的起点，主要来源包括：政府投入，服务收费，社会捐赠。①资金是社会组织发展的必要资源，也是我国社会组织发展的重要难题。社会组织要根据自身特点制定完善的资金筹措机制以保证自身的发展。制定筹资机制应该明确如下三点：其一，由专业人员进行。财务管理是一项专业化的工作，筹资同样如此。社会组织应该培养这方面专门的人才，通过科学化的工作以实现筹资的最大化。其二，要明确资金来源结构比例。社会组织资金来源的途径虽然大致相同，但是其构成却各有不同。不同的社会组织应该根据自己的特点，明确自己的资金来源结构比例，并在此基础上制定不同的筹资计划。其三，降低筹资成本。降低筹资成本是实现资金效益最大化的第一步，这不仅需要对资金的来源进行准确定位，而且需要对筹资方式、方法进行科学的规划，同时还可以对筹资人员进行适当激励以提高其筹资的效率。

第二，完善资金管理机制。资金管理是社会组织整个财务过程中的主体部分。社会组织应该根据相关部门的规定制定完善的资金管理机制并严格遵守。完善资金管理机制需要做好如下工作。其一，要进行科学合理的财务分析。科学合理的财务分析是实现资金科学管理的关键。社会组织可以组织内部专业人员和外部专业人员对组织内部的资金状况进行财务分析，明确一定时期内资金运作的总体策略。其二，要进行适当的投资。投资是指社会组织存在暂时闲置的财务资源或年度结余时，为了获得更多的资金来保证项目的可持续性而进行的行为。②尽管我国社会组织的财务状况比较紧张，但仍应该学习欧美 NGO，把投资列为资金管理的主要内容。其三，高效的使用。社会组织的资金使用主要包括两个方面：专款专用项目和非专款专用项目。社会组织在资金使用时，要严格遵守资金的使用标准，并通过科学的规划实现使用效益的最大化。

第三，健全资金信息披露机制。透明的信息披露是财务监督的必要条件，社会组织需要健全信息披露机制，定期进行资金信息披露并接受监督。一方面，要坚持对外披露。社会组织要主动接受主管部门、第三方评估机构和其他社会组织等的检查、审计工作，积极配合相关部门做好年检、审计、财务、社会捐

---

①② 蔡一璇.民间非营利组织财务治理机制研究[D].蚌埠：安徽财经大学，2012：24.

赠方面的监督,严格审定组织内部的营利分配;另一方面,要坚持对内披露。任何的资金使用都应该有提前的资金预算并在社会组织内部存有备案。因此,社会组织要定期对资金的使用状况、余额(包括投资部分)等进行披露、公示,接受内部人员的监督以保证资金使用科学化和透明化。

三、完善社会组织人才管理机制

马克思社会建设思想的中心主体是人,社会建设不仅为了人并且通过人。列宁指出,"有才能的人在工人阶级和农民中间是无穷无尽、源源不绝的"[1],"我们的目的是要吸收全体贫民实际参加管理工作"[2]。完善社会组织的人才管理机制正是其中的重要表现。完善社会组织的人才管理机制,是推进社会治理的需要,因为社会组织的异化程度最小,是人类社会治理的最新也是最重要的尝试,它不仅可以为个人提供安全感,满足个人的公共服务需求,还可以促进公众的社会参与,培养个人的社会责任感和公民人格,从而塑造个性和社会性全面发展的"完人"[3]。社会组织人才管理机制的完善不仅需要"把社会组织人才工作纳入国家人才工作体系"[4],更需要社会组织内部管理机制的完善。

第一,合理的人才引进机制。人才资源是社会组织运营、发展必备的根本性资源,尤其是专职的工作人员。针对目前的情况,社会组织必须建立合理的人才引进机制,要让有意愿又合适的人员加入社会组织的队伍。社会组织应从加强宣传工作、提高福利待遇、参与社保、优化工作环境等方面积极努力。

第二,科学的人才培养机制。人才引进以后,为了让其尽快适应社会组织的工作,要加强对人才的培养。这不仅能保证社会组织的工作质量和工作效率,更能从一定程度上保证社会组织参与基层治理能力的提高。社会组织不仅要加强对工作人员的培训,包括岗前培训、定期培训和特定培训,还要帮助工作人员制定合理的职业规划、人生规划,让其和社会组织共同成长,也帮助其实现个人的自由全面发展。

---

[1] 列宁选集:第 3 卷[M].北京:人民出版社,1995:378.
[2] 列宁选集:第 3 卷[M].北京:人民出版社,1995:504.
[3] 曾正滋.马克思主义人学视野中的社会组织与人的全面发展[J].理论月刊,2015(3):16-21.
[4] 中共中央办公厅,国务院办公厅.关于改革社会组织管理制度促进社会组织健康有序发展的意见.

第三,量化的业绩考评机制。绩效考评是社会组织对其工作人员,在工作岗位上行为表现和结果方面的综合评价反映,是确定工作人员报酬、岗位调整的重要依据,也是对工作人员实施奖励、职位升迁等激励措施的重要基础。社会组织应对各工作岗位职责、工作目标、行为标准等进行量化,制定科学的考评指标、考评方法;有条件的还可利用现代信息技术手段,建立长效考评机制,采用不同方式针对不同层面的工作人员进行考评,其结果与报酬挂钩,做到奖惩分明,以校正工作人员的行为,激发工作人员的工作潜能,为工作人员的职业发展奠定基础。

第四,严明的责任追究机制。再科学的管理制度和严格的管理办法,如果没有赏罚严明做保证,也只能是一纸空文。社会组织要实现管理的有效性,就必须加强监督与问责,对违反社会组织制度和有关规定,或工作失职,或损坏本组织利益和形象等相关责任人,不论职务和岗位,均应依法依规追查责任,视情节给予解聘、辞退、政纪处分,并承担相应的经济损失,严重者直至追究法律责任,挽回不良影响。通过严格的问责,来规范社会组织内全体成员的行为,敦促他们认真履责,保证他们不敢越轨,依法办会,养成自觉用制度和规范约束自己言行的良好习惯,使其围绕本组织的发展目标奋力工作。

第四节　建立社会组织参与基层社会治理统筹机制,理顺与政府的关系

一、建立健全社会组织的法治体系

列宁认为依法治国不仅是社会主义社会建设的必然形式,更是维护发展社会主义的重要保障。他指出:"假如我们拒绝用法令指明道路,那我们就会是社会主义的叛徒。"[①]同样,马克思主义社会组织的发展也需要"用法令指明道路"。当前,我国社会组织管理中"无法可依"和"有法不依"同时并存,社会组织相关法治建设亟须加强。应遵循"该制定的尽快制定,该修订的尽快修订,该废止的尽快废止,该完善的尽快完善"的原则,逐步形成中国特色社会主义社会组织管

---

① 列宁选集:第4卷[M].北京:人民出版社,1995:63.

理法律体系。中共中央办公厅、国务院办公厅颁布的《关于改革社会组织管理制度促进社会组织健康有序发展的意见》也指出:"到2020年,社会组织法规政策更加完善,社会组织的制度基本建立。"[①]接下来,我们要尽快健全社会组织法治体系,同时还要鼓励有条件的地方根据有关意见精神出台地方性法规和地方政府规章。具体来看,一是提高社会组织的立法层次。建议由全国人大或全国人大常委会制定全国统一的"社会组织法"。这部法律应能统合不同类型社会组织的特点和属性,发挥作为我国社会组织根本大法的"指挥棒"作用,消除目前我国有关社会组织方面法律法规之间的矛盾冲突之处。在确立"社会组织法"基本法律地位基础上,在时机成熟时拟定"社会团体法""民办非企业单位法""基金会法"等具体类别社会组织的单独立法,从而构建社会组织的法律框架体系。二是注重法治各环节的协调统一。把立法、执法和司法等作为社会组织法治建设的系统工程统一起来进行整体设计,最大限度做到社会组织管理各部门各司其职、各安其位,相互衔接、"分工不分家"。三是注重法律法规不折不扣地落实。没有公平、及时地执行落实,法律法规就难以真正奏效,就是一纸空文。

二、建立社会组织与政府的运行统筹机制

建立社会组织与政府的运行统筹机制必须做到以下几点:第一,加快实施"政社分开"。马克思指出,"分工"构成了市民社会存在的前提,"分工"是对劳动的分割,是生产和再生产的必然,没有"分工"也就没有"交换"。政社分开是现代社会组织体制的基本前提。社会体制改革的核心就是处理好政府与社会的关系,社会组织体制改革的核心同样是处理好政府与社会组织的关系。政社分开的核心在于:正确厘清、科学定位政府与社会组织的关系。党的十八大报告首次提出要"加快形成政社分开、权责明确、依法自治的现代社会组织体制"。在实践中尤其要注意处理好以下几个方面的问题。一是厘清政府职能的边界、区间、限度:一方面,把政府该管的事情管好,把政府该提供的公共服务和公共产品供给得优质、有效;另一方面,加快政府职能转变步伐,努力把那些政府管不了、管不好、管不到、不该管的事情,坚决剥离出去,适合由社会组织提供的公共服务交由社会组织承担,实现政府适度"瘦身""减肥"。二是基于政府职能边

---

① 中共中央办公厅,国务院办公厅.关于改革社会组织管理制度促进社会组织健康有序发展的意见.

界清晰的前提下,实现党政机关与社会组织在组织结构、功能体系、人员管理、财产运作、活动运筹、决策机制等方面的分离,尤其要强调社会组织不是政府的附庸、附属物,尽量减少对社会组织具体项目活动的直接行政干预。三是当前需要突出解决党政领导干部在社会组织兼任领导职务的问题。这个方面,中央虽陆续发布一些文件①,但目前这一顽疾仍无法根本消除。建议现职国家工作人员不得兼职担任社会组织的领导职务,真正使社会组织成为独立于政府、企业的"第三部门"。

第二,真正实现"权责明确"。在"分工"的过程中,权责明确是建立社会组织与政府的运行统筹机制极为重要的方面。权责明确的"权",不仅指政府的公共"权力",还指社会组织的社会"权利";"责",既指政府相关部门依法依规依章对社会组织享有管理的责任,又指社会组织基于章程、宗旨应当承担的社会责任。实现"权责明确"的核心在于:既要明确政府相关职能部门对社会组织管理的权力空间、责任边界,也要明晰社会组织的权利范围、责任区间。实现"权责明确",主要包括两个层面:对于政府部门而言,做到权力与责任明确;对于社会组织而言,做到权利与责任明确。

对政府来说,一方面,要让渡社会组织发展的空间,在实践中采取措施培育社会组织的发展。如,推行社会组织直接注册制,切实保障公民的结社自由权。这项改革要采取循序渐进、分类推进的路径,逐步过渡到实行社会组织直接登记注册制。要积极稳妥、把握节奏,其他相关配套政策体系和管理举措要及时跟进,谨防登记注册后的管理监督工作缺位、不到位。再如,政府要减少行政审批程序,简化手续,缩减办事流程,创造有利于社会组织的发展环境。另一方面,要明晰对社会组织管理的责任,做到权力明确、责任明晰。同时为了协调各方面的关系,在当前全面深化改革的阶段,建议在国家层面设立统一的社会组织发展和管理委员会。这个委员会直接隶属于国务院,是统一管理各类社会组织登记注册、日常活动、规制监管的政府机构,统一协调相关部门对社会组织监管问题,享有执法权和部分立法权,承担对社会组织进行综合监管的责任。在

---

① 例如,1994年国务院办公厅颁发《关于部门领导同志不兼任社会团体领导职务问题的通知》、1998年中共中央办公厅、国务院办公厅发布《关于党政机关领导干部不兼任社会团体领导职务的通知》、1999年中共中央组织部颁发《关于审批中央管理的干部兼任社会团体领导职务的有关问题的通知》以及在《基金会管理条例》《关于加快推进行业协会商会改革和发展的若干意见》《关于社会团体登记管理有关问题的通知》等对党政领导干部兼任社会组织领导职务都作了限制性规定。

社会组织发展和管理委员会这个整合平台,各相关职能部门之间信息共享,强化协调配合,加大查处非法社会组织和社会组织违法行为的力度,在应急预警、联动执法、协同监管等方面形成管理合力。

案例

坚持"政社分工"、统筹运行,建设美丽中国

习近平总书记在党的十九大报告中提出,"加快生态文明体制改革,建设美丽中国",让建设新时代生态文明有章可循。温州作为全国民营经济的重要先发地,产业"低小散"特征突出,据第二次全国污染普查,温州市仍活跃着6万多家小微企业,占全市企业数量98.4%。2018年以来,温州市坚持以环境监管模式创新为靶向切入,做深做实"环保管家"第三方服务文章,因时顺势打造民营经济发达地区生态环境治理的"温州模式"、环境污染第三方治理的"温州样板"等。

第一,建立社会组织与政府的运行统筹机制,深化"环保管家"服务模式。通过政府购买服务、企业定制服务、园区托管服务等多种形式,进一步深化服务模式。其中,政府服务模式以开展协管、企业调查、政策宣传等为主;企业、园区等服务模式,以服务污染设备运维、现场检查、台账建立等为主,需进一步深化提升。第二,部门协同、共同发力,各全面对标环保中介机构配套改革。制定《生态环境技术服务中介机构管理试行办法》,强化信息公开、专家管理、技术服务等配套标准化,构建"1+X"综合管理模式;制定专家管理办法,对专家开展诚信评价,依据评价结果实施优胜劣汰;建立生态环境技术服务协会,签署行业自律公约,实现自律发展。第三,让渡社会组织发展的空间,加速拓展"环保管家"服务对象范围。截至目前,全市正在实施的"环保管家"项目共35个,涉及电镀、制鞋、印染等多个重点行业,共涉园区24个,受惠企业2800多家,市域内已基本实现全覆盖;鹿城、永嘉试行开展"区域管理"模式;龙湾、瑞安启动"企业—运维"模式;文成、泰顺率先探索全县域服务模式;乐清、平阳积极开展头盔、乳胶等行业服务模式。第四,明晰对社会组织管理的责任,加强"环保管家"服务行业监管。一是加强日常管理。即时跟踪进度,深化事后监管,定期检查服务成效,挂钩环保信用等级。二是开展规范化建设。编制完成全市"环保管家"服务规范,进行动态更新,形成"清单式"服务管理,在生态环境技术服务平台予以公布。三是建立服务质量考核评

价。2020年,瓯海区率先出台《温州市瓯海区"环保管家"管理办法(试行)》,进一步探索考核评价机制。

"环保管家"第三方服务组织的发展,提升了环境监管效率,弥补政府和企业监管短板,实现了对企业精细化、专业化管理。例如,文成县自"环保管家"进驻后,全面开展排查,摸清企业底数,实现全县域企业"一企一档",为企业指导600多次,整改问题1 200多个,有效破解基层监管力量薄弱问题,弥补专业技术短板。

资料来源:温州市生态环境局。

三、完善社会组织联系群众工作机制

在马克思市民社会理论中,所论及的"所有"主要是指"私人所有",是市民社会的一个基本因素。这一基本因素决定了社会组织一个非常重要的功能就是利益表达功能,即社会组织可以利用其非政府、非营利的特质和优势,通过自主地结社表达在社会公共空间中的话语权,并使其得以在政府决策乃至政纲中有所体现,从而将矛盾的解决纳入理性有序的轨道,进而构建一个公平、公正、和谐的社会。并且,社会组织参与治理过程中,由于其直接面向人民群众,社会组织联系群众工作机制建设不仅关系到社会组织参与社会治理的效应,更关系到社会组织自身的生存与发展。

近年来,为了有效推动社会组织参与社会治理,很多地方已经多次进行了探索。如,北京市构建了社会组织"枢纽型"工作体系。所谓"枢纽型"社会组织,是指对同类别、同性质、同领域社会组织进行联系、服务和管理的联合型组织,并以此扩大社会组织群众,扩大群众工作面。比如,北京市总工会着力推动"服务型工会"建设,建立了19个职工服务(帮扶)中心、532个工会服务站以及大量基层组织,覆盖近400万工会会员。团市委通过举办"青年社团文化季"等形式,吸引了本领域一大批"草根"组织的参与。[1]其他地区,如浙江省也对此进行了一定的探索,浙江宁波白沙街道的"义工俱乐部"就是一个典型的例子,"俱乐部"如今拥有一支800多人的工作队伍,并建立了完善的联系群众工作机制,

---

[1] 卢建、杨沛龙.北京市构建社会组织"枢纽型"工作体系的实践与策略[J].社团管理研究,2011(9):26-29.

它们进行分类指导、管理,实现了制度化、正规化和专业化。目前,已与社区委员会形成了强有力的互补,为 10 多万居民提供了服务。

上述两个案例是各个地方依据自身的实际所作的探索,这种探索也给我们很好的启发。完善社会组织联系群众机制需要做到:一、增强社会组织成员的服务意识,提高社会成员素质。社会组织要积极参与社会治理就必须注重自身成员的服务意识和素质的提高。社会组织在招收成员时,必须坚持一定的标准,同时要加大社会组织成员培养力度,切实加强社会工作专业人才职业道德建设。尤其是要加快推进社会工作专业人才职业化进程,即按照整体规划、分步推进的原则,有计划、有步骤、有重点地在社会福利与救助、扶贫开发、就业服务、教育辅导、卫生服务、家庭服务、法律援助、安置帮教、老龄服务、社区服务、社区矫正等领域推进社会工作,不断拓展社会工作人才服务领域,分类设置社会工作岗位,充分发挥社会工作专业人才的职业化专业化优势,加快推进社会工作专业人才队伍的职业化进程。二、鼓励品牌企业兴办公益类专业性社会组织。充分运用企业的资金、人才、管理优势,逐步建立各行业、各领域的优秀服务品牌社会组织,并加大对优秀社会组织的宣传力度,发挥行业协会的作用,扩大社会组织的行业影响力。三、完善社会组织联系群众制度。如上述白沙街道"义工俱乐部"把义工提供服务的类别换算成一定的分值登记在册就是社会组织联系群众制度化的表现。其他社会组织也应结合自己的实际,制定相应的制度,使社会组织联系群众制度化、常态化。

不仅如此,社会组织还必须提高自己的参政意识和能力,善于集中和代表本群体的利益和权利要求,通过各种方式输入政治决策的框架内,并通过建议、质询、提案等形式,使会员的呼声能够在党和政府的治理过程中得到充分表达,进而增强自身的利益表达功能。

案例

坚持群众路线,推进社会组织发展

群团改革是巩固党执政的阶级基础和群众基础的重大举措,是实现浙江"两个高水平"奋斗目标的必然要求,是浙江群团组织进一步发挥桥梁纽带作用的现实需要。2020 年,浙江省委出台《关于加强新时代党的群团工作的意见》并召开党的群团工作会议,对做好群团工作、深化群团改革做出了系列部署,提出了目标任务,明确了具体要求。

中共温州市委围绕增"三性"、去"四化",加强党对群团工作的领导,扎实推进党建带群建,加强基层群团组织建设,创新联系服务群众方式,切实提高群团组织围绕中心、服务大局的能力和实效,充分发挥群团组织在市域治理中的重要作用,为温州高质量发展贡献群团力量。把党的领导贯穿群团工作始终,广泛发动群团组织围绕中心、服务大局,为"两手硬、两战赢"贡献群团力量,11项工作经验在全国、全省工作会议上做典型交流,7项工作列入省部级以上改革试点。

新冠疫情防控过程中,温州市总工会、团市委、市妇联、市侨联、市友协等群团组织团结动员各自联系的群众,积极参与疫情防控一线工作,全面凝聚疫情防控强大合力。除此以外,温州市科协圆满承办"2020世界青年科学家(温州)峰会",联合国秘书长古特雷斯专门致信参会者,期待一起应对挑战;温州市工商联成功承办"民营企业家节"和"两个健康"论坛,助力高水平创新型城市、全国民营经济示范城市建设,在省委党的群团工作会议上介绍经验;温州市总工会深化基层工会改革,加快推进"六个有力"示范工会认证;温州团市委开展青年志愿者服务社区专项行动,建立志愿服务助力市域治理现代化机制;市妇联推进家事基层微化解改革,将家事调解融入基层治理"四平台";市侨联实施固本强基工程,优化侨联队伍建设;市计生协开展幸福促进行动,全市帮扶计生困难家庭1 500户;市文联建设网络文艺精品展示平台,面向基层提供精准的艺术普及文化活动服务;市残联开展"残疾人之家"星级改造行动,更好地为残疾人提供辅助性就业等服务;市红十字会打造"身边的红十字会",积极开展救护救助、造血干细胞、器官捐献工作;市法学会深化"一县一品"法学会特色创建工程,实施一批"一县一品"特色项目;市友协实施对外交流形象大使培养计划,通过摄制系列网络视频选拔优秀外事人才以及在温外国友人;市社科联完善温州学研究机制,编辑出版"温州学研究"系列丛书;市贸促会拓展商事法律服务助力企业"走出去",优化法律咨询、合同审核、涉外法律事务代理等服务。

如上这些工作,正是社会组织坚持群众路线、密切联系群众的直接体现。

资料来源:中共温州市委办公室。

第五节　建立社会组织参与基层社会治理的监督机制，增强其公信力

一、建立社会组织参与基层社会治理的保障机制

马克思指出，生产力的发展是人们各种活动的发展最深刻的基础。社会组织参与基层治理亦是如此，不仅需要大力发展生产力以提供坚实的经济基础，更需要大量的资金投入，营造良好的发展平台，创造良好的发展机遇。

第一，加大专项资金扶持力度，提升服务能力。当前，由于社会组织发展还不成熟，社会组织筹资渠道相对狭小，许多社会组织因为缺乏资金扶持而中途夭折。"中央财政继续安排专项资金，有条件的地方可参照安排专项资金，支持社会组织参与社会服务，加强社会组织能力建设。"[1]因此，要制定出台专门的资金扶持办法，根据不同情况给予社会组织不同的资金扶持，重点扶持有示范导向作用的公益服务性社会组织。可以通过项目资助方式建立对社会组织的激励机制，对在参与社会治理发挥重要作用的社会组织给予相应奖励，并优先购买其服务。同时要引导鼓励金融机构积极为社会公益类组织的发展提供信贷支持。

第二，大力推进活动基地建设，拓展服务平台。社会组织活动的开展，必须要有平台依托。以温州苍南为例，苍南县在县民政局建立了社会组织服务中心、社会组织基金会、社会组织促进会、社会工作者协会、社工人才服务中心"五位一体"的孵化平台，全方位培育扶持社会组织发展。再以温州乐清为例，为了打造公益组织"孵化器"，2015年3月30日，乐清市公益广场正式开园，开园当天该市首批31家公益组织在此落户。乐清公益广场不仅为公益组织提供进驻办公，而且提供多种共享设施和服务的公益创意园区。鼓励社会组织将公益项目带入公益广场，这样培育出来的机构能更好地为市民提供服务，目前已有城区爱心驿站、爱心超市、乡土文化书吧、防盗馆、书法义教等9个公益项目入驻公益广场。在湖北武昌，为了培育社会组织，武昌建立了社会组织孵化基地，基

---

[1] 中共中央办公厅，国务院办公厅.关于改革社会组织管理制度促进社会组织健康有序发展的意见.

地划分为宣传展示区、运营办公区、组织诊断区、创意研发室、多功能培训室等区域,以便满足不同阶段不同类型社会组织的发展需求。目前这里已经进驻了生命阳光公益救援中心、武汉市武昌区互帮助残中心("互帮网")等 30 多家社会组织,组织类型覆盖综合类社工机构、专业类社会组织、高校志愿者组织、关爱妇女类社会组织等领域。不仅如此,孵化基地注重链接各类社会资源助力社会组织发展。目前运营团队借助孵化基地及入驻组织公益品牌优势,着力打造区社会组织孵化基地与政府部门、高校、媒体、企业、社区之间的公益资源共建共享机制。社社平台、社企平台正在筹建,政社平台、校社平台、社媒平台已初步搭建。所有这些对于培育社会组织,进而促进社会组织参与社会治理,增强其公信力都具有非常重要的意义。

第三,按照供给侧改革思路,出台社会组织税收优惠政策。推进社会组织税收优惠政策既是扶持社会组织发展的需要,也符合当前供给侧改革的大方向,更是推进社会组织参与社会治理的需要。但是我们在温州的调研发现,社会组织在税收方面享受的优惠政策很少,而且税收标准不统一,政策不明确。建议国家制定统一的标准,就民办非企业单位等社会组织的税务登记、票据管理、税收标准等有关税收问题做出统一规定,让"符合条件的社会组织按照有关法律法规享受相关税收优惠政策"[①];同时要积极支持和鼓励社会组织开展学术研究、科技普及、社会求助、行业管理和社会公益、社会服务活动,对应能减免的税收给予减免和优惠。

第四,完善机制,进一步加大政府购买公共服务的力度。政府购买公共服务是公共服务市场化和社会化的重要机制。早在 1996 年,上海市浦东新区"罗山会馆"的建立就开创了购买服务的先例。之后购买方式逐步在经济相对的发达地区推广。政府向社会力量购买服务突出公共性和公益性,教育、社保、住房保障、文化体育及残疾人服务等基本公共服务领域,要逐步加大政府向社会力量购买服务的力度。非基本公共服务领域中,凡属事务性管理服务,原则上都要引入竞争机制,通过合同、委托等方式向社会力量购买。新时代进一步推动政府购买服务的力度需要进一步做到,一是尽快制定出台政府购买公共服务的全国性法律或法规,或者修订《中华人民共和国政府采购法》,将公共服务纳入政府采购的范围,并针对公共服务的特殊性制定实施细则。二是完善购买机

---

① 中共中央办公厅,国务院办公厅.关于改革社会组织管理制度促进社会组织健康有序发展的意见.

制。包括：①制定与公布目录。主要是研究制定政府向社会力量购买服务的指导性目录，根据发展的需要及时进行动态调整。在此基础上按照公开、公平、公正的原则，编制年度购买服务指导目录并向社会公布。②信息发布。包括购买主体向社会公开购买服务项目的具体内容、承接主体的要求、绩效评价方式、政府采购方式和购买流程等信息。③政府采购。购买主体按照《中华人民共和国政府采购法》的规定，采取公开招标、竞争性谈判等方式确定承接主体，签订政府购买服务的政府采购合同。④项目实施。承接主体按照合同约定组织项目实施，购买主体按照合同约定对服务提供全过程跟踪监管，按照合同要求支付资金。⑤检查验收。项目实施完毕后，购买主体对服务成果进行检查验收，办理资金结算。⑥绩效评价。建立健全由购买主体、服务对象及第三方组成的综合性评审机制，对购买服务项目的数量、质量和资金使用绩效进行考核评价。评价结果由购买主体向社会公开，并作为下次购买的重要参考依据。三是完善资金管理制度。政府向社会力量购买服务所需资金由购买主体在部门预算中统筹安排并纳入政府年度预算。各地各部门要把有限的财政资金用到人民群众最需要的地方，确保公开、透明、规范、有效并形成完善的资金管理制度。南京市民政局推进社会组织改革发展和政府向社会力量购买服务的新探索就是一个典型的例子。该局首先向自己开刀，主动放权；其次，公开招标购买服务，坚持透明公正；最后，形成新型机制，定期督查。这些探索不仅在观念上冲击着民政工作，也在行动上改变着民政工作。第一，民政逐步树立起多元治理的理念；第二，社会组织的参与竞争意识明显增强；第三，服务对象、专家等多位监督机制基本形成。

  政府购买服务，既是政府职能转移需要，也有利于社会组织的发展，它给我们的启示：一是政府要高度重视政府购买服务的重要性；二是有序引导社会力量参与服务供给，按照公开、公平、公正原则通过竞争择优的方式选择承接政府购买服务的社会力量，确保具备条件的社会力量平等参与竞争；三是要完善制度，确保社会服务有序开展，以保证服务的质量，给人民提供满意的服务。

案例

完善保障机制，助推养老服务

  温州市紧扣鹿城区老龄化居全市之最、养老矛盾日益凸显、养老工作日趋重要的现状，创新养老服务模式，扩大养老服务供给，搭建新型康养服务体系。

依托社会力量,整合康养资源,构建供给体系,建立康养服务体制和运行机制。温州市鹿城区通过聚焦康复与养老相结合的模式,选择一家街道养老服务中心开展康养体系建设试点。通过以点带面的方式,逐步向各镇(街道)养老服务中心铺开,为全市康养服务体系建设工作提供可借鉴、可复制、可推广的鹿城经验。试点范围为南郊街道,试点对象为户籍在南郊街道的60周岁以上的老年人,试点任务由温州市睦邻养老服务公司承接。

主要工作包括如下七个方面:一是搭建"1+2+3"的康养联合体框架;二是构建康养服务支付保障体系;三是探索构建医疗机构人力资源支撑保障体系;四是探索构建智慧康养服务支持体系;五是确定康养服务对象;六是确定服务内容;七是明确衔接机制。具体步骤分为三步:调查摸底;组织评估;开展服务。

为了取得实际效果,此次试点制定了完善的保障措施。第一,加强组织领导。成立鹿城区康养体系建设试点工作领导小组,由分管副区长任组长,民政部门主要负责人任副组长,财政、卫健、医保、残联及属地街道有关单位分管领导为成员,加强对康养体系建设试点工作的组织和领导。第二,部门协同,密切协助配合。各部门、各单位要自觉把工作放在整个康养服务发展大局中来审视谋划、实施推进,密切配合、分工负责,全面推进康养体系建设试点工作。区民政局负责试点工作的组织实施和监督管理,牵头研究和解决试点过程中存在的问题和困难;区财政局负责经费保障,确保建设和补助资金落实到位;区卫健局加强对试点单位内康复护理项目实施情况的监管,并协助支持与医疗机构对接试点康养项目的落地工作;区医保分局加大对试点单位纳入医保定点和长护险定点的指导和扶持力度,充分发挥试点单位在康养体系建设中的功能和定位;等等。第三,加大财政支持,强化资金保障。统筹安排养老事业服务发展经费,加强经费保障,除市本级安排专项资金外,区本级财政安排10万元,给予试点单位开展运营服务补助;康养服务对象经费按实际发生费用结算;安排落实智慧康养体系建设专项经费,提升智能化养老康复护理水平。第四,加强宣传工作,营造良好的社会环境。辖区街道和试点单位要制订宣传计划,启动舆论宣传工作,采取多种形式在辖区内开展康养试点宣传。同时,加强对公众宣传教育,引导失能失智老人树立正确的康复护理观念,创造良好的试点工作环境。

资料来源:中共温州市鹿城区委。

二、建立社会组织参与基层社会治理的监督机制

放管并重才能促进社会组织健康有序发展。在简政放权、积极培育扶植社会组织的同时,还要加强分类管理,加强事中事后的监管工作。①

第一,建立基层社会组织备案制度。对未纳入登记管理范围的基层社会组织实行备案管理,乡镇人民政府(街道办事处)是辖区内基层社会组织的备案管理机关,负责辖区内社区社会组织的备案、变更、注销等工作;社区居(管)委会是辖区内社区社会组织的主管单位,负责辖区内社区社会组织的日常管理和备案的指导、服务工作;各县(市、区)民政部门负责辖区内社区社会组织备案管理工作的指导和综合协调。

第二,完善社会组织分类管理体制。完善社会组织分类管理体制是实现有效监督的关键。我们应该根据社会组织的属性、特点、种类及其功用,对社会组织实行分类归口管理,并相应地采取不同的政策和制度形式加以规范和引导。在人民团体业务已覆盖领域,由工商联(总商会)、总工会、团委、科协、社科联、侨联、妇联、残联、体育总会等进行统一归口管理;在人民团体业务尚未覆盖的领域,通过构建"枢纽型"社会组织,经政府授权承担业务主管单位职能。对公益慈善类、社会福利类、社会服务类社会组织试点取消业务主管单位的前置审批,改业务主管单位为业务指导单位,由民政部门直接登记管理。

第三,加强对社会组织的日常监管。进一步做好以制度建设、财务管理、规范运作为重点的社会组织年检工作,提高年检质效;进一步完善社会组织重大事项报告制度,有效规范社会组织行为;加大打击非法结社和查处社会组织违法活动的力度,依法对社会组织的违法、违规活动进行调查和处罚,依法取缔未经登记且以社会组织名义进行活动的非法组织。

第四,建立健全社会组织退出机制。进一步规范社会组织注(撤)销登记工作程序,探索建立社会组织健康发展实际需要的社会组织退出机制,实现社会组织的优胜劣汰。认真开展社会组织年检工作,对两年未按规定参加年检的社会组织依法实施撤销。对无法正常开展活动的社会组织,通过负责人约谈、绩效评估、社会公示等程序,引导其进入注销程序。

对社会组织的监督,还要鼓励新闻媒体、相关行业和社会公众的发挥积极

---

① 中共中央办公厅,国务院办公厅.关于改革社会组织管理制度促进社会组织健康有序发展的意见.

作用,对投诉和举报有效的,应该给予一定的表彰和奖励。

三、完善社会组织参与基层社会治理的评估机制

实现有效监督,必须有一套完善的社会组织参与基层社会治理的评估机制。开展社会组织参与社会治理评估工作,是促进社会组织健康发展的重要举措,是宣传展示社会组织服务社会能力、绩效的重要途径,是社会组织以自律诚信立于社会的全面检验,是社会组织承接政府职能转移和政府购买社会组织服务的资质条件。推进社会组织参与社会治理就必须完善政府和第三方对社会组织的评估机制。然而,当前社会组织的评估还面临着不少的问题,完善社会组织参与社会治理的评估机制尤其需要做到以下几点。

第一,有针对性设计评估指标体系。确立评估指标体系是从事评估工作的一项前提工作,没有这个标准或标准不统一、不科学都将严重地影响评估的质量和评估结论的可靠性,甚至影响评估工作的进行。完善社会组织参与社会治理的评估机制需要完善评估指标体系。当然,社会组织评估指标体系会应因不同类型的组织设定不同的指标体系。但不同类型社会组织评估体系也应有一定共性的指标,在笔者看来,大致包括社会组织的基础条件、内部治理状况,以及工作绩效、社会评价等指标(具体见表9.1)。

表 9.1 社会组织评估体系指标

基础条件	法人资格	法定代表人
		活动资金
		名称
		办公条件
	章程	制定程序
		章程核准
	登记和备案	变更登记(名称、业务范围、住所、注册资金、法定代表人、业务主管单位等变更情况)
		注销登记(分支机构的注销情况)
		备案(负责人、办事机构、印章、银行账户、会费标准等办理备案情况)

续表

内部治理	组织机构	权力机构
		执行机构
		民主程序
		办事机构、分支机构
		党组织建设
	人力资源	岗位聘任
		班子建设
		工资福利
	财务资产	财务人员配备及岗位职责
		会计核算
		财务管理
		会费管理
		税务及票据管理
		资产管理
	档案、证章管理	档案管理
		证书管理
		印章管理
工作绩效	效率	产出与成本的比值恰当；实际产出与预期产出相匹配
	效益	产出满足了目标群体的需求
	公平	服务不剥夺其他人的权益；同等条件的服务授受者享受同等服务
	便利	服务接受者能便捷地获得服务
	充足	服务充分地满足了合理需求
社会评价	内部评价	会员评价
		理事评价
	外部评价	服务对象
		登记管理机关
		业务主管机关
		新闻媒体
		有关部门表彰奖励

第二,完善评估工作机制。对社会组织参与社会治理必须构建相应的工作机制,保证评估工作得到有效开展。为此需要着力做到:一是各业务主管单位要加大宣传力度,按照评估通知的要求,督促所管社会组织参加评估,鼓励参评社会组织对照评估指标,准备评估材料,搞好自查自评,边自评,边提高,缺什么,补什么。要提高所管社会组织参加评估的积极性,变"要我评"为"我要评"。业务主管单位还要结合实际,把社会组织评估纳入政策创制的重要内容,对获得评估等级较高的社会组织,要从政策、资金、项目、人员给予优惠和倾斜。二是完善领导和评估机构。评估一般由民政部门牵头,组成评估委员会开展评估。评估委员会是社会组织评估的决策组织。为了体现评估工作的专业性、权威性和社会性,需要把政府主导和社会参与结合起来,如从社会登记管理机关、专家学者、社会组织负责人和注册会计师、律师等聘请有关人员担任评估委员,负责社会组织的评估工作。三是制定严格的决策评估程序,包括:(1)制定评估方案。根据组织的客观情况和现实需要制定评估方案。评估方案要把握好三个内容:确定评估对象,明确评估目的,规定评估手段。(2)收集和分析评估信息。信息是评估工作的依据,没有信息就无法进行评估。因此,必须注意收集和分析社会组织基础条件、内部治理、工作绩效、社会评价等方面的信息。收集信息可以采用观察、查阅资料、实地调查等方法。(3)处理评估结果,撰写评估报告。个人的价值判断受主客观条件的限制,难免有疏漏。因此,在得出评估结论后,还必须善加处理。检验评估结果的可信度和有效度,撰写评估报告,以书面的形式提交给有关决策部门。四是严格评估纪律。坚决按照评估程序和评估标准,是什么情况就打什么分,不打人情分、关系分。评估中,尤其要求专家严格要求自己,以保证评估的公正性。

第三,优化第三方评估机构的选择机制。为了平衡各方利益主体的诉求,让社会组织更好地参与社会治理,确保服务目标最终得以实现,需要政府引入第三方评估机制。第三方评估机构还可以在政府与社会组织之间起到缓冲作用,成为管理过程的"减压阀"和"解调器",从而提高管理效益。为此,需要充分利用第三方机构独立性和专业性的优势,对社会组织受托开展的各项服务的综合绩效进行监测和评估,及时发现问题,改进问题,确保政府委托社会组织开展的各项服务能实现既定目标。

第三方评估机构既要具有相对于政府和社会组织的独立性,又要具有服务领域的专业素质,需要做到:一是健全制度法规。2015年5月20日,民政部已发布《民政部关于探索建立社会组织第三方评估机制的指导意见》（以下简称《意见》），《意见》明确了建立社会组织第三方评估的总体思路、基本原则、政策措施等内容。各地需要在此基础上，制定具体的实施细则，确立第三方评估机构独立自主地位，并通过制度的形式规定第三方评估主体的权利和义务；二是完善工作程序。要通过招标、邀标等方式，择优选择第三方评估机构，并通过合同等形式明确双方的权利义务关系。考虑到社会组织评估结果与社会组织享受税收优惠、购买服务、表彰奖励有较大的关联性，为进一步体现社会组织第三方评估的公正公平，切断第三方评估机构在评估工作的利益关联。同时要强化民政部门对第三方评估机构的监管职责，即民政部门要依据评估项目和要求，定期检查第三方评估过程的相关资料记录，调查了解第三方评估结果的社会认可度，确保评估流程规范有序，评估过程客观公正；三是推进社会组织第三方评估信息公开和结果运用。社会组织第三方评估是否公正规范、是否公开透明，关系到工作的成败。为提高第三方评估工作的公信力，需要保障评估工作的透明度。民政部门要定期汇总社会组织第三方评估信息，及时公布社会组织评估机构、评估方案、评估标准、评估程序和评估结果。第三方评估机构要将单位名称、组织机构、章程、业务范围、住所、负责人、联络方式向社会公开，自觉接受评估对象和社会公众对评估工作的咨询，积极回应质疑。

第六节　加强社会组织参与基层社会治理技术保障，共同打造智慧社区

现代社会已经进入大数据时代，"互联网＋"技术已经影响到人们生活的方方面面，智慧社区建设也成了一种必然趋势。近年来，浙江省认真贯彻落实习近平总书记关于全面深化改革和数字中国建设的重大部署，围绕忠实践行"八八战略"、奋力打造"重要窗口"主题主线，加快建设数字浙江，推进全省改革发展各项工作在新起点上实现新突破。经过不断努力，已经取得不错的成效。"从社区治理的角度看，智慧社区是以智能、人文、服务为理念，以管理精细化、服务人文化、运行社会化、手段信息化、工作规范化为特征，以统筹各类服务资源为切入点，以满足社区居民、企事业单位、社会组织的需求为落脚点，以信息化技术手段为支撑，构建涵盖社会管理、社会服务、社区建设、社会动员、社会组

织、社会领域党建等于一体的智能化综合信息服务管理平台。"①

一、强化通过智慧社区推动社会组织参与基层社会治理的思维理念

近年来,不管是理论上还是实践上,我国智慧社区建设都进行了少许的尝试,在一些地方颇有成效。但是理念上认识还不够,为了满足社会组织参与基层社会治理的需要,一定要在思想上认识到智慧社区的推动作用。

一方面,全面理解智慧社区在社会组织参与基层社会治理中的重要意义。理念是行动的先导,要想达到理想的"实然",就应该首先理解现实的"应然"。其一,打造智慧社区是解决现实矛盾的需要,社会组织参与基层社会治理同样离不开技术的推动。党的十九大报告指出,人民群众的需要已经从"物质文化需要"转变为"美好生活需要"。经过这么多年的快速发展,我国基层社会社区已经发生了翻天覆地的变化,其中一个表现就是社区事务变得日趋多样而且复杂。也正是出于这一主要原因,我国慢慢实现了基层社区管理向基层社会治理的转变,让更多的社会治理主体参与进来,共同满足基层社区的需要。在这一过程中,打造智慧社区、运用数字技术手段可以帮助解决这样的现实矛盾,同时可以推动社会组织等新的治理主体参与基层社会治理。其二,智慧社区可以提高社会组织参与基层社会治理的工作效率。科学技术是第一生产力,随着社会的发展,这种转化能力也越来越大。社会组织参与基层社会治理过程中,运用数字技术、打造智慧社区可以最大限度地整合资源,提高工作效率,达到事半功倍的效果。其三,智慧社区是社会组织参与基层社会治理的必要平台。在现代化的过程中,我国基层社区正在实现从"熟人社会"向"陌生社会"的转变。在"熟人社会"时期的基层社会基本上不存在社会组织,整个社区的事务也比较简单,往往是在熟人串门间或是邻里谈笑间就得到了解决。现代基层社区人员流动较大,人与人之间的关系也变得比较陌生,通过原有的方式解决社区事务已经是不可能了。党的十九届四中全会提出,我们要努力打造共建共享共治的基层社会治理格局。在这种情况下,必须有一定的制度、方法、平台把各个陌生的人、各个治理主体整合起来,社会组织参与基层社会治理亦是如此。只有这样,才能真正实现现实情况下的"共建共享共治"。而实现这一点,就必须运用数字

---

① 重庆市渝中区上清寺街道.关于充分利用"互联网+"推进"智慧社区"建设,提升基层社会治理水平的构想[J].第27届全国区街镇工作年会暨全国创新型社区建设推进会典型材料,2016(11):149-152.

技术，努力打造智慧社区。

另一方面，加强组织领导，明确打造智慧社区的责任主体。打造智慧社区助力社会组织参与基层社会治理，必须加强组织领导，要在领导层面高度重视并明确具体工作的责任主体。根据党委领导、政府负责、社会协同、公众参与等指导理念，笔者认为可以从三个方面具体把握。其一，基层社区党委要高度重视，领导智慧社区的打造和建设。"东西南北中，党是领导一切的。"打造智慧社区不管是为了顺应发展需要，还是"问题倒逼"，但具体操作起来都应该坚持"自上而下"的原则。实现这样的操作，基层社区党委要在思想上高度重视起来，并通过"三会一课"①等形式加强对党员同志的教育和宣传，进而让群体党员同志在思想上都重视起来。其二，基层社区政府具体操作，直接负责智慧社区的打造。在党委的领导下，基层社区政府要直接负责智慧社区的打造，拿出具体方案并具体操作，担任智慧社区建设的直接责任主体。基层社区政府可以形成"主要领导亲自抓、分管领导直接抓、部门领导具体抓"的工作格局，将智慧社区建设工作做实、做细、做全，真正为社会组织参与基层社会治理服务。其三，社会组织的直接参与。运用"互联网＋"技术，打造智慧社区既是社区治理的需要，也是各个治理主体参与基层社会治理的需要。要想实现智慧社区建设的科学性和有效性，真正满足社会组织参与基层社会治理的需要，在建设的过程中必须由社会组织等各个治理主体直接参与，与政府一起共同探讨具体的建设工作。只有这样，才能实现"共建共享共治"。

二、培养社会组织参与基层社会治理的技术人才队伍

智慧社区的建设过程就是"互联网＋"技术在社区工作中运用的过程。这对社区工作人员的技术能力有着较高的要求，如果不能熟练掌握并使用这些技术，不仅不能推动智慧社区的建设，而且还会被这些技术问题所束缚，阻碍社区工作的正常进行。为了推动社会组织更好地参与基层社会治理，打造智慧社区，一定要培养相对专业的技术人才队伍。

第一，引进专业人才加入基层工作，助力社会组织参与基层社会治理。这里所说的专业人才指的是相对专业的人才，并不是一定要掌握"互联网＋"核心技术的人才，能够熟练使用数字技术并能进行系统后台运行管理即可。事实

---

① "三会"是指支部党员大会、支委会、党小组会；"一课"是指党课。

上，现在基层社区十分短缺这样的专业人才，即使是社会工作类的专业人才也不多见。基层社区的工作待遇较低，而且掌握一定"互联网+"技术的专业人才被大量的科技类公司所吸引，都是基层社区此类人才短缺的原因。其一，基层社区应该提高各类待遇，包括工资待遇、工作环境、晋升渠道等方面都可以进行一定的努力和尝试以吸引并打造一支高素质的人才队伍。其二，可以尝试合作的方式吸引来社区挂职锻炼的专业人才。这一点可以尝试两个途径，一个是与政府合作，让政府部门选派有经验有能力的工作人员来社区挂职锻炼；二是可以和一些相关的社会组织合作，尤其是一些科技类的行业协会，让其从公司选派有技术的员工来基层社区挂职。这样，便可以为基层社区治理以及智慧社区的打造带来新鲜血液、新的方法和新的技术。其三，设法留人。社区工作人员，尤其是年轻工作者流动性大已是社区人才队伍孱弱的重要因素之一。社区可以改革工资发放制度，将工作职务、社区工作年限与工资待遇挂钩，实行绩效制度，设置岗位津贴、职称津贴、工龄津贴等，以及帮助解决子女教育问题等方面，多管齐下，留住人才。

第二，加强对基层工作人员的培训，帮助其掌握智慧社区建设的基本技术。引进了专业人才以后，要对所有基层工作人员进行相关的培训，帮助其掌握一些基本的技术，让其能够使用技术推动社会组织参与社会治理。其一，明确培训内容。相对于专业人才要掌握的技术，这里要培训的则相对简单，主要是指智慧社区建设中"互联网+"技术的使用问题，尤其指社会组织参与基层社会治理的技术问题。其二，在培训方式上，需要采取多样化的方式，诸如由本社区专业人才授课、聘请专家教授到社区授课、与其他社区交流学习等，都可以作为社区工作人员培训的方式。其三，融入工作考核。工作考核是工作内容的指向标。为了让基层社区工作人员能够主动地、积极地学习掌握并使用技术，一定要在工作考核中有所体现，同时还可以直接和其工资待遇等挂钩。

第三，加强对社区居民的培训和宣传。社区居民是智慧社区的直接受众，是"互联网+"技术的使用者和服务者。社会组织参与基层社会治理能否真正实现技术保障并能真正发挥"互联网+"技术的作用，关键要看社区居民能否接受并使用这样的技术。当前，日常生活在社区的居民多为中老年人，尤其是一些比较老旧的社区。中老年人对技术的接受和使用需要一个过程，这就需要加强对他们的培训和宣传，必要的情况下还要通过对接的方式帮助其解决技术的使用问题。只有大家都了解和使用技术，智慧社区才能得以实现，社会组织参与基层社会治理才能事半功倍。

三、完善社会组织参与基层社会治理的技术应用系统

当前基层社会治理能力欠缺、社会组织等新的治理主体不能很好参与其中并发挥自身的价值的一个重要原因是欠缺一个综合性的平台，一个能够整合各个治理主体、各种治理资源的平台。因为现代社会基本上是一个"分化性"的社会，一个"陌生"的社会。从制度的角度，前文已经重点论述了社会组织参与基层社会治理的合作机制问题。有合作机制，也需要有合作载体。此处将论述基于技术的视角，应该搭建一个什么样的平台，即社会组织参与基层社会治理的技术应用平台。

一方面，要结合社区实际，开发基层社会治理的技术应用系统，搭建社会组织等新的治理主体参与的技术平台。其一，共同参与技术应用系统的设计和开发。近年来，一些具备条件的社区已经尝试开发自己的技术应用系统，如温州市的新型智慧社区 APP——"幸福邻里"2.0、街道社区综合管理 GIS 平台、龙湾公安社区智能管控平台——实景融合系统；武汉市武昌区积玉桥街道的电信"iTV 智慧频道"和徐家棚街道的"微邻里"公众号等。虽然这些技术系统为基层社会治理提供了便利，但在走访中有些社会组织表示，自己所在的基层社区的系统出现了不相协调的问题，没有实现帮助自己参与基层社会治理原有的期望值。因此，在技术应用系统的设计和开发的过程中，一定要由社会组织参与其中。社会组织基于自己参与社会治理的需要提出意见和建议，才能在系统推广中避免上述的问题。其二，不仅要结合最新的数字技术，还要考虑未来科技的发展趋势。当前，4G 网络已经全面普及，5G 网络已经开始了尝试运营，而 6G 网络也已经着手开始了研发；同时，量子通信、人工智能、大数据、虚拟现实、物联网技术等都在快速发展，技术的进步一日千里。因此，在开发社区技术应用系统的时候，既要立足最新科技，也要发放眼未来的发展趋势，这样才有利于系统的使用和普及。

另一方面，要全面搜集社区数据资料，以便社会组织共享数据、使用数据。其一，社区应与相关部门沟通，初步完善系统内的信息资料。社区应主动与区、市相关部门对接，通过相互沟通和政府的政策、资金、技术支持，遵循统一的数据和数据库设计标准，建立并完善社区数据资源中心，实现统一数据平台、统一数据接口、统一数据交换、统一数据管理。其二，通过重要的活动激励社区居民

完善自己的相关信息。社区居民在完善自己信息的过程中，多是被动的。针对这种问题，可以在系统中融入一些重要的活动，并通过一定的激励措施，换被动为主动让其主动去完善自己的信息。当然，针对有特殊情况的居民，如老弱病残等，需要工作人员上门统计。另外，强化数据管理、维护和更新，提高数据的"保鲜度"和利用的"新鲜度"。

案例

创新"城市停车联盟"治理新模式，破解城市停车治理难题

为深入贯彻落实浙江省委深化"最多跑一次"改革和推进社会治理现代化的决策部署，通过城市治理领域的改革创新，切实促进小区、公共、专用、道路等各类停车资源的集约利用，提高存量停车设施的使用效率和服务水平，有效缓解停车供需矛盾，温州市龙湾区创新"城市停车联盟"治理新模式，破解城市停车治理难题。"城市停车联盟"治理新模式从顺应城市工作新形势、改革发展新要求、人民群众新期待出发，以推进以人为核心的智慧化革新为支撑，通过聚场景、聚服务、聚用户，发展新技术、新模式、新业态，创新智慧停车场景，有效提高城市停车资源集约利用效率，从而缓解供需矛盾。

"城市停车联盟"治理新模式综合运用大数据、云计算、物联网以及人工智能等技术，构建集停车服务、错时共享、停车诱导、执法取证等功能于一体的现代智慧停车整体方案，引领迈入无感出入、无人值守、无感支付的停车新时代。为了构建便利高效的智慧停车场景，主要做了如下工作。

第一，打造"城市停车大脑"。搭建面向各类停车场的"城市停车大脑"，实现跨区域、多层级停车资源集中监控和管理。统一接入城市停车联盟成员业务数据，实现数据共享、业务互通、用户归集。优化"龙湾智慧停车"公众号和小程序，实现停车诱导、泊位余量服务、自动扣费等多功能集成。第二，推广无感支付模式。推广公共道路泊位无感支付，绑定车主银行账户和车牌号，实现"先开车离场，后自动支付"。政策激励社会停车场安装ETC无感支付系统，提升停车场进出效率，力争将车辆进出时间压缩至6秒以内。第三，搭建智慧停车诱导系统。在重要路口设立停车诱导屏，对外发布附近停车泊位实时信息，引导车主以最短时间快速进入空闲车位，做到"随到随停"。通过语音或短信形式推荐周边泊位，引导车主有序停放，推进停车执法由"告知不能停"向"推荐到哪停"转变。第四，开展车位预约试点。在"城市停车大脑"

搭建停车场车位预约模块,通"龙湾智慧停车"公众号和小程序即可实现车位预约。率先在医院、图书馆等公共服务场所开展车位预约试点,并逐步总结推广经验。积极探索用户失信预约的惩戒机制,切实维护预约制度的公平性。

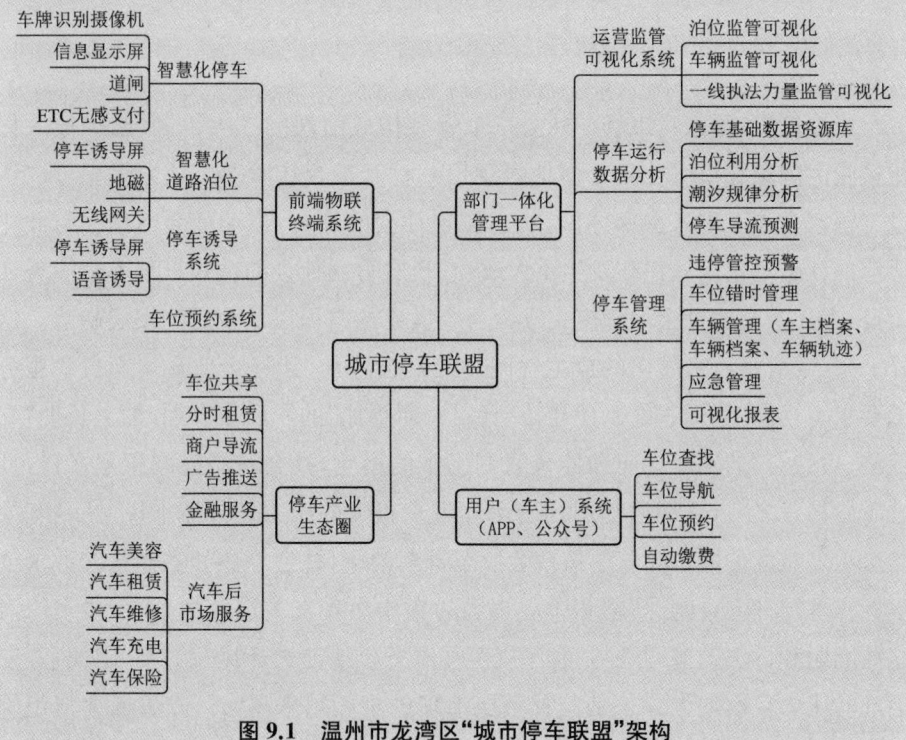

图 9.1　温州市龙湾区"城市停车联盟"架构

资料来源:中共温州市龙湾区委。

第十章　结束语

当今世界,国家—市场—社会三个领域构成治理的三大机制,已经被人们所接受。国家和市民社会更多地表现出一种互动合作状态。社会组织可以通过与国家合作而进入国家体制,从而实现社会的整合,推动社会治理。与此相适应的社会治理模式正在发生重大改变,政府管制社会的模式日渐不适应现实需要,多元参与的社会治理模式成为当今世界的共识以及今后的发展趋势。这样一来,政府将越来越多的自主空间留给社会公众,让社会公众实现自我服务的要求。当前,我国正处于社会转型和"三期叠加"的矛盾多发期,加上长期"先经济、后社会"的发展导向和传统管制思维的影响,社会基层问题积累多样,社会矛盾易发多发,这都给基层社会治理带来很大的压力。具体来说,一是基层社会治理难度加剧。随着单位社会形态日渐消解,社会个体和多样化的诉求逐步回归基层社会,社会问题和矛盾也容易集中出现在基层社会,而社会组织对这些问题和诉求的协调参与、有序规范和服务供给能力还比较弱小,因此,基层治理的压力空前加大。二是监管基层治理的难度越来越大。随着社会自组织能力提升,社会组织增多,社会参与、权益维护等诉求越来越多,社会组织对高度离散化的社会个体的再组织、再动员能力较弱,治理主体的作用发挥明显不足,基层监管治理的难度越来越大。这些都说明单靠传统管理方法已不切实际,迫切要求加强和创新社会治理模式。

早在 2015 年 11 月,中央政法委书记孟建柱在《人民日报》发表专题文章《加强和创新社会治理》,阐述了构建全民共建共享的社会治理格局,加强社会治理基础制度建设,完善社会治安综合治理体制机制,健全公共安全体系等问题。2016 年 10 月,党的十八届六中全会对我国"五位一体"建设的总体布局和"四个全面"战略布局做了全面阐述。2017 年,党的十九大再次强调了要推进国家治理体系和治理能力现代化。2019 年,十九届四中全会就国家治理体系和治理能力现代化若干重大问题做了具体设想和部署。2020 年,党的十九届五中全会出台的《中共中央关于制定国民经济和社会发展第十四个五年规划的建议》针对社会治理领域存在的突出问题，就加强和创新社会治理做了全面部署，对推进国家治理体系和治理能力现代化具有重要意义。当前，我国发展处于可以大有作为的重要战略机遇期，同时也面临诸多矛盾叠加、风险隐患增多的严峻挑战。在《中共中央关于制定国民经济和社会发展第十四个五年规划的建议》指引下，我们认为加强和创新社会治理，要按照"五位一体"建设的总体布局和"四个全面"的战略布局，深化对社会治理规律的认识，创新理念思路、体制机制、方法手段，拓展社会协商，发展社会服务，推动政府治理和社会自我调节、居民自治的良性互动，形成多元共治局面。分析其发展趋势概要如下：

第一，社会组织参与社会治理创新将更注重公开平等，强化各个社会建设主体的责任。

公开平等是社会主义核心价值观的应有之义。社会建设主体包括党、政府、社会组织、公民个人等。实现社会组织在基层社会治理的创新，必须加强各参与主体的建设，真正实现社会治理中的党政治理和社会组织自我调节、自我服务与自治的和谐统一。笔者以为，创新社会治理不仅要从党和政府的角度探讨如何自上而下地引导社会发展，而且要从社会、公民的角度探讨如何自下而上地促进社会管理创新。在以后的社会共同治理过程中，在治理的规范上会更加注重法治和公开。把法治与德治、自治结合起来，在发挥信仰和道德作用的同时，强调运用法治思维和法治方式化解社会矛盾，使法治成为解决社会矛盾和公共危机的长效、制度化手段；在治理方式上，更强调灵活性、协调性、沟通性。政府需要增强自信，信任社会，与社会组织密切沟通和协调；在运行中更加强调平等、多元与互动。社会治理将注重各社会主体平等协商、共同参与行使社会权利，政府在社会治理中仍发挥主导作用，但更应强调多元主体共同参与，承担社会责任，发挥社会作用。因此，政府必须平等对待合作伙伴、管理对象。

总之，既要加强党的建设，提升我党治理国家社会的能力，又要深化体制改革，努力建设服务型政府，培育一大批具备主体意识、权利与义务意识、参与意识、责任意识、合作意识的公民。尤其要大力培育发展社会组织，因为社会组织其自身能力建设和外部法律环境、部门平台的建设，都比较薄弱。其中，社会组织的独立性、治理结构和治理责任、资源运作与宗旨管理、募款和公民参与，以及部门联盟与支持性组织的发展，是最有必要加强的。要遵循法治精神，根据

"放开一大片,限制一小部分"的原则,大力发展社会组织。即放开服务类社会组织,让它们在法律框架内最大限度发挥积极性和创造性,配合政府提供更多的社会服务,以满足我国人民日益增长的社会服务需求;限制有政治企图或可能造成不良政治影响的社会组织的发展,保证社会有序,保持社会稳定。

第二,社会组织参与社会治理创新将更多从群众的需求出发,以改善民生为重点。

历史唯物主义告诉我们,物质利益是第一位的,它始终是推动人类发展的原动力。马克思强调市民社会本质核心是"物质生产关系总和","人们奋斗所争取的一切,都同他们的利益有关"[①]。众所周知,社会建设的目的主要是满足群众的物质及民生需求,它必须解决一系列民生难题,譬如,如何建立、健全、创新城乡一体化进程中社会治理和公共服务体制,如何解决收入分配体制改革中效率与公平的协调,混合所有制社会格局下政府如何有效进行社会治理和调控,如何发展文化、教育、卫生、体育等社会事业,以及如何破解社保、统一劳动力市场等领域的体制性障碍,等等。

近年来,我国各级政府已经初步改变了在社会管理和公共服务领域包揽一切的制度安排,正在努力建设一个有限责任的政府,做到既避免"责任总揽",又避免"责任退让"。将来,由于游离在单位之外的"社会人"越来越多,这些社会人的需求将非常多样,多元化的需求需要多元化的组织来应对。政府在行使卫生、教育、就业、治安、社会保障等方面的职能越来越离不开社区和社会组织的支持和配合,这就需要社区、村委会等人民自治组织,以及社团、行业组织、社会中介组织、志愿团体等各类民间社会组织,取代传统的单位和街道成为社会治理的载体。政府更加鼓励公众和社会组织重点在社区建设、社会福利与救助、青少年教育和就业、医疗卫生、社会矫正、监所管理、禁毒、残障康复、人口计生、外来务工人员服务、婚姻家庭服务等民生领域推进社会治理,发挥作用,改变社会服务由政府垄断性供给的格局,从群众的需求出发,建构主体多元、机制灵活、覆盖广泛、开放竞争的现代社会服务体制,把"服务"还给社会。

第三,社会组织参与社会治理创新将更多以改善治理方式为手段,强调基层综合治理创新。

党的十八届四中全会指出,推进多层次多领域依法治理,坚持系统治理、依

[①] 马克思恩格斯全集:第 2 卷[M].北京:人民出版社,1956:82.

法治理、综合治理、源头治理,深化基层组织和部门、行业依法治理,支持各类社会主体自我约束、自我管理,发挥市民公约、乡规民约、行业规章、团体章程等社会规范在社会治理中的积极作用。党的十八届五中全会指出,要"加强和创新社会治理,推进社会治理精细化,构建全民共建共享的社会治理格局"。

从政府方面看,当前我国涉及社会治理的部门包括劳动与社会保障部、民政部、人口计生委、科技部、教育部、卫生部、文化部、体育总局、环保总局、安监总局等,应按照中央的新要求理顺这些部委之间的条块和分权,以提高政府效能。例如,在管理机构上进行整合,设置独立的社会治理机构协调社会组织参与治理,加强部门之间综合决策机制建设,理顺中央和地方的机制等。同时坚持系统治理,把社会作为一个有机体看待,提高社会自治、自助、自理能力,实现党政治理和社会自我调节、居民自治良性互动;坚持综合治理,从强化道德约束、规范社会行为入手,调节利益关系,协调社会关系,化解矛盾冲突,解决社会问题,在推进社会治理中综合运用各种手段,形成一套完整的治理体系;坚持源头治理,既要抓住问题的"流",更要治理问题的"源",标本兼治、重在治本。重心下移,强化基层,完善基层社会治理网络体系,探索基于移动互联网、大数据、云计算、物联网等新一代信息技术的社会治理信息体系建设。对于社区来说,尤其要"坚持协商于民、协商为民,拓宽社会协商渠道,引导社会组织、社区组织和基层群众就社会治理开展双向和多向民主协商,探索建立广泛参与、多元多层的社会协商机制",在协商中聚合社会力量,形成社会共识,为推进社会综合治理注入新活力;还要适应经济新形态,排查分析劳资关系、城市管理、环境保护等领域的社会矛盾,找准深化改革、发展经济与改善民生、保护环境等方面的平衡点,完善调解、仲裁、行政裁决和复议、诉讼等多元化纠纷解决机制,提高防范化解社会矛盾的实效。

第四,社会组织参与社会治理创新将更多以我国社会组织的丰富实践为依据,不断创新社会基层治理理论。

对于社会组织参与社会治理这一新课题,诸多学者在认真研究探讨,社会各界期待早日破题。尽管人们都认同人类社会治理的终极目标应该是实现"人的自由而全面发展",但当前支撑社会治理创新的理论明显短缺,西方 NGO 的发展经验有其特殊的历史背景和文化,可供借鉴的西方治理理论本身尚不成熟,理论界的争议颇多;同时,由于中西制度环境的巨大差异,加上近年来,西方敌对势力的意识形态渗透和颜色革命的现实,西方 NGO 发展和治理理论的中国适用性问题也触发深思。"如何既借鉴西方当代理论的有益成果,又立足中国国情,植根乡土社会,从实践中概括提炼,创新构建中国本土化的社会治理理论,为社会治理创新实践提供理论指导,是当前十分艰巨的任务。"[①]社会组织参与社会治理,一方面,要大胆借鉴发达国家的有益做法,政府适度让权,巩固政府与社会组织的理性契约关系;另一方面,又要以我为主,坚持中国特色和有序原则,不照搬西方社会组织运行机制,更要防止西方社会组织的渗透与干涉。因此,我国的治理理论要从我国国情出发,坚持党的领导,以基层丰富的治理模式和社会组织的发展实践为依据,形成具有中国特色的,能够指导我国治理实践的系统理论。

---

① 谈志林.创新社会治理:成效、问题与推进路径[J].中国民政,2015(14):27-29.

附录

龙港市基层治理信息化改革报告

为进一步提升基层治理体系和治理能力，全面推进龙港市域治理模式新探索，为全国基层治理改革创新提供龙港样本、贡献龙港力量，本着"大部制、扁平化、高效率、低成本"的总体要求，以新时代中国特色社会主义社会治理理论为指导，结合龙港实际，制定本实施方案。

一、指导思想

坚持以习近平新时代中国特色社会主义思想为指导，立足"数字政府"建设的宏观背景，紧紧围绕龙港市"一区五城"目标定位，高举改革大旗，深入践行以人民为中心的发展思想，聚焦解决基层治理中的重点难点堵点问题，综合运用云计算、大数据、物联网、人工智能、区块链、5G等新一代信息技术，以公共数据资源全面、畅通、安全汇聚共享为支撑，以多业务协同和大数据分析场景应用为突破点，不断提升基层治理的科学化、精细化、智能化水平，让人民群众有更多的获得感、幸福感、安全感。

二、建设目标

通过基层治理信息化建设，不断完善全市"一盘棋"统筹机制，有效破解信息孤岛和数据壁垒，全面提升跨层级、跨系统、跨部门、跨业务的协同能力，实现"智能化"融入社会治理创新的有效性。同时，通过后期工程的推进，基层治理体系的泛在感知、数据分析能力不断提升，应用场景不断深化，深度融入市域治理的各个环节，最终实现"精准布控、及时预警、科学研判、快速处置"的目标。

三、工作重点

通过不断努力，基本形成基层治理"1158"的架构体系，即1个基层治理指挥中心、1个全域立体基层数据底座、5大基层治理应用平台、8项具体智慧应用场景。

(一)强化基层治理指挥中心建设

基层治理指挥中心工程建设,最主要是打造"四个一",建成集综合指挥、协同处置、成果展现等功能于一体的综合指挥中心,推进各部门重要应用系统和数据集中汇集、快速调用,形成基层治理"数字指挥部",实现对社会面的全面感知(智能化)、态势监测(可视化)、事件预警(可控化)。

1."一张网"建设。即龙网,是"卡口智能视频采集+人脸识别+车牌抓拍"等技术集成的多功能卡点网络,利用卡点网络在空间上的重合性进行自动分析,将多维不同类型数据进行有效关联,形成目标的电子特征、生物特征准确对应关系,冲破不同系统、不同数据之间的孤岛,形成基于城市的栅格体系的数据融合"网",实现对外来人员及重点人员的基础管控、预测预警等。

2."一张图"建设。即多层面地理信息图,是基于实际的地理位置,绘制包括城市二维及三维立体地图,涵盖综治层、应急层、重点人员分布层、重点场所分布层、重点事件分布等要素。系统通过标准地名地址、高空瞭望摄像头等基础信息资源和各业务需求,将静态的传统二维图像增强为可感知的、实时动态的、虚实交互的动态三维地图,并精确标明相关人员及事件的地理位置,同步采集每幢建筑物的物理地址(经纬度)、住户信息、联系方式、房屋类别、消防情况等信息,为领导指挥决策、事件处置等提供可视化、即时性的依据。

3."一个库"建设。即基层治理数据库,建立基层治理信息资源目录,全面梳理整合政法部门现有重点人员、重点场所、出租房、应急等数据资源。为各政法部门的基础业务和跨部门的协同业务提供基础信息服务;以推进各类社会风险的预测预警预防为目标,支撑大数据应用;建立政法信息资源目录,注册登记各政法部门拥有的信息资源,为跨部门共享创造条件。整合现有各类跨部门数据交换方式,建立统一数据共享交换体系,明确跨部门数据采集、共享校核机制,提升公共数据的一致性和准确性。持续完善人口、法人、信用、证照、空间地理等五大基础数据库,集中汇聚、存储部门重点主题数据资源,形成各类主题子数据库,采集汇聚物联网、互联网数据,将多源数据整合成标准、稳定、纯净、高效的高价值密度数据资源,为治理前端应用场景提供有力的数据支撑。

4."一个标准"建设。即基层治理智能化建设标准规范体系,其主要包括数据资源、安全保障、数据质量等方面的标准规范。其中,数据资源标准规范是社会治理智能化建设的技术约束,涵盖数据的采集、存储、应用、归档等全生命周期需遵循的标准;安全保障标准规范包括统一认证管理、网络安全、系统安全、数据安全等方面的标准;数据质量标准规范,明确质量管理范围,设定切实有效的验证规则和评价指标,涵盖数据采集清洗监测、数据加工处理监测、数据质量优化全过程,形成线上质量监控闭环。

(二)打造全域立体基层数据底座

1."雪亮工程"建设(主要用于视频数据采集)。按照温州市"雪亮工程"建设规范提升工程实施方案和"雪亮工程"推进计划,巩固提升以"两个100%"为重点的任务建设。巩固重点公共区域视频监控的全面覆盖,确保重点公共区域视频监控全覆盖100%、联网率100%,已建重点行业、领域涉及公共区域视频监控覆盖率100%、联网率100%,新建摄像机全高清化。巩固重点部位视频抓取预警能力的大幅提升,有序开展车辆卡口、人脸抓拍卡口和农村公共出入口视频监控建设,实现覆盖率100%、联网率100%。

2.人脸识别工程建设(主要用于人脸数据采集)。除"雪亮工程"布点以外,在社区重要通道、防控重点要害部位、主要交通干道等加密区域布设人脸识别设备,自动感知"人"的实时动态,将视频图像、人像等前端感知设备遍布全城,打造"城市护城河""区域密封圈""路段控制线",形成多维立体的数据链条,实现公共区域视频监控、人像卡口等数据信息智能采集的一体化建设与全域覆盖。

3.综合采集器建设(主要用于手机频率数据采集)。加快综合采集器勘点、布点建设,前期以现有的运营商信号基站为点位,通过手机频率采集前端设备装设,实现有目的的采集行为。后期通过对重点区域、人员密集场所等部位进行布设,对不同频率的手机进行信息采集,智能匹配运营商数据库,实现人机快速配对,达到重点人员身份信息清楚,行动轨迹清晰,去向明确的目的。

4.物联网感知系统建设(主要用于城市基础设施数据采集)。统筹规划建设城市物联传感"一张网",推进在视频监控、照明路灯、停车位、烟雾报警、道路井盖、消防栓水压、充电桩、水电表、垃圾桶等城市基础设施上,部署物联网感知设备,提升公共安全、城市管理、道路交通等领域的智能感知水平。建立物联网统一接入平台,加强感知数据标准化处理、规范化接入、一体化汇聚,结合互联网数据,实现对物理社会和虚拟社会的全面感知,形成社会运行全量信息视图,提升市域精细化管理能力。

5. 综合采集分析中台建设(主要用于综合数据采集)。数据中台建设是整个基层治理智能化的重中之重,其功能是将复杂的大数据处理技术封装起来,形成计算平台;同时,进入中台的数据都需按照规范的建模方法将数据形成主题域模型、形成标签模型或者算法模型。接入数据中台的各业务系统通过大数据计算平台统一加工后产生数据模型,再将这些数据模型通过可视化的界面管理起来,并使用标准化的数据服务接口对数据应用端提供数据应用服务。因此,数据中台处于一个承上启下的位置,在整个智能化过程中承担着前台和后台数据交换的中介位置,在开发建设的过程中,必须高质量完成其软硬件配套建设。

6. 龙港码小程序建设(主要用于大数据采集)。推出龙港码小程序,将其打造成一个集多种功能为一体的综合性应用平台,实现以"一码"集成多个子应用平台,达到应用集中、一键操作、方便快捷的目的。以当前较为完备的健康码体系作为底层应用功能,通过扫码进行信息采集,能及时了解市民的健康信息及出行范围,所采集到的重点人员信息,将实时传输回数据库,作为重点人员云管控平台中行为分析库的数据之一。集成民情在线收集、个人信用等级评定、积分奖励体系、公交车出行、出租房管理、志愿者服务等实用功能,市民以信息爆料、出租(承租)房屋、参加志愿服务、开展监督等多种途径参与,获取相应的系统信用分及奖励分,系统凭借信用分及奖励分,评定市民个人相应的信用等级及奖励积分。市民可通过信用等级或消费奖励积分,获得免费乘坐公交、免抵押使用共享单车、快捷医疗通道、指定商店购物消费打折等优惠措施,从而有效调动基层治理全民参与的积极性和主动性,形成社会综合治理合力。

7. 车辆信息抓拍系统建设(主要用于车辆数据采集)。深化物联网技术管车,强化对路面车辆的智能化管理,通过对路面车辆图像、车牌号的实时抓取,实现车辆管理动态化更新。完善车辆管理机制,通过"车辆信息抓拍系统"识别发现车辆问题,将问题分流至主管部门,由交警兜底、社会组织参与,按照标准将管理措施落至车辆、车辆所属单位或绑定驾驶员"三位一体"上,形成从源头发现到末端管理的闭环链,实现事故率、违章率大幅下降。

8. 地理信息系统建设(主要用于以地图为基础的人、事、物数据采集)。按照"大数据+综合治理",通过全天域地图地理信息系统,展示人、事、物等基础数据与相关智慧应用,结合基层治理四个平台,实现城市管理与社会治理全方位、全时段监测,形成智慧城市平台与智慧综治平台共建、共享、共用的新模式。

(三）打造五大基层治理应用平台

针对基层治理的痛点、难点、堵点，利用技术手段开发针对性应用平台。

1. **基层治理"四个平台"（针对基层治理）。** 借助于移动互联网时代的高新技术，打造基层治理的现代化样板。以全科网格管理为基础，大数据平台为支撑，信息系统共享整合为手段，统筹规划建设全市集中管理。数据共享、功能完善的基层治理综合信息系统，打通各部门延伸到基层的信息孤岛，满足基层治理工作相关的信息采集、事件处置、应急管理、市场监管、行政执法、便民服务等工作需求，为龙港"四个平台"高效运行提供重要支撑，有效提升数字化转型背景下基层治理信息化、智能化水平。

2. **重点人员云管控平台（针对重点人员管控）。** 采用信息化手段，提升涉稳、涉访、重点防疫等重点人员管控工作，有效提升平安创建工作水平。通过系统建设，实现重点人员动态信息档案管理，掌握重点人员的主要社会关系、现实表现、活动情况等，健全重点人员信息采集渠道和工作跟踪考核机制，倒逼稳控措施的落地，真正实现重点人员管控全覆盖、措施全落地、结果全监测，从根本上解决综治维稳工作中存在的层级分类管理不明、数据分析管控水平不高、措施落地力度不够等问题。实现重点人员智防智控一体化、管理机制流程化、预警信息可视化、行为数据可量化。

3. **重点场所云管控平台（针对重点场所管理）。** 针对重点场所管理的工作新思路，基于当前互联网与物联网的技术融合，运用大数据和云计算、人工智能等平台进行分析和处理，构建既有利于便民服务又提升基层综合治理效率的信息化构架，从而使重点场所管理工作实现高效规范，又能与其他各综治业务有机协同、各类综治数据高度共享的基层治理工作新格局。例如，在出租房、广场、车站、医院等重点场所，可以利用智能视频分析系统、重点行为分析系统等联动管理平台等的配合，实现实时了解场所消防安全情况、人员聚集情况等。实时抓拍人脸信息、布控报警、属性识别、统计分析、重点人员轨迹还原等功能，并做出及时有效的智能预判。同时，建立融合消防物联网、网格化管理、大数据分析和应急救援力量调度为一体的重点场所消防安全管理平台，实现重点场所消防隐患管理智能化、多维化。

4. **应急管理指挥平台（针对突发事件）。** 构建横向联通各部门专业平台，纵向贯通部、省、市、县（市）、片区五级应急管理综合平台，满足市委、市政府领导处置突发事件的需要，保障应急管理部门日常应急值班值守、应对突发事件的需求，重点实现综合业务管理、风险隐患监测防控、预测预警、预警发布、指挥调度、应急保障、新闻发布、应急评估、模拟演练的功能。牢固树立"无数字无应急"的应急管理理念，在应急指挥平台实现九大功能基础上，建设应急管理数据中心，涵盖安全生产、消防安全、防汛防台、森林防火等板块，将监管重心由线下转为线上线下结合。完善我市各类单位基本信息库，将所有企业、出租房、合用场所、避灾点等数据纳入平台进行数字化监管。

5. 舆情民意快速反馈处置平台（针对群防群治）。发动群众参与社会治理是基层治理的最终落脚点。要将原有的12345热线、微博、微信、论坛等主要信息进行整合，统一研发龙港人特有的"龙港码"，集成群众诉求、爆料、举报、监督、公益、管理等多种功能，结合信用政府、公民积分、基础设施出行等激励机制，为发动群众群防群治、政府科学决策提供直通车处置平台。

（四）综合集成八项应用场景

1. 智慧矛调项目。充分发挥基层治理中心和"矛调中心"建设应用，发挥中心现场指挥、流转办事和研判分析的作用，推动信访数据整合和应用，打通各部门、各单位数据壁垒，打破信息孤岛，实现门户整合、数据规范、认证互信、应用协同、流程贯通的综合平台。实现"一个窗口"受理群众提出的各类纠纷化解、信访诉求和投诉举报事项，准确区分事项类型，分类导入办事程序，实时就地接待群众，调解各类矛盾纠纷。对通过电话、信件、网络等渠道反映的信访矛盾事项，自动导入、分流处理、集成办理。提供代办（代跑）制，由基层干部或志愿者以代办（代跑）形式导入社会矛盾纠纷调处化解中心，努力实现一套线上预约服务系统、一套矛盾调解流转处置系统、一套基层矛盾分析研判系统。

2. 智慧消防项目。依托基层治理"四个平台"，建立融合消防物联网、网格化管理、大数据分析和应急救援力量调度为一体的消防智能化管理平台，全面推广消防管控"秒响应"平台应用，确保到2020年各片区使用率100%全覆盖，基本实现大数据风险防控、一张网基层联动、一张图指挥调度和区域综合研判分析。

3. 智慧园区项目。智慧园区建设的重点在于通过信息技术和各类资源的整合，将"智慧"渗透到园区建设与运营的每个细节，加强园区业务、服务和管理能力，创新组织架构，在日趋激烈的竞争中，维持园区的可持续性发展，为园区铸就一套超强的软实力。在智慧园区的建设，需要满足不同人群的需求，需要围绕企业的发展要求和人才的精神需求。因此建设智慧园区，应协调政府、企业等各方资源，实现管理、工作、生活智慧化，三位一体打造智慧园区。智慧园区的主要功能分为构建园区绿色和谐产业，打造平安园区以及办公信息便捷化和园区信息互动化。

4. 智慧交通项目。优化道路运输综合平台、智慧公路平台和智慧港航平台，建设交通工程监管视频监控平台，强化智能化管理模式。建成国省道及港口、码头视频监控全覆盖，实现公路、港口、码头等区域的视频数据采集。建设市级智慧交通平台，形成全域智慧交通体系。不断增强智慧交通综合信息中心的数据汇集和共享能力，为各业务部门的决策提供相应辅助数据，促进"互联网＋便捷交通"的发展。

5. 智慧流口项目。按照"一人一档，线上建档"模式，逐步淘汰纸质档案，实现流口管理数字化。同时，深化流动人口基础信息采集更新和共享机制，通过移动终端应用系统更新升级，推进"以卡管人"机制不断向纵深推进，并不断完善新居民积分制管理，拓展新居民积分适用范围，提升新居民自治能力。

6. 智慧管车项目。将物联网技术引入对"车"的管理，实现"以卡管车、以网管车"，智能化收集掌握电动车轨迹信息。深化电动车登记备案，确保电动自行车销售网点新车出售登记备案率100%，盗窃电动自行车案件同比持续下降。

7. 智慧平安校园项目。在智慧平安校园场景中，利用前端物联网采集终端和结构化能力，融合数据技术，对视频数据进行全时、全量、实时的碰撞分析，提高对校内人、车、地、物、事、组织等六类要素的动态掌控能力，全方位实现校园安全全局管理的精细化和智能化；而通过多维度的数据感知和分析，为龙港市在校人员建立一人一档的标签化管理，全面形成校园活动人员关系图谱和人员画像，为和谐安全的人才培育阵地构建行之有效的立体化防护体系。

8. 智慧安防社区项目。把"智安小区"的模式继续向开放式的社区推进，以"虚拟封闭＋智能视频采集"的形式，建设农村智慧防控的"数字防控圈"，在社区出入口安装车牌抓拍、人脸识别、电动车RFID防盗感应和智能特征采集等系统，真正实现"人过留影，车过留牌"。完善集"数据归集、扁平指挥、精准防控、可视巡查、一站查询、综合应用"为一体的市级社区智能管控平台，全面提升封闭小区与开放式村居安全问题的预测、预警、预防和预控能力。

四、保障措施

（一）加强组织领导

各单位要从全局和战略的高度充分认识推进龙港市域基层治理智能化的

重要意义,把建设龙港基层治理体系和治理能力现代化纳入经济社会发展总体规划,及时研究解决工作中遇到的重大问题,确保重点工程和项目顺利实施,并将市域基层治理智能化建设的成效作为单位绩效考核和干部选拔任用的重要依据之一。各有关部门按照本行动计划要求,制订本部门的具体实施方案,确保按期完成各项任务。

(二)加大宣传力度

积极运用传统媒体和新兴媒体等多种手段,全方位、多渠道加大宣传报道力度,促进全社会广泛参与,汇聚各方合力,共同推进基层治理智能化建设。在合适场所建设成果展示中心,定期举办各类开放式体验活动,让社会各界了解基层治理智能化建设成果,增强公众对基层治理智能化的认知度和参与度。

(三)强化项目统筹

建立基层治理智能化建设项目统筹管理机制,统一规范项目立项、实施和验收工作。加强对项目前期统筹和实施全过程管理,避免盲目和重复建设,确保项目的质量、进度和实效。定期组织开展对建设项目的绩效评估,评估结果作为安排后续项目资金的重要依据。

(四)强化人才保障

推进基层治理专业人才队伍思想政治建设、能力建设、作风建设,完善多层次人才培养机制,提高高科技领域人才待遇,统筹发挥辅助人员作用,为推进基层治理智能化打下良好的人才保障。

新时代背景下政府推进社会组织
发展的逻辑路径

党的十八届三中全会提出,"推进国家治理体系和治理能力现代化",党的十九大报告明确指出,"加强社区治理体系建设,推动社会治理重心向基层下移,发挥社会组织作用,实现政府治理和社会调节、居民自治良性互动"。党的十九届四中全会又指出,构建基层社会治理新格局要发挥社会组织的作用。推进国家治理体系和治理能力现代化已是坚持和完善中国特色社会主义的重要举措,而且整个过程中社会组织的作用将会更加突出。然而,实践中,我国社会组织并不能很好的承担起这一不可或缺的重任,主要原因可以简单概括为"发展不足、力量弱小"。立足国内实际,借鉴国外经验,政府应该积极作为,以推进社会组织的发展。文章结合十九届四中全会精神,谈一谈新时代背景下政府推进社会组织发展的逻辑路径。

一、政府在社会组织发展中的作用

(一)从西方社会组织发展的历史来看,政府作为发挥了重要作用

西方社会组织未有统一的称谓,例如在美国称为NGO、在英国称为NPO,等等。从内在性质上来看,都具有非政府性、非营利性、志愿性等特点,与我国的社会组织是同一个属性。现代意义上的社会组织,西方比我国发展得早,而且日趋成熟、完善,并在今天的社会治理中发挥了重要的作用。其中,西方政府发挥了重要的作用。

一方面,西方政府早期的无为而为为社会组织的发展营造了广阔的空间。现代意义上的社会组织是伴随着西方资产阶级革命和资本主义发展起来的。在资本主义发展初期,政府以弱势的姿态登上历史的舞台,国家主导的社会秩序相对衰落。这种情况下,政府虽然不能给社会组织的发展提供必要的支持,但是这种无为而为为社会组织的发展营造了广阔的空间。其一,为社会

组织的诞生和发展营造了宽松的法律环境。早期的西方政府希望和社会组织一道共同维护社会秩序，因此，通过相应的法律促进社会组织的发展，例如，1601年英国伊丽莎白主持颁布的《济贫法》和1788年德国实行的"汉堡制"。其二，弱势政府刺激了对社会组织的现实需求，即处于弱势地位的西方政府并不能有效地主导社会秩序、解决社会事务，这给社会组织的产生和发展提出了需求。

另一方面，现代西方政府的积极作为为社会组织的发展提供了全面的支持。进入现代社会以来，在现实的需求和治理理论的共同推动下，西方政府越发看到并认可了社会组织在社会建设中的重要意义。西方政府开始为社会组织的发展提供全方位的支持和保障，让其尽快成长、成熟，使其能与政府和市场共同进行社会建设。第一，降低门槛，完善社会组织的准入机制。例如，美国各州社会组织只需登记人填写登记的模板空白即可注册登记并颁发法人证书；法国的《非营利社团法》规定"社团可以自由设立"；在英国只要3人以上并有自己的章程，无须登记即可开展工作；在加拿大，不需要主管单位，不论国籍，只要年满18岁，理事会5人以上，理事3人以上，再交500加元申请费即可。第二，通过财政支持、鼓励慈善捐赠促进社会组织的发展。例如，以德法为例，"德国NGO收入的68%来自政府，法国则占到60%。自营收入的比例分别为28%和34%"；西方政府还通过降低税收鼓励企业和个人积极为社会组织捐资赠款。第三，完善社会组织法律体系，为其发展营造良好的法律环境。西方政府不仅基本制定了统一的社会组织法，如美国的《非营利法人示范法》(1987年)、法国的《非营利社团法》(1901年)、日本的《特定非营利活动促进法》(2003年)，而且形成了众多的单行法律以巩固社会组织的法律地位，如美国的《联邦税法典》、日本的《护理保险法》和法国的《税法》，等等。第四，转变政府职能，让渡发展空间，规范政社关系并进行有效监督。进入现代社会以来，西方政府总体上在简化政府工作，把一些事务转交给社会组织承担。英国、美国、日本、德国等国家通常采取"公开招标、合同运作、项目管理、评估兑现"的方式外包给社会组织，促进其发展。西方的社会组织法律体系规定了社会组织与政府平衡、平等的关系，使得社会组织的发展有很大的自主权。同时，政府为了保证其健康发展，还设立完善的监督体系。例如，美国等国通过登记、税务、审计、司法等多个部门进行相应监管；英国慈善委员会通过登记、年度报表、财务检查、访问质询调查等手段对其进行日常监管。

(二)从我国社会组织发展的现状来看,政府作为发挥了主导作用

我国早期采取的是计划经济管理模式,对整个社会的管理采取的是政府一元模式。"政府通过执行性计划和行政手段进行经济管理和社会管理,并扮演着生产者、监督者和控制者的角色,为社会和民众提供公共服务。"由于这种严格的管控,社会组织基本不具备产生的条件和资格。随着改革开放序幕的拉开,我国在建设社会主义市场经济体制的同时开始了政治体制的改革,而且伴随而来的公共服务需求总量越来越大,种类越来越繁多,也逐渐出现了"政府失灵"的现象。在拥有"大政府"绝对优势的情况下,我国在推进政治体制改革的进程中也开始转变政府职能,主动把一些适合社会组织承担的社会事务转给社会组织,放宽社会组织的准入范围和条件,主动给社会组织让权。从我国社会组织诞生上来看,政府积极作为起到了主导作用。

政府作为的主导作用还体现在社会组织的发展离不开政府。首先,政府主导着我国社会组织的运行。我国社会组织产生以后,主管单位对社会组织实行"归口登记、双重负责、分级管理"的管理机制,属于"典型的控制管理模式"。《中国NGO问卷调查的初步分析》显示,"被调查的NGO中有49.2%的组织执行负责人有行政部门的工作背景;有27.9%的人在事业单位任职;有8%的人在其他社会组织任职;另外,还有11.5%的人在其他部门任职"。其次,政府主导着我国社会组织发展所需要的资源。根据调查显示,"我国社会组织的资金来源中政府补贴占到53%,自营收入为31%,社会捐赠约为11%。另外还有资料显示,我国社会组织的资金来源中政府补贴占到60%以上"。由此可以看出,我国社会组织发展所需要的资金主要源于政府补贴,其次是自营收入(主要是政府购买服务)。再次,政府主导着我国社会组织发展所需要的社会环境等。社会组织的健康发展需要良好的社会环境,包括治理理念、政策环境,等等。从我国目前的社会治理格局来看,政府依然主导着整个社会环境的发展。

二、当前社会组织发展的现实困境

(一)我国社会组织发展的理念困境

从十八届三中全会到十九届四中全会的会议精神可以看出,我们党,尤其是党中央已经意识到社会组织在推进国家治理体系和治理能力现代化中的积极作用。然而,受历史因素和我国现有的政治体制的影响,一些地方政府并没有重视社会组织的发展问题,致使我国社会组织,尤其是基层社会组织的发展

存在一定的理念困境。其一,社会治理主体上依然存在政府主导一切的思想。这也使得部分地方政府的官僚色彩较浓,服务意识较差,并没有主动为社会组织的发展创造良好的平台和机遇。其二,治理主体地位的不平等思想。我国社会组织是在政府主动放权的情况下诞生的,部分地方政府认为社会组织就是政府的附属机构,对社会组织具有绝对的领导权,更多表现为权力自上而下的命令式的思维。其三,由于受到政府的过多干预,社会组织在发展的过程中并没有很好地保持自己的本质属性,自身也存在一定的官僚思想,服务意识不能尽如人意。

(二)我国社会组织发展的法治困境

当前,我国社会组织发展存在"无法可依"的现象,就是说,我国尚未形成一个以《社会组织法》为核心,以单行法律为主干,以行政法规、部门规章等为补充的有机统一、多层次的社会组织法律体系。另外,我国社会组织管理还存在"有法不依",或是"有法难依"的现象。我国当前对社会组织的管理主要参照《社会团体登记管理条例》和《民办非企业单位登记管理暂行条例》,但是"《社会团体登记管理条例》和《民办非企业单位登记管理暂行条例》主要是程序性立法,只是对社会组织登记管理的行政程序作了规定,社会组织实体上的权利、法律地位、作用等都没有得到明确"。

(三)我国社会组织发展的机制困境

机制是指运行机理和相关体制的总称。社会组织的发展需要政府制定良好的机制,包括社会组织发展机制以及参与社会治理的机制。由于我国社会组织发展比较晚,社会组织的发展机制建设存在一定的滞后性,社会组织的发展陷入机制困境。其一,社会组织发展的内在机制不完善。我国社会组织的发展主要是在政府的主导下进行,自身没有太多的自主权。部分地方政府也往往处于自身的利益考虑,并没有指导社会组织或是社会组织也没有能力形成良好的内在发展机制。其二,社会组织参与社会治理的机制不完善。完善的社会组织参与社会治理机制是社会组织必要条件,也是社会组织发展的政策基础。然而,受到当前理念和体制影响,社会组织并没有很好地参与社会治理,更没有形成完善的参与机制。

三、政府推进社会组织发展的理论基础

现代意义的"公共治理"在双重因素下诞生。一方面,传统公共管理遇到了瓶颈,治理危机出现,即"市场失效"和"政府失灵";另一方面,公民社会的成熟、

技术的进步加强了各方面的联系。以 1989 年世界银行的报告为诞生的标志，公共治理理论共经历了三个发展阶段：第一阶段是从 1989 年到 1995 年的形成期。1995 年，治理理论开山鼻祖之一的詹姆斯·罗西瑙在《没有政府的治理》中指出，"治理是指一系列活动领域里未受到授权却能有效发挥作用的管理机制"。第二阶段是从 1995 年到 2000 年。众多学科开始从不同角度对其重新解读，出现了类似诸子百家中"哪个甘落后，谁人不争先"的场面。这一阶段的研究各有侧重、各有千秋，但尚未从整体出发，进行系统化的探讨。第三阶段是从 2000 年至今。随着研究的深入，21 世纪以来在一些方面已达成了基本共识：其一，建设有限政府、服务政府；其二，培养成熟的公民社会（社会组织）；其三，公共治理是多中心的治理、网络化的治理；其四，必须有良好的法律环境和保障机制。

公共治理理论是指由开放的公共管理与广泛的公众参与二者整合而成的公域之治模式，是伴随着"政府失灵""市场失效"以及公民社会成熟发展起来的一种新型的公共管理理论。公共治理理论主要有如下特征：第一，治理主体之间是平等、互动、相互依赖的关系；第二，主体之间地位平等且主体间责任界限模糊；第三，权力运行多向，强调治理对象的参与。公共治理理论追求的是多中心治理，需要多个治理治理主体，包括政府、企业、非政府组织、志愿组织和非营利性组织，等等。要想实现这些要求，必须以建设成熟的社会组织为条件，社会组织具有非政府性和非营利性，被称为维护、增进社会公共利益的"第三只手"，它不仅是公共治理的基础，而且可以直接承担社会治理中的任务，更有利于现代市民思想的培养。鉴于我国政府在社会组织发展中的主导作用以及社会组织发展的现实需求，公共治理理论可以为政府推进社会组织的发展提供有效的理论指导。

四、政府推进社会组织发展的行动逻辑

立足我国的实际情况，推进社会组织的健康快速发展政府依然具有关键性甚至是决定性作用。基于公共治理理论的视角，政府需要在理念、法治和机制三个方面积极行动起来，为"实现政府治理和社会调节、居民自治良性互动"培育更加完善成熟的社会组织。

（一）政府推进社会组织发展的理念逻辑

"治理是各种公共的或私人的个人和机构管理其共同事务的诸多方式的总和"，核心是两个方面：横向的多元主体并存，纵向的权力上下互动。"20 世纪

90年代以来,我国学术界在理论上积极探索'强政府—强社会'模式,很多地方政府在实践上把国家与社会共生互强作为社会管理体制改革和创新的路径,力图使政府和社会之间形成良性互动,共生互强并达到善治的境界和状态。"树立治理理念,政府有绝对优势。从现实格局上来看,需要而且只能政府率先树立治理理念,并通过各种途径予以宣传、传播,培育"大政府、大社会"社会格局意识,构建新的社会治理格局的同时促进社会组织的发展。

第一,要明确社会组织是社会治理中不可替代的地位。社会组织不仅是社会治理中不可或缺的主体之一,也是马克思所描述的"自由人的联合体"的表现形式,还是列宁提倡的"实行充分的民主,要让政权接近劳动群众"的必然需求。我们要破除"政府管控一切"的传统观念,要认识到社会组织是社会发展的必然趋势,更要明白其不可替代的优势和地位。第二,要坚持政府、企业和社会组织平等互动的原则。社会是许多力量融合而成的一个整体,也只有各个治理主体积极互动,才能实现社会的健康发展。经济建设上,市场可以发挥决定性作用;民主政治建设上,政府拥有绝对优势强调人民主体地位;在社会建设上,社会组织发挥具有不可替代的优势。这就要求政府站在推进国家治理体系和治理能力现代化的高度来认识创新社会治理过程中社会组织的作用,同时协调各方平等互动,使各主体之间通过平等合作对社会公共事务进行有效治理。第三,要有权力双向运行的理念。现代社会治理是多方协同共治,这要求政府必须在思想观念上破除"官本位"和权力自上而下运行的观念,改变社会组织是政府附庸的传统思维,彻底改变政府直接的管理控制、随意插手社会组织事务和活动的思想。在共同参与社会治理的过程中,必须坚持权力运行方向既有自上而下又有自下而上的"双向互动"。

(二)政府推进社会组织发展的法治逻辑

从西方社会组织发展的历史来看,相关法律法规发挥了重要的作用,尤其是到了现代各国制定了统一的"社会组织法"和众多单行法律以后,社会组织的发展更加健康、快速,而且与政府、市场一道参与社会治理并在其中发挥了重要的作用。公共治理理论所指出的社会组织参与社会治理,必须以形成完善社会组织法治体系为前提。我国政府需要努力完善社会组织法治体系,为社会组织的发展营造良好的法治环境。

一方面,要尽快完善社会组织的立法体系。其一,政府应根据我国现实发展的需要,尽快推动制定全国统一的"社会组织法",其内容要包括:(1)要明确社会组织的属性、地位、权利；(2)要规范社会组织的工作范围；(3)要量化其他社会治理主体对社会组织的责任；(4)推进社会组织发展的同时要制定有效监督机制；等等。其二，通过完善单行法律以巩固社会组织的地位，如美国的《联邦税法典》、日本的《护理保险法》和法国的《税法》，等等。其三，通过相关法律法规进行适当的补充，如税收类法律、教育类法律、合同类法律，等等，以巩固社会组织的地位。另一方面，要保证法律的实施和监督，坚决做到"有法必依"。完善社会组织立法体系只是法治逻辑的第一步，政府还要在执法、守法、监督等方面行动起来，要把整个社会组织的发展纳入法治的环境之中去，切实保证各项法律法规都得到有效贯彻和实施。

（三）政府推进社会组织发展的机制逻辑

针对我国社会组织发展的机制困境问题，其一，要通过指导、激励等措施帮助社会组织完善其内在机制，保证社会组织自身能够实现自我运行和自我发展；其二，政府要积极推进改革，通过政府购买公共服务等措施推进社会组织参与社会治理机制建设，为社会组织的发展提供条件，让渡空间。

具体来看，可以做好如下两个方面的工作。一方面，中央政府要加强顶层设计，为机制建设提供指导。我国是单一制的社会主义国家，是中央统一领导的体制。这种情况下，中央的顶层设计可以发挥积极作用。因此，"建议加强顶层设计，尽快把社会组织发展纳入国家经济社会发展整体规划和国家整体发展的战略目标，……重视推动社会组织的顶层设计和整体规划"。要对社会组织发展以及社会组织参与社会治理的最终目标、根本原则、主要方式等进行权威地规定，在宏观上促进社会组织发展并给予地方政府以指导。同时还要明确地方政府的使命，并进行科学考核。另一方面，地方政府要在具体的机制建设上积极探索。地方政府要严格落实贯彻中央的顶层设计，同时还要根据中央文件精神制定适合本地区特色的具体措施，要在制度上明确社会组织发展的目标、方式、内容以及社会组织参与社会治理的途径、权责、模式，等等。同时要对已有经验进行总结，形成机制，大力推广。

社会组织是"推进国家治理体系和治理能力现代化"的必要主体，更是社会发展的必然趋势。随着各级政府的越加重视，相信社会组织会迎来新的发展春天。内因是事物发展的根据，社会组织的发展也离不开自身努力和积极作为。当然，我们坚信，在政府、企业、社会组织等治理主体的共同努力下，社会组织一定会健康快速发展，"共建共治共享"的社会治理格局一定会实现。

参考文献

(一)著作:

马克思恩格斯选集[M].北京:人民出版社,2012.

马克思恩格斯文集[M].北京:人民出版社,2009.

马克思恩格斯全集[M].北京:人民出版社,2006.

列宁选集[M].北京:人民出版社,1995.

列宁全集[M].北京:人民出版社,1986.

毛泽东文集[M].北京:人民出版社,1999.

邓小平文选[M].北京:人民出版社,1993.

习近平谈治国理政[M].北京:外文出版社,2014.

[德]马克思.资本论[M].北京:人民出版社,1975.

高兆明.黑格尔《法哲学原理》导读[M].北京:商务印书馆,2010.

蒋红.马克思市民社会理论研究[M].北京:人民出版社,2007.

洪岩.马克思市民社会理论研究[M].长春:吉林大学出版社,2011.

俞可平.论国家治理现代化[M].北京:社会科学文献出版社,2014.

俞可平.敬畏民意:中国的民主治理与政治改革[M].北京:中央编译出版社,2012.

王名.社会组织概论[M].北京:中国社会出版社,2010.

王名.日本非营利组织[M].北京:北京大学出版社,2007.

周红云.政府与公民社会的伙伴关系[M].北京:中央编译出版社,2015.

周红云.社会管理创新:社会管理创新视角下的社会组织发展[M].北京:中央编译出版社,2015.

王浩斌.市民社会的乌托邦:马克思主义的社会历史哲学阐释[M].南京:江苏人民出版社,2011.

马庆钰.治理时代的中国社会组织[M].北京:国家行政学院出版社,2014.

马长山.法治进程中的"民间治理":民间社会组织与法治秩序关系的研究[M].北京:法律出版社,2006.

冯仕政,郑杭生.当代中国的社会治理与政治秩序[M].北京:中国人民大学出版社,2013.

于建荣,孙自俭,逯士博编著.国家治理体系和治理能力现代化党政干部读本[M].北京:国家行政学院出版社,2014.

郁建兴,周俊,张健民,等.全面深化改革时代的行业协会商会发展[M].北京:高等教育出版社,2007.

姜晓萍.社会治理创新发展报告[M].北京:中国人民大学出版社,2014.

刘同舫.马克思人类解放理论的演进逻辑[M].北京:人民出版社,2007.

洪大用.中国民间环保力量的成长[M].北京:中国人民大学出版社,2007.

王诗宗.治理理论及其中国的适用性[M].杭州:浙江大学出版社,2008.

吴素雄,何长缨.农村社区治理的结构转型:温州模式[M].北京:中国社会科学出版社,2014.

夏建中,等.社区社会组织发展模式研究:中国与全球经验分析[M].北京:中国社会出版社,2011.

鲁可荣,王景新.中国城乡基层社会组织发展与管理研究[M].北京:中国社会科学出版社,2010.

史云贵.中国现代国家构建进程中的设计治理研究——一种基于公共理性的研究路径[M].上海:上海人民出版社,2010.

罗荣渠.现代化新论[M].北京:商务印书馆,2004.

马耀鹏.制度与路径——社会主义经济制度变迁的历史与现实[M].北京:人民出版社,2010.

王长江.现代政党执政规律研究[M].上海:上海人民出版社,2002.

孙立平.失衡:断裂社会的运行逻辑[M].北京:社会科学文献出版社,2004.

王治河.福柯[M].长沙:湖南教育出版社,1999.

刘建明.基础舆论学[M].北京:中国人民大学出版社,1988.

孟小平.揭示公共关心的奥秘——舆论学[M].北京:中国新闻出版社,1988.

王晓晖.舆情信息汇集分析机制研究[M].北京:学习出版社,2006.

张克生主编.国家决策:机制与舆情[M].天津:天津社会科学院出版社,2004.

孙莉莉.草根公益组织成长模式变迁[M].北京:知识产权出版社,2013.

周耀红.中国中介组织[M].上海:上海交通大学出版社,2008.

马立,马西恒.中介组织与社会运行[M].上海:上海交通大学出版社,2012.

中国现代国际关系研究院课题组.外国非政府组织概况[M].北京:时事出版社,2010.

苏力,葛云松,张守文,等.规制与发展——第三部门的法律环境[M].杭州:浙江人民出版社,1999.

郭国庆.现代非营利组织研究[M].北京:首都师范大学出版社,2001.

褚松燕.中外非政府组织管理体制比较[M].北京:国家行政学院出版社,2008.

石路.政府公共决策与公民参与[M].北京:社会科学文献出版社,2009.

秦树理.公民意识读本[M].郑州:郑州大学出版社,2008.

辞海[M].上海:上海辞书出版社,1999.

郁建兴,黄红华,方立明.在政府与企业之间[M].杭州:浙江人民出版社,2004.

胡锦涛.论构建社会主义和谐社会[M].北京:中央文献出版社,2013.

江泽民文选[M].北京:人民出版社,2006.

[美]理查德·C.博克斯.公民治理:引领21世纪的美国社区[M].孙柏瑛,等译.北京:中国人民大学出版社,2005.

[美]朱莉·费希尔.NGO与第三世界的政治发展[M].邓国胜,赵秀梅,译.北京:社会科学文献出版社,2002.

[美]詹姆斯·M.伯恩斯,等.美国式民主[M].谭君久,等译.北京:中国社会科学出版社,1993.

[德]维·勃兰特,[奥]布·克赖斯基,[瑞典]欧·帕尔梅.社会民主与未来[M].丁冬红,白伟,译.重庆:重庆出版社,1990.

[美]莱斯特·M.萨拉蒙.公共服务中的伙伴——现代福利国家中政府与非营利组织的关系[M].田凯,译.北京:商务印书馆,2008.

[美]戴维·奥斯本.摒弃官僚制:政府再造的五项战略[M].谭功荣,等译,北京:中国人民大学出版社,2002.

[美]汉娜·阿伦特.人的条件[M].竺乾威,等译.上海:上海人民出版社,1999.

［英］洛克.政府论［M］.瞿菊农,叶启芳,译.北京:商务印书馆,1982.

［德］哈贝马斯.作为意识形态的技术与科学［M］.李黎,译.上海:学林出版社,1999.

［德］滕尼斯.共同体与社会［M］.林荣远,译.北京:商务印书馆,1999.

［美］彼得·德鲁克.卓有成效的管理者［M］.许是祥,译.北京:机械工业出版社,2006.

［德］黑格尔.法哲学原理［M］.范扬,张企泰,译.北京:商务印书馆,1961.

［意］安东尼奥·葛兰西.狱中札记［M］.葆煦,译.北京:人民出版社,1983.

［意］安东尼奥·葛兰西.狱中札记［M］.曹雷雨,姜丽,张跣,译.北京:中国社会科学出版社,2000.

［德］哈贝马斯.公共领域的结构转型［M］.曹卫东,等译.上海:学林出版社,1999.

［德］哈贝马斯.在事实与规范之间:关于法律和民主法治国的商谈理论［M］.童世骏,译.北京:生活·读书·新知三联书店,2003.

［古希腊］柏拉图.理想国［M］.郭斌和,等译.北京:商务印书馆,1986.

［古希腊］亚里士多德.政治学［M］.颜一,等译.北京:中国人民大学出版社,2003.

［德］H.哈肯.信息与自组织——复杂系统中的宏观方法［M］.成都:四川教育出版社,1988.

［法］托克维尔.旧制度与大革命［M］.冯海棠,译.北京:商务印书馆,1992.

James Buchanan. The Theory of Public Choice［M］. Ann Arbor: The University of Michigan Press, 1972.

Peter F. Drucker. Managing the Nonprofit organization: Principles and Practices［M］. New York: Harper Collins Press, 1990.

Lewis, D., Wallace, T.(Eds.) New roles and relevance: Development NGOs and the challenge of change［M］. Bloomfield, CT: Kumarian Press, 2000.

Keck, M.E., Sikkink, K. Activists beyond borders: Advocacy networks in international politics［M］. Ithaca, New York: Cornell University Press, 1998.

McAdam, D. Conceptual origin, current problems, future directions. In D. McAdam, J.D. McCarthy, & M.N. Zald(Eds.), Comparative perspectives on social movements[M]. New York: Cambridge University Press, 1996.

Udall, L. The World Bank and public accountability: Has anything changed? In J. Fox & L. D. Brown(Eds.), The struggle for accountability: The World Bank, NGOs, and grassroots movements[M]. Cambridge: MIT Press, 1998.

Georg Simmel. Conflict and the Web of Group Affiliations[M]. Free Press, 1955.

Lester M. Salamon. Rising of NGO[M]. New York: Foreign Affair, 1994.

Dowie, M. American Foundation: An Investigative History[M]. Cambridge: The MIT Press, 2001.

Talcott Parsons. Societies: Evolutionary and Comparative Perspectives, Englewood Cliffs[M]. New Jersey: Prentice-Hall, 1966.

(二)学位论文:

方俊.马克思主义国家与社会关系思想的中国化样态研究[D].广州:华南理工大学,2013.

宋雷.马克思市民社会思想的嬗变及其当代意义[D].哈尔滨:黑龙江大学,2012.

郭成鹏.试论马克思市民社会理论及其对当代中国的意义[D].上海:上海交通大学,2014.

刘革琴.马克思社会管理思想探析——基于社会与国家关系的视角[D].广州:广州大学,2012.

罗光华.城市基层社会管理模式创新研究——以广州市新一轮基层社会管理创新为例[D].武汉:武汉大学,2011.

唐玮凌.NGO的发展与中国公民社会的成长[D].上海:上海交通大学,2007.

赵伯艳.社会组织在公共冲突治理中的作用研究[D].天津:南开大学,2012.

田凤茹.马克思的社会发展理论研究[D].大连:辽宁师范大学,2013.

闫志浩.马克思社会建设思想研究[D].上海:上海师范大学,2014.

王彦章.公共领域的审美经验[D].济南:山东大学,2007.

梅松伟.中国共产党执政规律研究[D].长春:吉林大学,2010.

樊建政.中国共产党执政能力研究:结构—功能互动分析的视角[D].上海:复旦大学,2009.

李忠伟.当代中国国家舆论安全研究[D].成都:西南财经大学,2014.

易臣何.突发事件网络舆情的演化规律与政府监控[D].湘潭:湘潭大学,2014.

王守杰.发达国家的非政府组织研究[D].上海:华东师范大学,2006.

庞国彧.非政府组织介入城市社区规划的模式研究[D].杭州:浙江大学,2017.

张艳玲.东南亚非政府组织的功能研究[D].上海:上海师范大学,2014.

袁帅.NGO对印度社会稳定的建设性作用[D].昆明:云南大学,2010.

丛霞.环境非政府组织的地位和作用[D].青岛:青岛大学,2005.

杨威.全球环境治理中的国际环境非政府组织[D].北京:外交学院,2010.

孟小龙.当前我国社会组织与政府关系研究[D].太原:山西财经大学,2014.

孙秋.英国政府与非政府组织之间伙伴关系[D].武汉:华中师范大学,2008.

(三)中文期刊:

俞可平.马克思的市民社会理论及其历史地位[J].中国社会科学,1993(4).

严书翰.马克思主义社会建设思想及其中国化成果[J].毛泽东邓小平理论研究,2015(8).

马东景.马克思市民社会理论及其对我国创新社会治理的启示[J].郑州轻工业学院学报(社会科学版).2014(8).

杨奎,李慧.马克思和恩格斯的社会主义国家管理思想及当代启示[J].学习与实践,2008(5).

周巍,沈其新.马克思市民社会理论与当代中国社会治理创新[J].甘肃社会科学.2016(1).

袁琳.马克思恩格斯社会建设理论与人的解放[J].社会主义研究,2011(5).

贾恒欣.批判与建构——马克思社会建设思想[J].教学与研究,2015(10).

张龙.论马克思主义国家观视角下的社会管理思想[J].辽宁师范大学学报(社会科学版).2012(9).

宋严.文本维度下马克思社会建设思想及其意义[J].湖北社会科学,2010(12).

方朝晖.市民社会的两个传统及其在现代的汇合[J].中国社会科学,1994(5).

周德海.黑格尔的市民社会:独立的单个人的联合[J].中共济南市委党校学

报,2009(3).

傅如良.马克思何以设想市民社会将取代国家?——兼评诺曼·莱文对马克思市民社会理论的理解[J].中国人民大学学报,2012(1).

曾正滋.马克思主义人学视野中的社会组织与人的全面发展——以"社会组织参与社会治理"为论域[J].理论月刊,2015(3).

刘同舫,陈晓斌.感性个体与社会存在的分离及融合——马克思论新社会组织、私有制和个体死亡[J].求是学刊,2016(1).

段治文,陈姝娅.马克思—葛兰西—哈贝马斯:马克思主义社会组织思想的逻辑生成[J].湖北社会科学,2016(3).

俞可平.论政府创新的若干基本问题[J].文史哲,2005(4).

王名,刘求实.中国非政府组织发展的制度分析[J].中国非营利评论,2007(1).

王名,孙伟林.我国社会组织发展的趋势和特点[J].中国非营利评论,2010(4).

马庆珏.中国改革怎样面对新公共管理[J].天津行政学院学报,2001(4).

马长山.当下中国的公共领域重建与治理法制化变革[J].法治与社会发展,2015(3).

郁建兴,周俊.中国公民社会研究的新进展[J].马克思主义与现实,2006(3).

周红云.民间组织服务中心不是"二政府"[J].社区,2009(2).

姜晓萍.国内公共服务体系研究的知识图谱[J].上海行政学院学报,2014(3).

王诗宗,宋程成.中国社会组织多重特征的机制性分析[J].中国社会科学,2014(12).

于建荣.简论社会文明[J].科学社会主义,2008(3).

史云贵.社会合作治理的伦理观念与视野论析[J].新视野,2010(1).

史云贵.公民治理与群众自治——中美两国基层治理理论与实践比较研究[J].人民论坛,2014(5).

姚迈新.公共治理的理论基础:政府、市场与社会的三边互动[J].陕西行政学院学报,2010(2).

刘作翔.社会组织的人性基础和存在意义——一个法理的阐释[J].法学,2002(9).

郝莉.多元参与与城乡基层社会治理[J].甘肃社会科学,2013(6).

周庆智.基层治理:一个现代性的讨论——基层政府治理现代化的历时性分析[J].华中师范大学学报,2014(9).

周庆智.社会自治:一个政治文化的讨论[J].政治学研究,2013(4).

江治强.基层社会治理机制的构建设想和路径[J].中国民政,2013(9).

李培林,徐崇温,李林.当代西方社会的非营利组织[J].河北学刊,2006(3).

刘俊.从资金来源看中国非营利组织和政府的关系[J].广西大学学报(哲学社会科学版),2010(3).

贾西津.国外非营利组织管理体制及其对中国的启示[J].社会科学,2004(4).

崔月琴,袁泉,王嘉渊.社会组织治理结构的转型——基于草根组织卡理斯玛现象的反思[J].学习与探索,2014(7).

李卓.中国NGO的定义和分类[J].中国行政管理,2003(3).

范小西.当代西方基层社会治理新理论及对我国社区建设的启示[J].晋阳学刊,2009(3).

张宝锋.治理理论与社会基层的治道变革[J].理论探索,2006(5).

[英]格里·斯托克.作为理论的治理:五个论点[J].华夏风,译.国际社会科学杂志(中文版),1999(1).

姜辉,赵培杰.自觉划清中国特色社会主义民主同西方资本主义民主的界限[J].红旗文稿,2010(5).

陈炳辉,韩斯疆.当代参与式民主理论的复兴[J].厦门大学学报(哲学社会科学版),2008(6).

辛向阳.当代西方民主理论的主要流派评析[J].江西社会科学,1993(4).

崔永红.国外社区治理成功经验研究[J].湘潮,2013(3).

袁勇,王庆延.市民社会理论的变迁——黑格尔市民社会理论及其前后[J].海南大学学报(人文社会科学版),2005(3).

韩立新.从国家到市民社会:马克思思想的重要转变[J].河北学刊,2009(1).

杨仁忠.马克思的理论遗产与葛兰西市民社会观的题域转换[J].思想战线,2009(1).

何翔舟,金潇.公共治理理论的发展及其中国定位[J].学术月刊,2014(8).

高秉雄.公共治理:理论缘起与模式变迁[J].社会主义研究,2010(6).

陈国典.自我与自我发展的理论研究[J].四川师范大学学报(社会科学版),2000(6).

汪火根.社会组织视域中的创新社会管理[J].前沿,2012(3).

孙悦,王占军."自组织悖论"与社会组织进化动力辨识[J].清华大学学报(哲学社会科学版),2003(6).

颜佳华,吕伟.协商治理、协作治理、协同治理与合作治理概念及其关系辨析[J].湘潭大学学报,2015(3).

任多伦.论组织创新的必要性和路径方法[J].创新,2011(3).

郑康林.深化社会管理体制改革进一步促进社会协调和谐发展[J].云南社会科学,2008(12).

费孝通.二十年来之中国社区研究[J].社会研究,1948(77).

肖立辉.基层群众自治的缘起与发展[J].科学社会主义,2008(3).

刘彤,张等文.论中国共产党民本思想对传统民本思想的传承与超越[J].马克思主义与现实,2012(12).

肖立辉.基层群众自治的起源[J].科学社会主义,2008(3).

袁祖社,王晶.市场经济与中国特色市民社会自治:社会权利的自主逻辑[J].内蒙古社会科学(汉文版),2002(5).

向德平,申可君.社区自治与基层社会治理模式的重构[J].甘肃社会科学,2013(2).

如何充分认识创新社会治理体制的重大意义?[J].新长征(党建版),2014(1).

李元书.论社会自治[J].学习与探索,1994(5).

赵天娥.推进国家治理体系和治理能力现代化的四个维度[J].探索,2014(6).

李汉林,渠敬东,夏传玲,等.组织和制度变迁的社会过程——一种拟议的综合分析[J].中国社会科学,2005(1).

乔耀章.论社会治理原理与原则[J].闽江学刊,2013(12).

罗法洋,马健芳.均衡——和谐新农村村民自治的内在规律[J].前沿,2009(5).

彭汉琼.党的执政理念的创新和发展[J].理论月刊,2012(4).

刘兵勇.现代化进程中执政能力的衰朽论析[J].湖北社会科学,2005(2).

祝福恩.中国共产党的执政资源[J].中共中央党校学报,2005(2).

蒋国海,于晓雷.试论中国共产党执政的基本规律[J].探索,2003(1).

生键红.执政党与非政府组织之间的关系[J].上海党史与党建,2007(8).

刘东杰.政府管理与基层自治的困境与协调[J].理论学习,2012(6).

孙晓莉.西方国家政府社会治理的理念及其启示[J].社会科学研究,2005(2).

丁文.美国非营利组织发挥社会管理助手功能的做法与启示[J].文史博览(理论),2007(2).

唐民擎.浅析社会组织与社会管理创新[J].社团管理研究,2011(9).

刘祖云.历史与逻辑视野中的"服务型政府"——基于张康之教授社会治理模式分析框架的思考[J].南京社会科学,2004(9).

向德平.社区自治与基层社会治理模式的重构[J].甘肃社会科学,2013(2).

张志泽.发达国家社会组织管理的功能、缘起及其借鉴[J].理论月刊,2014(4).

田培杰.协同治理概念考辨[J].上海大学学报(社会科学版),2014(1).

周云华.发挥社会组织协同社会管理作用探讨[J].湖南行政学院学报(双月刊).2011(6).

郁建兴,金蕾.社区社会组织在社会管理中的协同作用——以杭州市为例[J].经济社会体制比较,2012(4).

张国祚.关于"话语权"的几点思考[J].求是,2009(9).

王宝治,李克非.公共治理视角下弱势群体话语权的保护[J].河北大学学报(哲学社会科学版),2015(3).

谢秀军.高校舆情监控机制立体化模式的构建[J].教育评论,2013(1).

廖鸿.社会组织的治理能力及改革对策[J].中国机构改革与管理,2014(12).

顾朝曦.充分发挥社会组织在城市治理中的积极作用[J].中国社会组织,2014(11).

赵伯艳.推进社会调解组织参与社会矛盾化解——基于几个案例的分析[J].社团管理研究,2011(11).

刘振国.中国社会组织的治理创新——基于地方政府实践的分析[J].经济社会体制比较,2010(3).

姚锐敏.困境与出路:社会组织公信力建设问题研究[J].中州学刊,2013(1).

潘旦.社会组织第三方评估机制建设研究[J].华东理工大学学报(社会科学版),2013(1).

余南平.俄罗斯非政府组织在社会经济发展中的作用[J].俄罗斯中亚东欧研究,2007(1).

陈功."非营利组织"也是一种产业[J].中国报道,2014(10).

张网成,黄浩明.德国非营利组织:现状、特点与发展趋势[J].德国研究,2012(2).

单美英.非政府组织的政治功能分析[J].兰州学刊,2003(6).

李江霞.美国非政府组织在工程教育改革中的角色探析[J].高等工程教育研究,2013(1).

胡钦晓.美国私人基金会支持大学科研的发展特点分析[J].现代大学教育,2012(5).

寒恺.美国的非营利组织及其在文化经营管理中的作用[J].前线,2009(8).

田香兰.日本民间非营利组织的发展现状、法律环境及社会贡献[J].日本问题研究,2013(2).

张国超.非营利性组织参与我国文化遗产事业的问题与对策[J].江汉大学学报,2011(3).

侯玉兰.非营利组织:美国社区建设的主力军[J].北京行政学院学报,2001(5).

宋文辉.美国政府与非政府组织跨部门的合作关系[J].党政研究,2014(6).

马国芳.国际非政府组织在云南发展状况研究[J].云南行政学院学报,2004(2).

陈珂,刘义,等.国际非政府组织对西部生态环境建设的作用分析[J].沈阳农业大学学报,2006(2).

丁渠.社会管理创新视野下的社会组织法律体系建构[J].河北法学,2013(6).

张洪武.国际视角下的非营利组织运行机制及其启示[J].长春市委党校学报,2012(1).

卢建,杨沛龙.北京市构建社会组织"枢纽型"工作体系的实践与策略[J],社团管理研究,2011(9).

何静.国外非政府组织的管理模式及对中国的启示[J].学术探索,2013(6).

周鑫泽.农村社会组织发展与社会管理创新——基于浙江省枫桥镇的实证研究[J].中共浙江省委党校学报,2012(1).

任慧颖.对中国非营利组织与政府关系的研究探讨[J].山东社会科学,

2005(10).

[日]平泽克彦.欧盟的企业社会责任与工会——欧洲与德国的经验[J].陈瑞华,译.国外理论动态,2009(5).

[英]D.露易斯.非政府组织的缘起与概念[J].国外社会科学,2005(1).

[美]卡耐基教学促进基金会.培养工程师:谋划工程领域的未来[J].国际工程教育前沿与进展,2008(6).

（四）外文期刊：

Roger Charlton and Roy May. NGOs, Politics, and Probity: A Policy Implementation Perspective[J]. Third World Quarterly, 1995, 16(2).

Wapner, P. Politics without borders: Environmental activism and world civic politics[J]. World Politics, 1995(47).

Sasser, E., Prakash, A., Cashore, B., & Auld, G. Direct targeting as NGO political strategy: Examining private authority regimes in the forestry sector[J]. Business and Politics, 2016(8).

Lipschutz, R. Reconstructing world politics: The emergence of global civil society[J]. Millenium: Journal of International Studies, 1992, 21(3).

James M. Ferris. The Role of the Nonprofit Sector in a Self-Governing Society: A View from the United States[J]. Voluntas: International Journal of Voluntary and Nonprofit Organizations, 1998(2).

Erik B. Bluemel. Overcoming NGO Accountability Concerns in International Governance[J]. Brooklyn Journal of International Law, 2005, 31(1).

Moore, Cassie J. Nonprofit Organizations are Hiring Workers at a Faster Pace than Government, Businesses[J]. Chronicle of Philanthropy. 2004(17).

Weir. Collaborative Governance and Civil Empowerment[J]. Perspectives on Politics, 2010, 8(2).

Prados J W. Quality Assurance of Engineering Education through Accreditation: The Impact of Engineering Criteria 2000 and Its Global Influence[J]. Journal of Engineering Education, 2005(94).

（五）报告材料：

中国共产党第十八届中央委员会第三次、第四次、第五次全体会议公报.

胡锦涛主持政治局会议研究加强和创新社会管理问题[N].人民日报,2011-05.

杨冬梅.创新社会治理需要激发社会组织活力[N].黑龙江日报,2014-01-14.

中共中央办公厅,国务院办公厅.转发《民政部关于在全国推进城市社区的意见》(中办发〔2000〕23号).

陆健.温州167项政府职能向社会组织转移[N].光明日报,2014-11-11.

蔡建旺.财政支持下蓬勃发展的温州社会组织[N].中国社会组织,2015(9).

李文良.中国政府职能转变问题报告[R].北京:中国发展出版社,2003.

[日]内阁府.国民经济计算年报[R]//内阁府经济社会总和研究所.民间非营利团体实态调查.

王树盛.利益集团在法院[K].美国研究参考资料,1990(12).

李薇.日本发展报告2012[R].北京:社会科学文献出版社,2012.

胡锦涛在中共中央政治局第三十二次集体学习时强调坚持科学执政、民主执政、依法执政 扎实加强执政能力建设和先进性建设[N].人民日报,2006-07-04.

Wissenschaftszentrum Berlin fur Sozialforschung. Bericht zur Lage und zu den perspekttiven des burgerschaftlichen Engagements in Deutschland[R]. Berlin, 2009, S.19.

Nilda Bullain, Radost Toftisova. A Comparative Analysis of European Policies and Practices of NGO-Government Cooperation[R]. Final Report, 2004.

图书在版编目(CIP)数据

社会组织参与基层社会治理研究 / 戴海东,闫成松著.— 上海:上海社会科学院出版社,2022
 ISBN 978-7-5520-3977-1

Ⅰ.①社… Ⅱ.①戴… ②闫… Ⅲ.①社会组织—参与管理—社会管理—研究 Ⅳ.①C916

中国版本图书馆 CIP 数据核字(2022)第 187199 号

社会组织参与基层社会治理研究

著　　者:戴海东　闫成松
出 品 人:佘　凌
责任编辑:邱爱园
封面设计:周清华
出版发行:上海社会科学院出版社
　　　　　上海顺昌路 622 号　邮编 200025
　　　　　电话总机 021-63315947　销售热线 021-53063735
　　　　　http://www.sassp.cn　E-mail:sassp@sassp.cn
照　　排:南京理工出版信息技术有限公司
印　　刷:上海颛辉印刷厂有限公司
开　　本:710 毫米×1010 毫米　1/16
印　　张:16
插　　页:1
字　　数:263 千
版　　次:2022 年 11 月第 1 版　2022 年 11 月第 1 次印刷

ISBN 978-7-5520-3977-1/C·220　　　　　　　　　　　定价:88.00 元

版权所有　翻印必究